中国当代民间史料集刊 8

华东师范大学中国当代史研究中心 编

细峪公社“四清”运动代表会记录
生产科长的“四清”材料

本集刊出版获得东方历史学会资助

中国出版集团 東方出版中心

出版说明

《中国当代民间史料集刊》是一套记录1949年以来中国历史的资料丛书，由本中心组织编辑。这套丛书收录的是流散于社会的各种民间文献，包括日记、笔记、记录、信函、小报、表格、账册、课本等等。与已经出版的许多中国当代史资料不同，这套丛书以反映社会底层的政治、经济、文化状况和日常生活、人际交往、家庭关系、个人境遇等为内容，为读者提供记录底层历史变迁的原始资料。

相对于中国古代和近代各种民间史料，中国当代民间史料数量更大，种类更多，抢救、发掘的难度理当比前者要小得多。但实际的情况却颇不乐观。由于在相当一段时间里政治运动频发，特别是经历过“文化大革命”以后，许多私人记录性史料大量抄没、毁坏或遗失。而各种运动过后，尤其是改革开放初期“拨乱反正”，也曾将大量个人材料交还个人处理，或由组织代为销毁。再加上单位变动频繁，过去曾经保存在单位里的各种油印资料或个人记录材料，也不断地被处理或销毁。所有这些都使得原本应该浩如烟海、取之不尽的当代民间史料，如今竟成急需抢救的“国宝”。

近十几年来，意识到并重视当代史料搜集和抢救工作的民间人士和专业研究者，已不在少数。但十分遗憾的是，这方面的工作迄今为止仍处于一种分散游击、割据自守的状况。由于收藏者多将自己搜集到的史料藏诸深山、秘不示人，从而使得原本就显得十分稀少的民间史料愈显其缺。

历史研究,关键在史料。当代史料通常有几类,一是官方档案文献;二是口述或回忆;三是影像或录音;四就是民间记录的各种文字材料了。在所有这些史料当中,官方档案的形成、留存和开放,都难免会受到时政的极大影响,因而具有很大的片面性;口述回忆史料因时过境迁,加之当事人的主观意向和记忆误差,也极易造成对历史的误读。至于影像录音之类的史料价值,自然局限更为明显。因此,当代史料当中最大量的,也是最能够真切反映社会当时各种情况的,恰恰是这些民间史料。如今,当代中国历史的研究正方兴未艾,已有越来越多的学者和学生开始关心和研究当代历史的问题了,但因为民间史料查找不易,除极少数近水楼台者外,真正能够利用民间史料来做研究的学者和学生,还寥寥无几。

本中心成立不久,但深信应该在这方面有所建树。因而不惜大家动手,不取分文,费时费力并以极为有限的财力资源,编辑出版这样一套丛书,以利推动民间史料的整理与出版,进而逐渐打破现在史料收藏过于分散、难以利用的情况。

必须说明的是,本中心在民间史料搜集上着手较晚,故我们所推出的史料无论从面上,还是从点上,都不成系统。同时,由于整个当代史料的整理和出版工作在全国范围也都还只是处于起步阶段,无论编辑还是出版工作都还有一个摸索适应和逐渐规范的过程,因此,在许多方面都难免存在着缺失甚或不当之处。凡此种种,还有望各方读者包括原文作者及时提醒和指正。

本丛书的编辑,遵循反映历史原貌的原则,各种文献一律按照原文体例、格式、文字录入编辑。文献中的错别字以[ ]符号订正,漏字以( )符号填补,衍字以〈 〉符号注明,辨认不清的字以■符号加注标明,明显语句不通处用括号说明,当加标点而未标点处仍依原文。出于维护原始资料所有者名誉的考虑,书名隐去了单位或个人所在地名称,请读者谅解。

这套丛书由韩钢、杨奎松主编。《细峪公社"四清"运动代表会记录》由葛玲校对并整理。

华东师范大学中国当代史研究中心

2010年7月

· 中 国 当 代 民 间 史 料 集 刊（八） ·

细峪公社"四清"运动代表会记录

目　录

陈永贵同志在西埝、细峪、杨坪、杜湾等四个大队群众会议上的讲话记录

我们工作队进乡已四天了，今天工作队党委开了个会推选我叫我在四个大队群众会上讲几句话，我就讲几句，讲的不妥地方有不当地方，由工作队同志和贫下中农再作纠正。

一、什么叫四清运动？我们细峪公社当前的斗争形式是什么？不搞四清运动行不行？

有些群众说什么初步社教时叫四类分子斗了一顿，叫社员整了一顿，这样就叫初教运动，以后又搞小四清仍然没有给群众解决好问题，搞运动叫干部的一根毫毛也未动，相反贫下中农遭受到严重地打击报复。有的社员说："过去搞运动是火烧巴[芭]茅死皮不死心，甚至越烧火越旺。"我们这次搞的所谓四清即：清政治、清思想、清经济、清组织。这就是我们的四清运动也是大社教运动。从我们细峪公社有的社员反映来看：有些干部在政治上和平共处，经济上马马虎虎，组织上稀里糊涂，思想上是走资本主义道路等等。所有这些我们广大社员都看得清清楚楚，虽然现[已]解放十多年来，但有些贫下中农没有得到彻底翻身，仍处于受四不清压迫和剥削的局面。我们是毛主席、省委、地委派来的四清工作队，这次要彻底搞好伟大地[的]社教运动为贫下中农解决苦难。正如毛主席所说的："阶级斗争是长期的，也是曲折的，甚至也是很激烈地[的]。"又说："拿枪的敌人被消灭，以后不拿枪的敌人仍然存在，他们和我们作[做]你死我活地[的]斗争，我们决不能轻视这些敌人。"严重的四不清干部破坏集体经济，我们要走社会主义道路，他们要走资本主义道路，我们要走社会主义他们要走资本主义。这就是社会主义与资本主义的矛盾。现在我们公社的阶级斗争其表现：

一、敌我不分，立场不稳，打击排斥贫下中农。正如社员们所说的这些干部对敌亲、对亲人恨，作[做]的好事不多，作[做]的坏事有余，真是对贫下中农黑了良心。有的大队干部甚至逼死人命（大峪大队）和敌人吃吃喝喝，有的赶贫下中农走，有的扒贫下中农房子，还有的社员原来分了干部的房子而现在也被干部恶[讹]回去了。期[欺]压贫下中农和苛扣[刻]贫下中农象[像]这样的

事不少,可是他们对四类分子很亲热,让四类分子贷粮贷款甚至帮助四类分子盖房子,爱听四类分子的奉承,完全变成为敌人办事,这些干部有的是原来出身好成份的干部变质了,有的原来就是出身成份不纯混进革命队伍,胡作非为。确实他们黑了良心。

二、四不清干部贪污盗窃,大吃大喝,和平演变。有的问题大,有的完全变为坏人,他们好吃懒做,不顾社员死活,正如社员所说的这些干部游手好闲吃喝漂[嫖]堵[赌],就是缺个"堵"[赌]字,他们沿着懒、馋、占、贪、烂的道路慢慢滑下去了,社员说他们:"大小当个官,贴住装水叶,就是不干活,一天转个圈。"有的干部也真正是这样的,他们贪污盗窃、大吃大喝(,)公社有,大队也有,上下左右都有。如原来合作社王学忠大肆贪污盗窃,区的王明则在这里也烂得很[狠]道德败坏,乱搞男女关系。因此我们的干部有的犯了错误有牵连到上面的,也有牵连到下面的。这些干部无恶不作,竞[尽]作[做]坏事不过问群众。请大家想一想,他们走的是什么道路,是什么思想。这就是严重地和平演变。我们有的社员给干部取名为:活阎王、瘟神爷、懒王爷。如上面区委书记陈付生来过我们这里大家知道,正因他坏,这次也被搞下来了,他搞工作有三怕:即坐自行车怕累死,骑马怕摔死,坐船怕淹死……无恶不作,你们公社过去有个最厉害的人叫个毛板(地主)而现在有些干部所作[做]的坏事〈而〉比毛板还要厉害。

三、严重地四不清干部打击报复贫下中农。平常群众说:"不怕县官,就怕现管"。四不清干部用种种手段和计策来反驳社教运动,社教搞退赔时,工作队走后他们又千方百计把退赔的东西夺回去。甚至有些干部还骂社员群众,要快活。就拿这次工作队进乡来说,四不清干部又采用了:① 拉拢贫下中农靠近他们,实际证明,现在有些贫农组专[员]处处为四不清说话。② 慰问工作队,甚至有的大队早已给我们工作队安排好了吃饭点和住处,目的是想叫工作队陷入泥坑之中,还想做过去老梦,以为我们还跟初步社教时的工作队一样。某些工作队同志爱住好点、爱吃好饭、结果被四不清干部拉过去了,为四不清干部服务、替他们办事。③ 喂工作队你要吃他就喂你,④ 如果喂不住,他就采取顶的办法,并说:"听说在襄阳搞社教时人很多,我们以为这次工作队仍然多,我们可以闲闲,那[哪]知道,这次一个队住一个人"。⑤ 想叫我们上圈套,见了工作队说什么这里住不成啰,那里住不成啰,这个人不好,那个人不好。⑥ 要懒[耍赖]躺倒不干工作,企图吓唬群众吓唬我们工作队。⑦ 当我们工作改进以后就吓我们说什么,这里群众落后啰,那里群众落后啰。⑧ 叮哨[盯梢]。我们工作队到哪里,他们就紧紧地跟到那[哪]里,派人打听消息和注意工作队平时活动情况。⑨ 造谣。西埝大队有的干部造谣说什么:"这回工作队来了要分房子分衣服搞破坏活动的企图吓唬社员。还说什么这次工作队搞四清先整上面再整下面最后整群众社员等造谣之语。

四、四不清干部走资本主义道路,搞投机倒把,犯[贩]卖耕牛,伙做生意。我们细想想这是走的什么道路,有的干部吃的好穿的好,有的盖大瓦房。可是我们贫下中农社员呢?有的缺吃少穿,有的家庭人得了重病还没有钱去治疗直至死亡,与干部大不一样,他们是不过这些事的,这些事情 60 年有,61 年有,61 年以后还仍然有,他们竟贪污盗窃粮、钱、工分,甚至还采取了分粮分了四等户,最后一等是社员的。同时还有的干部叫[把]社员土改时分的房子也霸占回去,严重地走资本主义道路。

五、有的四不清干部道德败坏,乱搞男女关系,奸污妇女,压迫贫下中农。他们腐化堕落乱搞法律采取照顾粮、照顾工分、发展党员、发展团员,严重地破坏婚姻法,像这样的事公社有、大队有、干部越大搞的越多,他们见了妇女嘴歪眼斜,脖子偏、全身发软,这是什么思想,他们走的是什么道路。这些事情与当地过去的伪职毛营长有什么区别,和大峪大队过去的陈昌信有什么区别,实质这是过去国民党的作风,是旧社会的残余,严重地挑拨了家庭的和睦。

六、四不清干部作风不民主工作瞎指挥。他们不走群众路线,工作主观意造[臆造]或浪费民力。如修西埝大队水库就引起广大社员反对,就因为有些干部工作瞎指挥引起的,如这个公社过去拉地很多,而现在就短少了,夏天作物麦子长黄了,蚕豆生泥虫了。公社书记刘老同志工作中某些地方就出现英雄主义,工作中缺乏与干部群众商量,如今年耕种面积比去年减少 1 700 余亩,分配大批劳力去修无大[代]价的水库费 25 000 个,人民币几百元大家想想这比贪污盗窃厉害啊!

七、有的干部革命精神不振,不干工作,社员称他们为光想拿钱的干部,说起来干部名声好听,而不为贫下中农服务,想咋搞就咋搞,愿回家就回家,真是饭店的掌柜,闲官、畏浪着气的,吃好、穿好、小病大养,社员们吃药没有钱,贷款贷不到,同时还有的公社干部一开会就不发言,社员称谓"练家"。有的好人主意[义],工作该办的不办,同时还滋长自己家属搞特殊化,社员们称谓太太[大大]“惹不起”使他代[带]头破坏集体制度,个别严重四不清干部一人当官全家享福,不劳动,工分高。

八、有的四不清干部搞封建迷信。有干部请阴阳先看地,看风水,请法官看病,还有的闹宗族,有的地方专门叫〈人把〉外来户的房子扒了,象[像]这样就是统治人民的一种手段,向[像]公社干部也有代[带]头搞的,柏溪区委书记陈付生今年才33岁就做了一付[副]棺材,我们有些社员很大年纪就做不起一付[副]棺材,陈的棺材上还写着“长寿”两个字,续家谱写上“……有玉皇……见……”。公社有搞封建迷信,大队有讲宗族的,就跟这样下去,劳动人民能不能翻身,象[像]这样很(快)会走向两极分化道路,请大家想想现在不搞运动行不行。

运动的特质和这次运动到底怎么搞

一、我们搞运动按23条办事,按毛主席指示办事。这次运动是社会主义与资本主义的矛盾,社会主义道路与资本主义道路的矛盾,我们搞四清运动就跟打仗一样,这是一场激烈地[的]斗争,我们一定要使社会主义战胜资本主义,要挖断三个根子:① 挖断资本主义根子,② 挖断封建主义根子,③ 挖断修正主义根子,如苏联赫鲁晓夫就是怕革命结果变成修正主义了,同时我们要栽好三个根子:① 栽好马克思列宁主义根子,② 栽好毛泽东思想根子,③ 栽好无产阶级根子。二十三条指出运动的重点是整倒那些走资本主义道路的当权派,巩固城乡阵地。那些走资本主义道路的当权派,有在幕前,有在幕后的,也有地主、付[富]农。但是我们对待犯错误的干部采取惩前毖后,治病救人,坦白从宽,抗拒从严。我们搞运动有利的条件很多:① 有毛主席指示和英明领导,② 有贫下中农拥护和支持;③ 有革命化的四清工作队……。我们能彻底搞好运动的,我们搞运动第一条是自始自[至]终地依靠贫下中农,运动后还要成立贫协组织,使贫下中农当家作主,第二条坚决按照毛主席指示,按照23条,按照两个纲办事,第三条运动坚决贯彻党的各项方针政策。

二、运动要搞的什么标准,我们工作队表的什么样的决心,运动到底咋搞。我们运动要做到毛主席讲的六条标准:

① 要看贫下中农是否真正的发动起来,当家作主。

② 干部四不清问题是解决了还是没有解决。

③ 看干部是参加劳动还是没有参加劳动。

④ 一个好的领导核心是否建立起来了。

⑤ 发现有破坏的四类份[分]子是将矛盾上交，还是放在群众中就地改造。

⑥ 要看是增产还是减产。

我们工作队决心三不走：即四清运动不搞好不走；新的领导核心建立不起来不走；生产搞不好不走。我们工作队与贫下中农坚持三同四清与群众同甘共苦，做到三[四]不吃：即不吃肉，不吃鱼，不吃蛋(，)不喝酒。工作发展民主，提倡劳逸结合。

在运动中机关干部有三项任务，约法三张[章]：① 学习毛选；② 考虑自己问题和帮助别人；③ 搞好生产，但不能任意随便乱跑。

关于当前问题的生产

① 搞运动群众担心怕耽误生产，不要紧，首先我们干部要带头参加劳动，搞好水利收尾，和春耕生产检查。

② 搞好农具检修，种子的检查，人力肥料的准备工作如何，检查一下生产规划，是否可行，这些要为大忙工作作[做]好一切准备。

③ 抓好劳力包工决[绝]不能搞疲劳战术。

④ 搞好各种作物的管理，现在麦子有的须[需]要锄草，渗水，有的还须[需]要追追肥料，蚕豆已有生泥虫现象必须要早治虫。

⑤ 在不误集体生产的前提下搞好自留地，现在很快把南瓜窝挖出来，调剂好生活是搞好集体生产的前提。

⑥ 技术改革也要跟上去，我们这里是个好地方，条件也好，我们广大干群要学习大寨的革命精神，来改变穷面貌。

生 活 问 题

要想搞好生产、搞好工作，必须要把生活问题安排好，仍然是执行按月发放，计划用粮，按照“超过者不补，结余归己”，各队会计把账目很快向社员公布清楚，烧柴问题，工作队和贫下中农很好研究一下适当抽人轮换捡柴。

老李同志讲话

由于时间关系我只说几句:

贫下中农闹翻身,坚决揪住大坏人

保住革命红江山,努力建设新山村

* *

握紧拳头加劲干,保住这里红江山

运动坚决搞彻底,不达标准不出山

坚决按照毛主席指示办事依靠贫下中农把社会主义革命进行到底。

细峪公社第一次贫下中农代表会总结

经过一个多月放手发动群众，组织集训干部的背靠背揭发阶段，已出现了一支反四清的积极分子队伍，大坏人明显暴露、展开面对面的斗争成为群众的强烈要求。工作队党委抓住有利时机、组织斗争高潮、以推动革命形势不断向前发展，因此，决定召开贫下中农第一次代表会，以解决公社领导核心的问题为中心。通过斗争公社大坏人，揭发全公社阶级斗争的全貌，锻炼武装积极分子队伍，为全面开展斗争高潮打响头一炮作出好的开端。

会议于三月廿六日开始，在分团党委的及时指导下始终坚持以毛泽东思想挂帅，充分发挥贫下中农代表当家作主的主人翁精神，为时七天半的会议，代表们学习了毛主席著作武装了思想；斗争了细峪公社走资本主义道路的当权派——一个是不革命不工作，专门损公肥私，损人利己的公社主任王学仁，一个是混进党内施行阶级报复的富农份[分]子、公社副主任潘云庆，并联系了斗争内外勾结、施行严重阶级报复的外部敌人——地主份[分]子赵克太，对其他公社干部进行了洗澡、全面揭发批判、并解放了检查好认识好，决心改正错误的妇女主任鲁秀英。通过斗争，大大鼓舞了贫下中农的斗志，锻炼考验了积极分子队伍，提高了积极分子的觉悟和政策策略思想，通过公社干部的分化烤了下面的大坏人，促进了大队干部队伍的分化，最后代表们对会议作[做]了民主总结，表明革命决心。

由于会议符合贫下中农的心愿，开的[得]使他们满意，在民主总结时，有的代表凑合诗句表达他们内心的喜悦和对会议的估价，他们说这次会议开的成功是由于“武器好”“队伍精”“目标准”“战法灵”。会议的收获是“主席著作来武装贫下中农斗志昂，四清旗开打胜仗，牛鬼蛇神在发慌。”明确了“主席思想是指南、社会主义是方向、阶级斗争要抓紧、贫下中农作[做]主人”。决心“贫下中农团结紧，廿[二]十三条是纲领，坚决斗倒大坏人，不获全胜不收兵”、“生产、斗争是革命、集体经济是命根、搞好四清和生产、运动胜利把产增。”有的土改积极分子说：“是土改的架式子、搞的过瘾。”

如何开好会议,我们体会

一、运动[用]毛主席著作的强大思想武器是取得胜利的根本保证,我们用了两天时间专一学习主席著作,武装思想、使代表明确四清的伟大意义、懂得为什么斗争、为谁斗争的道理。将认识提高到挖掉资本主义、封建主义、修正主义的根子。反演变防演变的高度。根据代表的活思想、首先用主席关于敢于斗争、敢于胜利、运动六条标准,为人民服务等语录,进一步鼓励代表们彻底革命的决心和为贫下中农阶级利益斗争的观念;第二学习阶级和阶级斗争及廿三条运动性质等,边学习,边对照,边揭发,使代表们开扩[阔]眼界,将一[以]事论事的揭引导到思想上纲,居住辽阔的太山大队 62 岁的代表余兴保,原来只认为队上问题大,通过上下联系"穿串串刨根子"后说"好家伙,公社还有很大的问题。真是上梁不正下梁歪,不把上面的头整好,下面也整不好。"在屋的老伴说:"莫搞的死了没人埋,这一看还要动个劲,为反四不清死了也是重如泰山,只要有贫下中农还怕没人埋。"

由于经过毛泽东思想的武装,代表们觉得"心里豁亮"有本钱"说话有劲"在批判斗争中表现得有理有力,不仅是摆事实,而且是用毛主席的话作为"照妖镜"使一切"牛鬼蛇神现出原形",用毛泽东思想武装的英雄形象,对比四不清干部的所作所为,显现出高与低,香与臭格外分明:用毛主席的阶级观点,忆旧苦诉新恨,查演变挖根子。西埝大队代表毛帮海回忆受地主恶巴[霸]的压迫剥削、母亲被打死、弟弟奴[怒]死、姐姐送童养媳的旧仇、说到受四不清干部迫害而卖儿女的新苦,对比了王学仁"一担两筐到杜湾"生活无着,解放后当上干部逐渐演变的过程现在拿起叫化子棍打叫化子,又用焦裕禄的事迹与其对照揭的王"窝囊"之极,全场无不悲愤。庙沟大队十五岁的崔中元用"帝国主义的本性不变"的论述分析批判潘云庆之所以与地富亲、对贫下中农残暴则是由于他的阶级本性不变,"这样的批判斗争,使得四不清干部理屈词穷,具有高中文化的公社书记刘兆胜也感到二十分惭愧无地自容。"

斗争方法上也是按照主席指示"凡是毒草都要批判,但必须是说理的"办法,事先代表们讨论了斗理斗智的道理,事后普遍认为"用毛主席的武器弹药比用石头椿棍子打还要厉害的[得]多。"原来坚决主张"还还工不打不知道疼"的李付有也觉得"这样搞他服周(服气)的[得]很。"代表杜明金揭发问题,总要叫工作组先给他找主席语录“对下号”。

二、在斗争中锻炼。提高积极分子是取得胜利的基础。到会的代表都是各队的“尖子”这次又经民主推选出来,走时贫下中农热情欢送、会上又是锣鼓相迎、经过两天的武装,更是劲头足、决心大,只要放手让他们当家作主,他们的智慧是很广泛的,会议的主持者是由代表推选的主席团,工作队只起参谋作用,一切重大问题如斗争、解放等都由代表民主讨论,由主席团综合大家意见作出决定。因而代表们的积极性得到充分发挥,杜塆大队李元华说:“初教是干部掌摊子,我们跟人家摆,这回想咋说咋说,心里想的事还多些了。”元山大队代表做梦还操心“明(天)斗争要这样搞……。”尤其主席团更是认真负责,六十二(岁)的余兴保为弄清潘云庆的问题主动去发动知情人,十七岁的女青年罗化荣积极发动青年大胆斗争,处处表现得机智能干,发挥了主人翁的精神。

斗争是考验积极分子的最好场合,可以起到互相启发、互相代[带]动的作用,有的开始“胆却[怯]”害怕“慌场”经过战火之后变的[得]大胆沉着了,使贫下中农看到集体力量的威力,“只要贫下中农起来了啥事也不怕,啥事都办得好”。杜塆七十五岁的姚金廷,不相信谁敢斗争王学仁,特意跑到会旁一看,果真斗争得热烈,回去逢人便说:“斗的好,真斗了”并给工作队员说“斗争郭大仁可给我说一声”(郭是杜塆大队长,王学仁是其后台)。当然从背靠背到面对面、从个人义愤到为阶级利益是有一个发展过程,看来从严从高的要求是必要的,采取及时总结,分析提高自我教育的方法是比较有效的。方法〈问题〉主要是事先研究,大胆放手让他们搞,事后总结找出经验教训,不断增强战斗力,认识问题主要将揭的问题用归纳系统起来和抓住一个典型寻根求源,分析危害,提到纲上,属于意识和作风问题,运用互相帮助提高觉悟。我们白天斗争、晚上总结、对当天成功的,值得注意的民主提出讨论,对谁斗好、谁斗不好,表现在什么地方即[既]总结了方法,又谈体会即[既]学习了方法,又加深了认识,如大峪大队的代表在斗争潘云庆时,开始只是喊几声“活阎王”“山鹞子”是混进来的坏人等显得干而无力、发言的人也觉得“说话的声气不小说出来的东西不多”〈。〉经过总结,原因是(。)一过于紧张,二是病根子抓的不很[狠],三“高”没有联系起来,四没有用主席的话,同时研究了作战方案,将其问题排队,抓住“骨节眼”结果在第二天斗争中从潘的出身到如何混过每次运动,如何往上爬,杷[根]子在哪里,以及如何为地富服务,又如何迫害贫下中农,摆事实讲道理,抓住了“骨节眼”又掏了“骨头缝”有理有力，使到会的人看透了潘确实是“老虎钻到羊群的装羊的羊”，激起阶级仇恨，潘的婶子胡玉英和家门妹妹潘荣琴除了斗争潘的问题外，还认识到“不是不认六亲，而是阶级不一样”的原因，太山大队代表也代替了被潘云庆撵往河南的贫农夏启洪诉了苦。因其根底全盘托出，潘不得不暴露出自己的本来面貌，承认是混进党内的富农分子。又如杨塆大队杨恒礼想出风头斗争中极不严肃以及个别人在男女之间不太雅观的问题代表们都看得清清楚楚，这样的问题并不必工作队的指责，在总结时代表们都提出了批评，帮助分析危害，本人也易诚恳的接受教育。

三、锋芒必须对准大坏人，才能把走资本主义道路的当权派斗狠斗臭，资本主义越挖的深透，对广大干部群众的教育就越深刻。为了使大坏人充分暴露，采取了先全面揭发批判，后重点斗争，因为认识是有个过程的，我们斗争的两个对象在全公社是有代表性的，而一个明显，一个在认识上还不明显、公社副主任潘云庆是混进来的富农，又明目张胆的作[做]了很多坏事，容易被认识则对其开门见山的开展斗争，但对公社主任王学仁的认识就不太明显恨的不狠，必须扒开他的皮看他的心“先画像再挖心”王出身好所以坏事〈,〉本人不〈多〉直接出面，损人利己的事又比较凌乱“看不在眼下”至多算个多吃多占“经过一个揭发过程，认识就比较系统深化了。如从流氓郭大仁入党和为非作歹的问题系统了王以亲戚朋友关系，将其“亲家”“拜把弟兄”等拉入党内，而又支持这些人办坏事，群众告状王暗中作弊，反过来又压制群众：王一贯好吃懒做、游手好闲不工作不劳动走到哪里见人家“爱之物”就要有便宜就占，到处刮削民财(,)大至门窗、箱、椅、小到春芽、帽瓣、烟袋锅，甚至“大粪也要擦一指头”。对工作极不负责，对私人事却极端热沉[忱]。这样一揭一凑，王学仁走的什么路操的什么心、用的什么人、办的什么事就显而易见“堂堂的公社主任尽办些窝囊事”这不是资本主义当权派还到那[哪]找当权派“怪不得他到哪那[哪]背时。”连公社书记刘兆胜也说“过去工作搞不上点，不知道是咋搞的，原来根子在这。”对这两个人的斗争震动很大，代表们说：“公社的头一抓出来，大队、小队的都跑不脱了”斗争时对有些四不清干部烧了一下，他们觉得大势不好，开始向贫下中农低头，有些一、二类干部也觉得他们同样受四不清的罪，也积极起来参加斗争。

四、方法要灵活。随着形势的发展，思想和方法必须适应需要，我们在会前的计划没有硬套着进行，甚至在某些重大问题上有了改变，从结果看比预定的效果还要好，如斗争地主赵克太原来没有打算在斗争潘云庆之后把赵揪了出来，赵是潘的打手，五八年事发时曾封赵为“连长”后当队长到六二年，他们串通一起(气)对贫下中农进行残酷的阶级报复至今仍十分肖[嚣]张，六四年春贫农艾刘进要报名应征赵哄骗将一雷管给艾说做烟袋嘴，结果爆炸将艾的手炸残，炸后赵还侥幸的[地]说：“雷打火烧，人老所遭，哈！哈！”赵之所以肖[嚣]张，原来不仅与大队，[、]公社有关系而且与区书(记)陈付生、赵仁书、王明科、法院陈永洪、压税所、赵守贤等都有密切关系，通过这样由内到外，又由外到内的反复斗争、根子挖的[得]深，进一步暴露了阶级斗争的复杂性，使大家认识到敌人活动都是有来由的“只有揭到那[哪]就搞到那[哪]才搞得彻底。”同时原来普遍认为斗四类分子应该打的也认识到“文”斗的好处。

武装部长王善义作风一贯恶劣、道德败坏，原只打算重点批判后期因他态度不好，代表要求斗争，经分团同意对王“升级”进行了斗争。斗争王善义、[，]对其本人和到会人员启发震动很大。过去王以死不承认错误而驰名，这次在群众和政策的压力下，在实事[事实]面前不得不低头认错，开始交待问题(，)其他干部看到王的“样板”也能主动找工作组和代表交待自己问题，抱住顽抗的态度的人看到大势所趋也在开始动摇。西埝一队会计毛国春原来态度很狡猾，斗争王善义之后看到抵赖的结果不好，找到工作组已开始交待贪污601.00元，粮食1 000多斤。

各种活动必须抓住斗争的有利时机紧密配合上去。对于斗争对象在斗争之后抓紧政策攻心、落实问题，一是攻其个人交待也允许申辩，二是取证明材料，趁会上苦主集中、线索集中是落实问题的好机会、当会公社大部分干部的大部分问题取了证明材料，一部分问题已经落实。另外指明出路，潘云庆明知问题严重，斗后表现紧张，及时与其谈话，交待政策，本人愿意争取宽大老实交待。

为了促使干部分化，在斗争的同时，搞解放干部，有斗有放，对解放问题强劲看态度，必须经代表通过，公社干部经过重点斗争，集体洗澡，经代表充分鉴别，认为妇女主任鲁先英检讨认识好，决心改正，决定预[予]以解放，信用部会计张学诗检讨较好，但还有一事不清楚，暂不能解放。为了从严从高要求一、二类干部除在代表会检查外，还放在专斗会上批判，这样要求高教育深，加深对部门工作的认识,但解放必须经全体代表讨论通过,主席团批准宣布,谁人如何情理分明,由贫下中农作[做]主,虽解放了一个,确启发很大,到会干部包括一、二类在内来时思想都很紧张、普遍抱住[着]挨整的态度,这样以[一]来纷纷表示要争取及早解放。一些一、二类干部有的要求检讨,有的写书面交待,迅速积极起来。

从整个会议看是成功的,收效大,如果培养一个从宽典型,可能推动就更大一些。其次原定依靠代表,利用干部,会上对代表依靠作[做]的好,但对利用干部作[做]的不够,有些干部是直接知情人,把他们利用起来,可能问题挖得更广泛,更完整些。

细峪公社四清工作队

一九六六年四月八日

细峪公社干部集训会第一段情况

细峪公社干部集训会于三月八日开始，共到会 249 人，其中公社干部 6 人、社直机关 19 人、大队干部 58 人、生产队干部 143 人、下台干部 23 人。

第一段主要是学习革命理论，增加革命勇气，用了四天时间。以明确方向道路和四清的伟大意义，提高意识，端正态度，打好洗手洗澡的基础为目的。始终以毛主席著作为武器，针对干部思想，活学活用。以英雄人物为镜子，由浅入深，步步深入，边学边对照、边提高。会议开得比较活跃，充满了革命的气象。

开始来，思想都很紧张，他们恐惧、猜测，有的“不想来又不敢来”，“心里揣着疙瘩”到会，准备“屁股撅的[得]高高的任人家打”，打算“不管人家提啥子，都先接下来再说”，怕“洗开水澡”，怕“斗争、撤职、滚蛋”（代[戴]帽子管制）有的来时家属嘱咐：“只要你还能回来，把瓦房扒了，我们住草房就行……。”也还有抱着“不管咋搞，反正砍不了拨锣盖”的态度，总之是一佑（原文如此——编者注）、二怕、三摸底，各有打算。我们针对各种思想作了动员报告，讲明学习宗旨，提出学习要求，大力宣扬白求恩、张思德、雷锋、王杰和焦裕禄等英雄人物的革命形象，特别突出强调他们之所以成为革命英雄，就是由于毛主席著作的滋养。由于主席著作的“矢”射准了干部思想之“的”，从而，减少了精神压力，思想较之稳定，加上发动了贫下中农、干部家属写信的鼓励和组织学习心得交流，学习情绪更加振奋，追求真理的高潮逐渐形成，映入心灵深处，并立奏实效，会上出现了谈论毛主席语录、讲英雄事迹，争做好事（如学校的黄土场子、稀泥院子垫上了厚厚一层沙）、大唱革命歌曲的生动局面。

学习中，我们以《为人民服务》、《纪念白求恩》两篇文章为主，联系学习英雄事迹。

他们首先感兴趣的是英雄人物的具体事迹，普遍说：“有些原来也学过，一比算没啥拍”。如何由具体事迹引伸[申]到品质、理想，使他们跳出狭隘的小圈子，使他们有方向、有理想，高瞻远瞩、勇往直前。我们在具体对照的基础上，提出英雄为什么会作[做]出这些事迹？对照主席说的“我们大家要学习他毫无自私自利之心的精神，从这点出发，就可以变为大有利于人民的人。一个人能力有大小,但只要有这点精神,就是一个高尚的人,一个纯粹的人,一个有道德的人,一个脱离了低级趣味的人,一个有益于人民的人。"大峪三队的会计钟光说:原来思想没理想,工作没目的,糊里糊涂过日子,我是个年青[轻]人,跟雷锋同岁,比王杰大两岁,雷锋(、)王杰学习毛主席著作改造思想,我尽看《七侠五义》、《封神榜》等黄色小说,想的是侠客的武艺高强,雷锋想的是革命,想的是人民,想的是社会主义,我想的是"三间瓦房五分自留地,两头肥猪一笼鸡,自己收入多多的,穿戴铺盖像样的,俩口(子)生活过美气,管你集体不集体"。王杰一不怕苦、二不怕死,我想的是懒字当头、不愿劳动,雷锋十年如一日,天天为革命,我是大事干不了,小事不想干,雷锋、王杰立志革命到底,我是遇到困难就躺倒不干,雷锋王杰为党、为人民作出很大贡献,为革命献出自己的生命,我当了几年会计,没给群众办出芝麻大的好事,我本来是个会计,因为工作没搞好,人家说我像个"统计",我越比越想越难过,通过学习,我好像瞌睡将醒一样,有了方向,革命先烈需要我们继承的不是财产,而是革命的遗志,今后坚决学习雷锋、王杰,把青春献给党和人民,好好干一辈子革命。

通过学习对照,一边检查自己、有些自觉的检讨了一些错误,从初步暴露的问题看,有早年的、有近期的,干部为什么会犯错误?且有些一犯再犯。的确是"无产阶级和资产阶级方面在意识形态方面的阶级斗争,这种斗争是长期的、曲折的、有时甚至是很激烈的。"相当数量的干部带着形形色色的个人主义动机而当干部,也有相当一部分干部散布各种当干部"化[划]不着"的牢骚情绪。显得清思想尤其必要,使我们认识到重新教育人、重新教育阶级队伍的关键在于清好思想,否则,其它[他]都是空谈,因此,从正面提出为什么当干部?为谁当干部?当什么样的干部?抓住毛主席所说:张思清[德]同志"完全"彻底"为人民服务的品质,白求恩同志毫无利己的动机,毫不利己、专门利人和毫无自私自利之心的精神"为标准,畅所欲言、大胆暴露认识。

"我"字当头的干部动机大体是为:权势威望、有利可图、不劳而获三种,出发点各有不同。西埝大队谈出:一、有权势、有面子。大队团支书尹才胜说:"我总觉得当干部在本处能张嘴使人,不对,还能使个厉害,我能说你,你不能说我;出门去了有面子,又好听,还好拉联人。"二、逃避劳动,贪图安逸,二队会计阮明选说:六二年我们是个调队会计,不劳动工分还高,社员提意见,大队干部说:当干部做活不做活,你们管不着,我想,当个干部是美的[得]很。

小队核算我当了会计，我想，可有搞了，但开始不敢猛一伙变很[狠]了，过了半年慢慢变，劳动越过越少，吃的越过越好，胆子越过越大，贪污越来越多，脾气越来越坏了。三、养病保命，大队支书龚自清说："我因病从粮所回来，有病，劳动不了，当上干部一能养病，二不劳动有工分，三能多活几年。"四、盖高楼大厦，原支书现付[副]业会计沈守林说："我祖祖辈辈都受苦，没住过好房子，我当上干部就打算盖五间四个头一院的瓦房，安上楼板，又好看、又宽绰，将来我弟弟当真回来，媳妇一接，给他三间（已盖起三间楼房备二间料），趁当干部钱好弄、工派得来，就是犯错误不当干部了，房子也落下了。"五、多照顾、多救济，原大队长尹文选说：入党时我就想：我全家八口人，劳力少缺被子、缺衣裳、少吃、少用，当了干部钱活套，每回照顾、救济少不了，我这个家大口阔也不愁缺吃的、穿的、用的了。六、占便宜、多搞私有，三队队长潘全清说："五八年我老辈子为啥死的，我想来想去就是没有当干部，要当上干部能捞抓得来、就死不了，当了干部就是能在工分上、称[秤]头上过得去，捞抓点也方便，做自留地也随便，生活就能过的好。"七、为找爱人原团支书现贫协主任潘庆洲说："我的像[相]貌不好，岁数一年一年大了，要不当干部，就算难找爱人"。八、不受大户歧视，一队会计关治平说："我住在毛营，只是我一个外姓，我不抓点权利到手里，一切都要吃亏，要当了干部，啥也不怕了。"等等与英雄人物一比较，相形之下，高、低、香、臭更加显得分明，又与毛主席说"共产党员无论何时何地，都不应以个人利益放在第一位，而应以个人利益服从于民族的和人民群众的利益。因此，自私自利、消极怠工、贪污腐化、风头主义等等是最可鄙的，而大公无私和积极努力、克己奉公、埋头苦干的精神才是可敬的。"对照，经过这样的反复对照，原来有认为当干部"化[划]不着"的人觉得是"党和人民给我们的荣誉和信任配不着"，有的说："我给'我'当的干部，土改时积极，以后光为'我'想，搞社会主义不积极了。"有的说："白求恩是国际主义精神，我是个人主义思想，他是唯物主义，我是唯我主义，越比越觉得自己作[做]的事龌龊。"西埝五队保管尹文进说："上回社教是廿块（一）顿，要几个钱，你要去了，我还有来的。这回要思想比要钱狠的多，要早像这样搞，我们就不会再犯错误了。"

在这样的思想基础上，趁热打铁，又进一步组织学习"毛主席的好学生——焦裕禄"的文章，在念文章的过程中，会场情绪随着文章起着剧烈的变化，感情无不激动。这又是一个对照、检查的高潮，杨坪大队长李元兵原来总说:“当干部两头受气,说来说去是方式方法少”,听了之后他说:“听了焦裕禄,是木疙瘩也烧着了,是石头也暖热了,焦书记临死还想着建设社会主义,我们不积极走社会主义,还要挖社会主义墙脚(集体偷国家仓库粮食),过去工作不好,总说方式方法少,实际是毛泽东思想少了。”有的说:“焦裕禄同志治三家,我们是搞三败(败山、败地、败水利)”,“我们更加要治三害(损害集体经济、损害社员积极性、损害党的名誉)”,“我们已经造成了三恢复,(恢复私有搞单干、恢复封建迷信、恢复资本主义)。”“我们为什么落后?就是身在生产队,心怀大瓦房。兰考变化就是人家身在兰考,心怀祖国。”越讨论越热烈、越说越激动。以焦裕禄同志的革命精神和兰考面貌改变比条件、比身体、比建设、比自力更生、比阶级感情、比学毛主席著作,从生产斗争到精神状态,忘本、蜕化、和平演变,迫害贫下中农,直到心灵深处的资本主义污垢,越擦越惊人,越比越危险,越学越觉得非搞四清不可,西埝原书记沈守林说:“我办了不少坏事,心里也害怕,一怕坐监,又怕群众起来摸我的黑桩(暗杀),黑了我出门就拿的杠子,确实不搞四清是不得了。”西埝二队长潘做修说:“原来我想当个干部光挨整,干部干不?这回运动检讨毕了,我可不干了!这回一学,我这个干部确实〈在〉没当好,思想要不得,我还要干,要革命,第一条,以前的错误,好好向群众检讨,第二条,今后坚决搞好生产建设。”

通过这几天学习,基本达到了目标,但出乎意料的是如此顺利,如此热潮,使我们深刻的[地]体会到,毛主席著作的金钥匙能够打开万把锁,毛泽东思想是战无不胜的武器,到会干部开始尝到了学习毛主席著作的甜头,并找到了学习方法,普遍反映:“这次学习比当干部以来学的还得劲。”大峪八队的队长王金杰说:“打人的错误,检讨了十五回,这回再检讨就成了‘检讨犯’了,通过一学习,以前检讨的不行,还要好好检讨。”元山一队长马明金说:“工作队来我就想到,我算背势,当了几个月的干部就遇到这个大运动挨整,现在觉得我的机会算好,遇到这会学习,以后少犯错误。”会上舆论着“早学早进步,谁学谁进步,不学不进步,好好学习,争取进步。”形成了读毛主席的书,说毛主席说的话,用毛主席说的对问题的局面,同时促使了工作队学习毛主席著作的自觉性和积极性。

像这样开法的集训会,我们都是头一回,使我们尝到了用毛主席思想解决问题的甜头,尝到了突出政治的甜头,学习了思想方法和工作方法,但由于我们对毛主席著作学习的不好，越来越感到空虚，同时，用的不活，针对性不强，今后必须更加努力学习。

当然，这一段仅仅是开始，干部自觉革命不可高估，阶级斗争不可低估。会上也反映出有“花岗石[岩]脑筋的人”，还必须不断排队，不断抓活思想，不断用毛主席著作武装。我们坚信，只要高举毛泽东思想的伟大红旗，完全能够顺利的打胜这一仗，直至四清运动的彻底胜利。

细峪四清工作队

66年3月14日

细峪公社集训干部第二阶段情况
一九六六年三月十八日

这次集训通过四天的学习“毛选”“焦裕禄”等英雄人物，进行了边学、边比、边讨论、边对照。大家对于阶级斗争和两条道路的斗争有了显著的提高。由原来的“怕”斗和“顾虑”变为革命的动力。同时也认识到细峪公社这几年的落后不是群众落后，也不是地区条件差，而主要是属于干部的思想坏了。因此大家一致要求：要想改变这个落后的状态必须先从干部思想入手，来一个洗手洗澡、轻装上阵，彻底革命的办法。在此基础上，我们转入了会议的第二阶段。

第二阶段主要是召开批评与自我批评、背靠背的揭、面对面的提、先公社后大队达到层层受教、个个受启发的目的。其作[做]法上：

一、自始自终：坚持以毛主席思想来指导会议全盘。为了使这段会议开的[得]胜利。[，]我们以学习毛选为武器，学习革命英雄人物为动力，进一步武装到会干部(的)头脑。振作革命精神，增强革命斗志，树立敢于革命的信心。不少同志通过学习反映说：“解放十六年来，没有这次运动受教育深刻。”大大地增大了革命知识和革命道理。大峪大队通过学习“阶级与阶级斗争”后觉悟有了提高，象[像]是在美梦中刚醒来一样。如龚万章说：“在学习前我只知道过去‘白刀进红刀出’是武装斗争，地、付[富]破坏才是阶级斗争，四类份[分]子才是敌人，现在学习后心明眼亮，拿枪的敌人被打倒以后，不拿枪的敌人又出现了，有些四不清干部贪污盗窃、逼死人命……无恶不作，甚至比拿枪的敌人还励[厉]害，难道这不是敌人吗！过细一想，踼踼绊绊的到处都有阶级斗争。”

社直学习小组潘举知说：“原来学习毛选光限于识几个字，不能结合实际，觉悟提不高，想跟公社干部谈谈是先笑后说，更不敢给他们提个意见，提了意见一怕打击报复，不管部门工作。二怕问题不了解，提了会追责任，三怕提了不解决，相反受批评。这次通过学习长了我的勇气，我要把‘三怕’变为‘三代[带]头’即：代[带]头揭发四不清干部问题，代[带]头帮助干部交待问题，代[带]头串连发动群众给干部提问题。”

二、组织大队、生产队干部对公社主要领导核心背靠背的揭，面对面的提。经过一段的学习，酝酿、讨论、对照、回忆，大家同志一致认为这个公社领导核心瘫痪、组织不纯、生产逐年下降、集体经济不巩固。甚至有些干部为了追求资产阶级生活方式和倾向资本主义道路竟目无法纪，进行贪污腐化、打骂群众等非法行为无所不为。还认识到只有解决好领导核心问题，才能搞好一切，同时还在会上挑选和培养骨干 21 人作为揭发问题的主要力量，在大家同仇共愤的时刻，公社干部作[做]了自我检讨。

这次的检讨并非达到大家的满意。书记刘兆胜（区委委员）吞吞吐吐不想说；主任王守仁满不在乎自以为没问题；付[副]主任潘云庆说小不说大，说近不说远，说明不说暗等等这一切，更加激起了群众的怒火，个个恨之入骨，咬牙切齿，有的说："他们这次检讨毛求贤不错，带[戴]着斗笠亲嘴，差一帽子远。"还有的跑到干部跟前说"你们醒醒吧，睁开眼开开[看看]形势，现在运动不象[像]以前的运动、想混也混不过去了。"在呼声下揭发暂时稳住。叫他们下去继续考虑，准备第二次检讨。这一次的反面典型其效果是，让大家代气为力（原文如此——编者著），进一步组织起来，壮大力量，更进一步学习"毛选阶级与阶级斗争中的反动分子你不打他就不倒""革命不是请客吃饭"和人民战争中的"真正的铜墙铁壁是群众"等几篇文章对大家的启发很大。如庙沟大队张良国说："屋梁上的吊吊灰你不打扫它就不掉，地下灰尘你不扫它就不净，干部有问题象[像]地下灰尘一样，毛主席书给了我们一把扫帚要彻底把四不清干部问题扫清。"杜堎大队吴光秀说：难怪我们公社落后，就是公社那几个带头人缠坏的，他们临时吃瓦块，到时屎砖头，我们要按毛主席的话做"团结起来用暴烈的行动来坚决把这一伙牛鬼蛇神推下河去。"同时我们对公社这一股子也未放松，让他们再学习，再讨论，再提高，再交待。并组织社直干部发动内战，进行一次轰轰烈烈地小战斗，个别教育也紧紧跟上，通过反复整顿，这回他们可服啦！个个痛哭流涕，愁眉不展。他们也认识到公社这几年历年减产、经济不巩固，群众生活下逐[降]，的主要原因是内部造成（的）。主任王学仁说：不揭不知道，一揭吓一跳，贪污盗窃，敌我不分，打骂群众，我们公社样样都占全。正如群众说的"我们公社确定[实]黑暗，再不搞社教就会走向反革命道路。"

群众的力量有了巩固，四不清干部思想有了提高，问题也有了暴露，对于再一次的战斗有了充沛[分]的准备，于是公社这伙领导成员第二次检讨又开始了。这次检讨的热潮使会场沸腾着一片吼声,揭发的人一涌而起,争先恐后的发言。杜塆大队吴光秀对着主任王学仁严厉的[地]说道[到]:你搞工作处处为自己,发展组织不讲阶级、培养的 12 个党员就有 8 个历史有问题,大队长郭大发是"光棍汉""二流子""赌徒"出身,解放时投靠夜壶队被我党组织发觉结果无逞。以及贩卖鸦片、耕牛,53 年开牛行自当老板,但对你关系十分密切,人情来往而你就发展他加入党的组织,当上了大队干部。你到处拜干亲拜兄弟与敌人勾勾塔塔[搭搭],辨别不清狼与羊。

通过几个回合大揭、大摆、分析、批判、四不清干部在事实面前不得不低下头来,交待了自己问题。据统计公社七个干部暴露出乱搞皮绊(文革时期把不正当男女关系说成是"搞皮绊"——编者注)的五人,隐瞒成份的 2 人,敌我不分 5 人,迫害贫下中农的 5 人,贪污盗窃、投机倒把、多吃多占、放高利贷、侵占集体等总额共达 1 300 元。特别是群众称谓的"山吆[鹞]子""三代[山大]王""活阎王"的付[副]主任潘立庆,解放来,隐瞒成份,由"富农"变为"贫农"伪装积极,打入革命队伍,混入党的组织,更加胡作非为,坚持反动立场,先后包庇、纵[重]用、勾塔[搭]、地、付[富]、反、坏分子共 8 人,迫害贫下中农 30 人,有粮不发,饿死人命 5 条。历年来贪污盗窃达 262.00 元,粮食 200 多斗,多吃多占粮食 200 余斗,棉花 8 斤,[、]布票 10 尺,[、]糖 10 斤,[、]花生 40 斤,[、]白酒 50 斤,其它物资折款 107.00 元,投机倒把 250 元。流氓成性先后奸淫妇女 6 人大搞私有僱[雇]工剥削等。

书记刘兆胜严重地丧失阶级立场,包庇和纵[重]用坏人 6 人,大力发展私有,代[带]头走资本主义道路,工作不深入,贪图享乐,大搞生产瞎指挥。

主任王学仁,丧失阶级立场,狼狈为奸,从当干部以来包庇坏人 3 人,私下四类份[分]子帽子一人,提拔坏人当干部一人,私下成份 3 人,打击迫害贫下中农 4 人,逼死一人,不劳而获剥削群众物质共达 20 余种,道德败坏,乱搞关系 4 人(其中儿媳一人),工作不民主、生产瞎指挥等严重错误,群众给他起名为"练家""三懒干[三癞子]""八兄弟""三亲家"。

对公社的揭发既是[使]我们掌握了公社领导核心的主要问题,又是对下面干部在阶级斗争复杂的风浪中受到深刻地检验。不少大队干部看到大势所趋,由原来的顽固思想也开始动摇了,要求革命。为达其目的,大队干部检讨也跟了上来,其要求仍然突出政治,抓住两个纲,把四不清问题提高到反和平演变如反资本主义复僻[复辟]高度上来分析、批判、认识。在具体作[做]法上：坚持以毛主席思想作指导，用政策、压力感召，指明出路，做到会内会外相结合，个别交谈紧跟上。

要想突破大队这一关，也不是那么轻易。虽有不少干部有检讨的欲望，但也有干部在思想觉悟和认识上有深有浅。检讨前有些大队干部就暴露出了四怕和三种情况即"怕坐牢、坐斗争（此处似为"怕斗争"——编者注），怕问题揪住不放，怕不讲实事求是"。初教后任职的干部认为自己时间不久没问题。已下台的干部认为自己反正是下了台的人，问题作[做]过处理。而生产队的干部呢？不怕县官，就怕现管，给顶头上司提意见面子不好过。二[而]本身有问题提了意见怕引火烧身。如太山大队柯玉朱当过甲长、瞒产私分、会上几天来始终未发过言。

针对上述情况我们分成了两个摊子，对症下药，对待大队干部引导他们学习"廿三条"（对干部政策）《纪念白求恩》《为人民服务》"学习焦裕禄"。端正态度，畅所欲言，启发自觉革命。做到四早：即早革命、早交待、早退赔、早归队。"对待生产队干部组织学习"反对自由主义""批评与自我批评"和语录中的有关文章进行背靠背地揭，面对面地提。并让他们对准思想学，代[带]着问题学，不懂就学，学用结合。

太山大队柯昌珍到会六天未发过言，其原因：通过学习后主动暴露了自己丈夫（付[副]大队长）张学义不叫自己参加会，并揭发了丈夫当干部不工作、混工分。工作组乘机进一步大讲"批评与自我批评"和知无不言，言无不尽几句话后，柯的斗争意志增强了，接着又揭发了大队连长王有发乱搞皮绊、敌我不分等问题。又主动交待了自己与别人的皮绊。

细峪大队董大有到会从未发过言，通过学习"批评与自我批评后，主动揭发大队书记张洪林解放前当国民年[应为国民党——编者注]十余年任过机关枪连队排长等职。"

太山大队王文生思想顽固对自己对别人好坏不语，通过学习毛选，回忆焦裕禄对照本人给自己总结了十二个字：即穿戴象[像]戏子，走路四平八稳象[像]公子，当干部少摸锄杷[把]子，游手好闲二流子，混吃混喝油嘴子，与敌人亲如一家人，走到那里象[像]皮子，见女人象[像]疯子，看见粮钱当扒手子，投机倒把象[像]针尖子，见了贫下中农嘴成哑子，眼成瞎子。并暴露了自己皮拌

[绊]5 人。贪污公款 500 余元，和严重地打击排斥贫下中农。

为了促进在会干部交待问题，我们还采用了会内会外相结合，加强与留队的工作组取得联系。并组织和动员在家社员给干部写信。据统计会议期间共接到从家来信六十多封，来自爱人与丈夫的、父母与儿女的、儿女与父母的、贫下中农全体的、亲戚的、朋友的等多种多样，但目的内容一致：劝告干部：要老实，要交待，要揭发。写信方法很有见效。如大峪大队王换香接到父亲来信后就找到工作组揭发了队长王成贵为了不还队里借款，就将王换香任会计时打有 70 元的借据乘机烧毁。并揭发王成贵作风下流奸淫妇女严重错误。

这次的来信对于整个到会的干部来说：压力不小，个人胆战心惊、肉跳如麻，我们就借东风迎头赶上抓住个别谈话，同时我们还注意了对落后人，四不清干部的知情人也进行了发动，所以对于干部之间的分化瓦解有了基础。原来思想顽固，拒不交待的杜堎大队长郭大雄通过个别教育，思想有了转变：第一次交待皮绊 5 人，第二次交待皮绊 12 人第三次交待皮绊 15 人，勾结粮所营业员赵守龙(现在谭家公社搞社教)贪污该大队卖牲[生]猪奖励粮 200 斤，又勾结合作社营业员王学忠(本区梅卜人，劳改已释放)套购国家物资买布不付票 50 余尺，特别严重地[的]是另外一次拿走布匹 40 尺。贪污盗窃，多吃多占，投机倒把总额共达 1 110 余元，并暴露了自己历史不纯，解放来贩卖鸦片一事。并检讨了自己办事主观、好比屁眼塞，肚里账[胀]，鼻里郎，上下不通气的工作之风。

元山大队郭吉昌通过发动把憋在肚子里六日的话也讲了出来，在会上他主动揭发了原与自己相好的大队长张元凤今年二月二日修水库散布反动言论，咒骂人民领袖说：毛主席是鸟鬼精号召大兴水利，下台后就往水利钻，并交待了自己随声复合[附和]骂毛主席是“魔王”等极丑陋的话，表示接受处分痛改前非。

讲家族闹山头爱结三朋四友的尹明川通过教育也不顾这些了，会上不留情面的揭发，公社付[副]主任潘云庆在土改时富农份[分]子余兴山给其挑了三斗糁米，结果复查时在潘的包庇下降为上中农成份。同时还揭发了该大队书记郭科昌，大队长张元凤，会计郭胜昌等几个人伪职人员在公社干部的纵容下，也打入革命队伍，混入党内胡作非为、无恶不作。

通过上述实际工作反映了干部之间也打开了■情，消除了顾虑，形成了内部攻之，畅谈[所]欲言，互相揭发，互相批评的局面。大峪大队潘洪庆也在揭发会上严厉地批评大队书记刘清华(公社党委委员)说："你讲的是马列主义，作[做]的马虎主义，说的是唯一主义，实际是为我主义，手电筒里写着马列主义光照人家不照自己，并揭露刘给 2 个付[富]农分子子弟介绍爱人与 9 户四类分子吃喝、人情来往。"所以问题的暴露也有好的收效，基本达到了与干部画像的目的，战[会]后统计，到会大队干部 71 人有问题的 61 人，暴露有历史问题的 11 人，隐瞒成份的一人，丧失阶级立场的 34 人，打击排斥贫下中农的 23 人，搞封建迷信的 35 人，逼死人命的 15 人，乱搞皮绊的 33 人，(其中搞军婚的 4 人)雇工剥削的 10 人，经济有问题 52 人，总额达 11 965 元，贪污票证的 4 人 28 尺，瞒产私分的 10 人 16 645 斤，剥削工分的 10 人 16 640 分。

我们这次干部集训，总的来说很有收效，基本达到了层层受到教育，个个受启发的目的。很多干部反映说："这次住了十天开刀剂[挤]脓治病救人的大医院。"不少生产队干部看到这个运动恐有惊天动地的场面也都丢掉了任何幻想，表示回去尽早的洗手洗澡，交待问题。会后工作队通过半天的总结成绩，找差距研究同志作法，再接再励[厉]乘胜前进，大刀阔斧的一手发动群众，一手教育提高干部，为面临的贫下中农代表会开的胜利打下良好基础。

细峪公社工作队

一九六六年三月十八日

太山大队第一次代表会议的体会

太山大队代表会议，从 5 号到 8 号止，整个 4 天会议时间，到会人员 42 人，其中大队干部 6 个，小队干部 7 个，代表 29 个，党员 8 个，团员 7 个，前二天是斗争大会，后二天是全面检查，分析批判，解放一、二类干部。

5 号正式开会，4 号下午，召集了各小队选出二席全大队的代表会议人员，并在代表会上选出主席团的名单，同时这个会议上，工作队刘华满指出，会议的中心改决[解决]的问题，达到什么目的，会议上从始至终，由主席团主持会议，要积极分子领会三不追二不准的政策，活学活用主席思想，以 23 条为武器，以阶级斗争和二条道路斗争为刚[纲]，使每个代表认识到太山大队存在着严重的阶级斗争，要求每个代表敢于斗争，敢于站到斗争的最前线，有苦诉苦，要拿焦裕禄、王杰、雷锋同志的先进事迹，和他们这些干部相比，看看太山大队这几年的工作走的什么道路，究竟是为虽[谁]服务的，为虽[谁]当的。

会议由主席团人员掌握，工作队帮他们出主意，作决定，同他们三一起(一起学习，一起研究，一起总结)，会议前布置好会议工作，会后找出差距，总结经验，采取大会斗、小会攻、个别谈话、政策攻心、会内会外相结合，工作队一部分人参加代表会议，另一部分在下边发动群众，不仅利用到会人员起来斗争，必要时召集全队的社员，穿插进行开斗争会，在会上大揭四不清的盖子，大诉四不清干部的苦，造声势、添劲头，我们从斗争中体会到，主席说的“中国的反动分子，靠我们组织起人民把他打倒”，第一个就是斗争四类干部民兵连长王有仁，全大队的社员都参加了，劲头[势]如剖[破]竹一般，打破了工作队迷信的地方，就是三小队的问题，原来工作队认为三小队是老大难的队，12 户人家、8 户干部、1 户地主，一户是王有仁的爹，二户是单身汉(一个是聋子，又忠诚的老年人何明昌，一个是早年丧了父母的年青人王成义)，同时这 12 户都是亲戚，所以工作开始认为这个队，是狗子咬刺为[刺猬]子，无处下咀[嘴]。在这三、四十天中，工作队虽然用了主席说的“任何有群众地方，大致都有比较积极的，中间状态的和比较落后的三部分人。”故领导都必须善于团结少数的积极分子，提高中间分子，争取落后分子”(，)这时工作队只吸收了一个民兵排长，柯昌有作为积极分子，可是没想到群众觉误[悟]会提高这么快，12 户就有 10 户提王有仁的意见,这几户都是受王有仁迫害最深的户,盛[剩]下一户地主,和王有仁的爹,他的爱人柯昌英也提了他的乙[意]见,她说,我现在才知道你有外路,怪不得你回去后叫[把]我打的头破血流,过去我还没一下,你们都想打我说我不该说了,现在我才明白你为啥子要打我,把我打走了,你再接一个年青[轻]的,工作队一向以为何明昌耳朵聋,不能在运动中起到作用,所以放弃了对他的发动工作,可是那天斗争会上他也跑去了。一个同志说,你看老何也来挤的挤的到桌子跟起[前]提意见,另一个说他提屁,他就向[像]个提意见的样子,可是出呼[乎]工作队的乙[意]料之外,这个耳聋的何明昌也大发雷廷[霆]的揭露出四不清干部道德败坏问题,他听说晚上还要继续进行斗争会,竟连吃饭也不回去吃,参加晚上的斗争会,继续向四不清干部[作]斗争,何明昌为什么会有这大的劲头呢?就是他在40岁左右,他的老婆被四不清干部,[、]石教堂弟兄给他刁走了,盛[剩]下一个女儿,和他一起生活,他的女儿在16岁时被王有仁奸污,可是这个60岁上下的何明昌,不能申冤报仇,唯一的办法是把苦水向肚里很[狠]压,这次开会他听说,县的区的四不清干部都打倒了,王有仁的后台王善干也被打倒了,贫下中农在工作队的领导下掌[撑]起腰来了,不怕四不清干部报复了,所以他才有这么大的劲,又如贫农社员陈洪英说,王有仁,我现在还活着的,工作队来了,我可要说几句话,我的男人被你们硬逼的,粮食不够吃饿死了,60年你又说我儿子偷队上的粮食,开会把他又给逼死了,逼死了我儿子,我儿子死了,我也是不能活,死了你的眼中丁[钉]去了,你可好好的霸占我的媳妇和女子啥。我们寿命长,没死呀,现在可见了青天啦,敢给你提乙[意]见啦,这时她边哭边诉,引起了全场群众对她的同情和对四不清干部的气愤,为了使到会的人都能提上乙[意]见,工作队把主席团的成员叫到一边,说叫会外人员先说,会内人员在这里住的不管什么时后[候]就[都]能说,有时光代表开会诉起苦来,也是争论不明,高二英当时提意见过程摆的多了点,没发言的代表就有了乙[意]见,高二英说,不叫我说散毬了,现在我还受你们的压迫,贫农社员柯玉荣说,你们说住到大队干部一起,粮食吃的多些,这几年我的日子,你们知道我早不想和大队干部住一起,要不是和大干部住一起,我老婆的娃娃又不会被支书老婆给打掉,不会人家把好的分走,给我分害[差]的,吃的吃,还是看的看,在这以苦引苦的群众面前,贫农柯昌有说,你王有仁骑到我的头上屙屎撒尿呀,你闹的我家属不和,跟我爱人搞皮绊,还奸污我的小妹子,这会要是叫打,早就把你打成泥巴了,四不清干部家属罗士英说,你老王在我们队上搞报分住到我屋的,把你搁置在和我13岁的女子一个屋的住,你半夜的把我娃子抱到你床上,我的娃子吓的跑到我房屋的,你怕我们说把队上麦子给我称15斤,你称15斤,叫我给你推成面,我们老俩口就不敢说,怕得罪了你,接着王成义提乙[意]见,他说你王有仁对我好苦呀!我爹死时,有100元钱、三担红薯干、石把多麦子、被子、家具、夏收石[时]把麦斗把宛[豌]豆,你看有个盆,你说三呀你到我那过个年把[吧],给你说个媳妇子,盖二间瓦房,在你那里三年头就百二个年,打的我没过成,我说的要走,你说,我给你一付磙子,一个耙子,你给我进碾代[带]爬[耙],结果我走时,只带了个小缸,被子没有拿了二领簑衣当被子,你还要说我叫[把]你的簑衣盖烂了,还要叫我赔,你一家五口人住六间瓦房一间草房,我出来没房子住,队上给我盖一间草房,在你们家住的时候,你们单另做饭吃,给我做包[苞]谷麸和麸子吃,吃不下算了,好喂猪,你对我好苦呀!代表同志们你们说他该退赔给我把[吧],大家一哄而起说,该退赔退赔我二间瓦房一床被子好不好,大家又说好!当场工作队叫主席团带领代表王有仁、王成义回去搞对[兑]现,立刻会场洋溢着欢欣鼓舞的气分[氛],人人扬眉吐气,精神振奋,给贫下中农壮志助了威。

通过这次斗争会议提高了群众的觉误[悟],也促使了四不清干(部)交待问题,斗争会上四不清干部也起来提了乙[意]见,如4队长郭从文说,你石教堂真的没用,你说什么不通过你我们搞得成,偷粮食是你搞的,私分你主持的,杀耕牛是你的主某[谋],富农下成中农是你干的,我倒也是四不清干部,我有问题,以后我检查,经过群众揭(发),工作队会后个别地给他讲政策,指出路,拿解放干部的五个条件和自己对照,原原[愿意]早点解放还是和贫下中农对抗,这时石教堂说,我原来认为我没有用,初教时就混过去,二性间,初教时没承认一个,现在自己交待6个上床的,2个调戏的,年令[龄]16—24岁(群众揭发还有四个没承认),粮食问题,在工作队进村后,私自召开四不清干部会议,不准把粮食问题,全部报出来,现在我认识到属于对国家生产队和个人都无利,通过斗争群众觉悟起来了,不交得[待]也滑不过去了,党的政策英明,上级对我的关心,怕群众打我们,群众诉苦时手里拿的烟得[袋]和杠子,主席团就撵下去了,要不是叫我们打成肉团子,我们为什么不说呢,二队妇女队长王成香说,原来以为自己没有用,他人的偷不与自己相干,现在学习后,自己也有用，封建迷信，坐月子请客送礼，和地主子女拜干戚，看来我的问题，也不少哇。

通过斗争，分析批判代表看准了虽[谁]〈额〉是大坏人，虽[谁]的错误大，虽[谁]的错误小，虽[谁]掌权虽[谁]没掌权，首先代表提名，酝酿虽[谁]能解放，征求大家乙[意]见，再对照解放干部的五个条件，再作决定认准了解放干部的人，还要让他再作检查，分析批判，再检查打几个回合再表态解放。

通过这几天的会议来看，工作上还是有不足的，就是会内会外工作队，没有达成协调，形成会议中有分歧，再一个从会议斗争来看知情人和丁[钉]子户发动的还不够，所以在某些方面还不能把四不清干部的威力打下去。

太山大队

4. 10

工作队党委：
杨湾大队第一次贫下中农代表大(会)情况报告

一、大会的基本情况：

我大队第一次贫下中农代表大会是在公社代表会后，代表传达了公社代表大会的斗争形势和公社党委要求和去公社看斗争大会的人广泛宣传的情况下，使广大群众斗争情绪，进一步提高的情况下召(开)的。代表大会是在本月5日召开的(，)历时四天(，)于8日下午胜利结束。

在会前我们分片召开了贫下中农大会，经充分酝酿，讨论，共选出30名代表，其中男21人，女9人，贫下中农22人占74%，中农8人占26%。

5号早晨召开了代表大会，成立了七人组成的主席团，在会上由工作组党支部书记余维长同志进行动员。共讲了三个问题：1. 当前的斗争形势；2. 运动的性质；3. 对代表的几点要求。代表们结合报告进行了讨论，一致认为杨湾大队的阶级斗争是十分尖锐的，正如5位[队]代表张明己说："共产党，八路军领导我们进行土改斗倒了地主翻身，四不清干部又像一块石板一样压在我们身上，我们一定把压在头上的大石板掀掉彻底翻身。"下午又学习了毛主席著作："为人民服务"，"纪念白求恩"和"县委书记的榜样——焦裕禄"的有关章节，代表们结合主席著作和焦裕禄对照大队干部的具体情况进行了讨论。代表们进一步认清了大队干部不是按毛主席指示办事，而是走的资本主义道路，所以我们大队的生产年年下降，阶级敌人活动十分嚣张，就是因为干部领导走错了路。

经过一天的学习毛主席著作，武装了全体代表的头脑，使代表们有了斗争，批判的武器——毛泽东思想，所以代表们一致表示：一定按毛主席指示办事，坚决斗倒四不清，不获全胜决[绝]不收兵。

六日召开了全大队贫下中农大会，到会的有八十多岁的老奶奶也有十几岁的娃子。贫下中农敲罗[锣]打鼓整队进入会场，在开会前演出快板"反对四不清"。由余维长同志说明了开会的意义，并宣布了代表大会的主席团名单，主席团在热烈的掌声中就位。由执行主席宣布斗争大会开始。当主席问贫下中农："我们先斗争谁"时到会的贫下中农一致要求，斗争大队支部书记杨恒绪，主席团当即答复了贫下中农的要求，责成杨恒绪，进行检查，但杨恒绪的检查是极不老实的，是避重就轻的，因此引起了到会的代表和贫下中农的极大愤恨。一致要停止他的检查，进行斗争、批判。接着大会发言，首先发言的是贫农代表杨春青老汉发言，揭发了杨恒绪的反动历史，在解放前当过夜壶队，被我军解散后才回家的，在混入我军八大队十二小队后，因怕死又开小差回家，土改时又混入农会当了干部，在土改时包庇地主赵三供(张沟人)段家都是赵万必的亲家，不但把东西放你家，还隐藏过他家的人，在被农会发现时，又把好东西留下肥己，把一些坏东西上交，就是从土改后到现在仍和地主来往密切。如和张怀英、赵万必等地主拜干亲等等严重丧失阶级立场的事实。大会发言十分勇[踊]跃，都争先恐后争着发言，在发言中有八十多岁的老人，也有十几岁的娃子，还有杨恒绪的小妈和堂妹，有的是我们进村后一直不大接近我的赵永秀(据了解她在丈夫死都没有哭的)但在大会第一天就哭诉了杨恒绪打死杨致中后还不叫收留杨致中遗子的罪恶事实。发言的也有四不清干部如付[副]队长杨恒威。很多人都在发言时声泪俱下的哭诉了杨恒绪欺压贫下中农的罪恶事实。下午斗争了原大队会计张仁启，斗争后贫农代表郭守清反映"真没有想到，张仁启作[做]事真毒辣"，经过斗争不仅进一步的激发了群众的斗争情绪，而且打掉了四不清的威风。又用两天时间对其他大队干部进行了揭发批判，总之在大会期间群众干劲大。群众得到进一步的发动，在会期间就出现11户全家上阵参加斗争，如杨春青、杨恒礼、赵丰学、赵守如、王福善、赵守第等，也有父子争着发言的等动人场面，发言的不仅有贫下中农代表，[、]贫下中农，还有四不清干部，如杨春青(贫农代表)，于余真(贫农)[、]张自文(付[副]队长)[、]赵丰俞(会计)[、]赵桂香(妇女队长)等都是全家上阵斗争的，又如赵守如在会议中劝儿子赵丰俞积极的向工作组交待问题，和积极的参加斗争，赵丰俞主动的找工作组交待问题，大会上又积极的发言，也有〈是〉从来都不发言的发了言，如杨春青的爱人陈有荣就哭诉了杨恒绪等人在初教时对他的打击报复，本来是地主张怀英喂养不经心使牛死掉的，杨恒绪硬说是杨春青打死的。就是四不清干部也在会上发了言，如大队长赵欢苗，[、]民兵连长杨恒进，[、]生产队长赵永平，[、]妇女队长赵桂香等人，总之经过三天的大会斗争，揭发、批判，群众的干劲更大了，不仅发言积极，斗争情绪高涨，而且生产抓的更紧了，如五队就利用到杨湾开会的时间，挑大肥浇秧母子地，四队利用中午挑水浇红薯母子，由此可以明显的看出斗争促进了生产，现在全大队生产情况很好，改变了过去那种上工晚，[、]收工早的现象，干劲更大了。

通过斗争对原来的积极分子进行教育，也涌现了一批新的积极分子，壮大了积极分子队伍，现在我们大队可靠的积极分子由原来的25人发展到49人，这就充分的证明王任重同志提出的“发展组织，斗争组织，发动（组织）”的指示是十分正确的。

二、大会的收获

1. 发动了群众，更深刻的揭发了四不清干部的问题。

通过大会斗争群众得到了进一步的发动，在斗争前，全大队的发动面只有59%，通过斗争有的已达100%，有的队只是个别户没有发动了，如四队只有两户没有发动了，现在全大队发动面已达85%，有的谁[虽]在大会没有发言，但在小会也发了言，积极分子也主动的进行个别发动工作，如赵丰俞就（是）积极分子赵丰学在会议期间发动起来的一个。不仅主动的交待了自己的问题，而且积极在大会上发言。由于大会的斗争的实际发动，不仅积极分子积极争先恐后的争着发言，而且也使一些过去不敢斗争的人却[也]起来斗争，如杨春青的爱人陈有荣在斗争会前，我们工作组在她家和杨春青谈问题使他不但让他爱人反映问题，在大会的第一天就哭诉了杨恒绪对他家欺压的事实，又如赵丰香说：“我长这么大都没敢向你们（四不清干部）提意见，要不是四清，我还不敢向你们提意见。”赵守炳在斗争杨恒绪的大会上说：“要不是四清来了，我赵守炳敢和你说话。”又如赵永秀，在我们和他个别谈时，他却很少说话，但在斗争杨恒绪的大会上不仅揭发了杨恒绪打死杨致中前对他的欺压（他和杨致中住在一起，杨恒绪威胁他说：如果你发现杨致中偷东西不报就是坏分子）并哭诉了杨恒绪打死杨致中后还不准他收留杨致中的遗子的罪恶（群众反映赵永秀在丈夫死时都没有哭，今天哭了，可见杨恒绪罪恶之大），在大会上很多人都是声泪俱下的哭诉四不清干部对他（她）们的欺压，不仅使很多人都流下了同情的眼泪，而且也大大的激发了广大贫下中农的阶级觉悟，更加坚定了斗倒四不清干部的决心和信心。

在斗争中也更进一步的揭发出一些问题：如在大会上郭守清揭发杨恒绪在吃食堂時硬逼她跪着交饭票，还要把他赶出杨湾还不给迁移手续，被逼的要寻死。杨致兰进一步揭发了杨恒绪在打死杨致中后逼得其女没有办法不得不外出讨饭，曾汉明也揭发了杨恒绪对党的儿童组织——少先队的极端仇视，在耕[跟]读老师告诉他：“你二娃子杨万[redacted]入队了”杨恒绪说“搞个球，入啥子队”。同时也有人揭发了他对杨致中遗子的威胁，他说“你不上坡，你要小心，不上坡我不给你饭吃。”还有人揭发杨恒绪和地富关系时说：赵万必女人在坡上早晚却说：“上边的（指杨恒绪）比我们家门还亲，去了却不叫走。”赵丰启揭发在62年国民党叫嚣反攻大陆時请地主赵万必、张怀英吃饭等等罪行。

在会上，杨之林揭发杨恒俊为什么和地主赵万必好，因为赵万必的哥哥赵娣在台湾还经常给王家坡赵永起（是大队长）来信，所以你也到赵永起家中吃喝和赵万必你我不分。

通过大会的进一步揭（发），使四不清干部现了原形，基本上打倒了四不清干部的威风。有的人在揭发中哭了。

2. 干部有了明显的分化，一、二类干部开始向贫下中农靠拢。

在斗争会上我们反复的[地]讲了毛主席语录和有关政策，在每次会前、（会）后，都分别对大、小队干部进行了政策教育，并指明出路，如我们讲革命和不革命时就着重的解释毛主席的教导：“什么人站在革命人民方面，他就是革命派，什么人站在帝国主义封建主义官僚资本主义方面，他就是反革命派。什么人只是口头上站在革命人民方面而在行动上则另是一样，他就是一个口头革命派，如果不但在口头上而且在行动上也站在革命人民方面，他就是一个完全的革命派。”结合主席教导还讲了廿三条的第一条运动的性质和前十条中主席教导：“这一场斗争是重新教育人的斗争，是重新组织革命的阶级队伍……的斗争。”对干部进行了教育。主席的教导党的政策是我们分化瓦解干部的依据，也是最有力的武器。

由于我们反复的讲了毛主席的指示党的政策，和大会斗争，所以一、二类干部确实有兵临城下的感觉，如果不彻底交待问题，是过不了关的，因此他们就有的在大会中主动找工作组交待问题，如二队会计赵丰俞找工作组交待了他贪污万元钱和在65年瞒着私分粮食有6 586斤，红薯16 000斤，皮棉28斤的问题，有的积极起来参加斗争，如妇女队长赵桂香，付[副]队长杨恒威、张自文，队长赵永平等。

在斗争过程中我们也为解放一、二类干部作了必要的准备，找他们进行个别谈话，交待了政策，如在解放大队会计赵丰俞的代表会上就能比较深刻检查自己的问题，听了他的检查代表们表示满意，但对他们的错误思想也进行了严肃的批判，这不仅对他本人是个教育，而且对没有解放的干部也是最实际的教育和提高。

三、几点体会。

1. 毛主席思想，党的政策是取得斗争胜利的根本

在这次代表大会期间，我自始至终贯彻了以主席思想为指针，以党的政策为依据的思想。

在斗争大会前我们用一天的时间，组织代表们学习了毛主席著作和有关的政策，使代表们在思想上明确，斗争的目的，斗争的方法，这样就在代表中作[做]到了人人心中有数，那就是用毛主席的教导和焦裕禄的英雄（事迹）去揭发，批判四不清干部，如代表赵丰金说："学了主席著作心里亮，学了政策有方向，斗争起来有力量。"

在斗争会前也向群众又重新讲了运动的性质、重点和党的政策，并揭发了四不清干部的一些问题，从而更进一步的激发了群众的斗争情绪。

由于我们在斗争中不断讲了毛主席著作、党的政策，使党的政策深入人心。就像代表郭守清发言时说的："要不是工作组向我讲了党的政策，我真咬你杨恒绪入口。"因此在整（个）斗争过程没有发生任何问题，使斗争得以顺利发展。

2. 在斗争（中）如何进一步发动群众的点滴体会：

要想使斗争过程变为发动群众的过程，我们认为还必（须）进行艰苦细微的个别发动工作，只有这样才能（把）会议发动的效果落到实处，通过这代表大会我们的体会是：

（1）内外结合：

在整个的斗争过程中不仅我们工作队，就是积极分子都利用会议的间隙进行了个别发动工作，不仅找了贫下中农谈话（，）一、二类干部也谈了话，这就使斗争得以步步深入，如积极分子王学荣就积极的发动其父母起来和四不清干部斗争。又如赵丰俞就（是）积极分子赵丰学在会议中发动起来和四不清干部斗争的一个，因为在斗争中涌现了过去不敢讲话，今天起来和四不清干部敢面对面斗争的积极分子，如陈有荣、赵永秀等，就是我们个别发动的活教材。除在会外发动外，我们在会内也组织主席团成员，积极分子进行及时的"点火"

如在郭守清揭发杨恒绪，在其女人生孩子时给了两元钱的礼被杨恒绪扔到地上，而赵万必（地主）也同样送了两元钱的礼，就收下了时主席团就问群众：“你们看杨恒绪对谁亲”群众一[异]口同声的说对地主亲。”这不仅激发了群众的斗争情绪，而且也激发了群众对四不清干部的阶级仇恨心，在斗争原大队会计张仁启时群众对他的帐[账]目了解的不多，工作组负责查帐[账]的同志就有意的揭了张仁启的亲笔帐[账]，如在大会上揭了他买一只羊就打了三张条的情况后不仅激起了群众的斗争情绪，而且也使群众更进一步认清了他的本质。斗争会后，很多（人）反映：“真没有看出来张仁启还是一个表面‘老实’心里坏透了的人，现在算认清了他是什么样的人了。”

（2）及时吸收那些在斗争中表现好的人加入积极分子，这样就可以不断的壮大积极分子队伍，但要注意防止勇敢分子站到核心层来。

在这次斗争会中，每天都组织积极分子进行个别访问使发动工作不断深入。

3. 今后应注意的八个问题：

（1）在毛主席著作学习上，学得还不够深透，时间也显得少了一点，表现在有一些人的发言不够有力，还搞不到纲上来，所以我们今后要大力的组织贫下中农学习毛主席著作。

（2）会议的组织工作上有些问题预见性不够，如在大会斗争支部书记时，对坏分子杨恒绪预防工作就准备不够，所以他就钻了空子发了言，谁[虽]在群众中反映不大，但也是一个问题。

（3）对个别人，特别是知情人的发动工作还不够有力：

如对杨恒绪的小妈徐尚英的发动工作就不够深细，虽然她在大会上发言揭发了杨恒绪对他的歧视，但还没有能指出他们开家庭会的情况。

杨湾大队工作组党支部

66.4.10

细峪大队第一次贫下中农代表会议小结

我们细峪大队第一次贫下中农代表会，是在经过一段艰苦、深入、细致的群众发动工作后，于4月4日召开了代表会。到会代表48人，社员156人，会议历时4天时间，揭发斗争了大坏人，批判解放了干部，会议达到了予[预]期的目的。现将这次会议情况综述如下：

这次代表会议，共开了四天时间，第一天代表进行学习，以后三天为斗争大坏人，解放干部的时间，我们是在公社代表会议结束之后，根据广大贫下中农的意见召开的。在会议上我们组织代表学习了当前形势，毛主席关于阶级和阶级斗争，学习了焦裕禄模范事迹，对比了我们细峪大队解放十几年来的情况，使代表们进一步加深了认识，提高了阶级觉悟，他们用一比，党的干部在人民群众中是一个普通劳动者的身份代[带]头参加生产的标准对照我们细峪大队干部以往劳动态度是：生产活路[动]他们不参加，以检查生产为借口到处游转，游转够了回家抱娃子、洗菜、做饭。二比，我们党的干部是依靠贫下中农，走群众路线的民主作风，而我们大队干部是独断专利[行]，不走群众路线的作风，三比，党的干部是勤勤恳恳的为群众而工作，而我们的干部是以我字当先，处处为自己着想，救济款他们得的多，集体的粮食他们吃的多，队里的钱他们拿的多，就是缺少如何领导社员搞好生产的思想少。四比，党的干部关心贫下中农，而我们的干部却关心地主、富农衣食、住，甚至还怕富农绝了后，组织广大干部给富农女人偷灯。五比我们小细峪是个好地方，五七年前粮食产量高，社员生活一年比一年强，而现在粮食产量一年比一年下降，社员生活越过越穷。通过这些鲜明对比以后，代表们越比越恨四不清干部，看清了越过越穷的根本原因就是干部不走社会主义道路的结果，情绪也就激动，坚决斗倒四不清干部的决心更高涨了。

在代表们有了斗倒四不清干部的决心之后，我们又启发诱导他们回忆检查代表会议准备情况，主要是让他们检查我们广大贫下中农都真正起来了没有？检查我们对知情人发动起来了没有？检查我们对干部分化瓦解工作做的如何，检查我们对干部家属如何启发他们提高他们去做自己爱人的工作，作[做]的如何，通过回头检查，发现了缺点，要求代表回到生产队里继续深入做好发动工作。

在斗争会开始后，我们主要是运用了揭发、诉苦、说理斗争的方法进行的，为[当]斗争党支部书记张洪林时群众恨之入骨，称他为"三痞"人，张今年46岁，他赌博时间就有31年，当伪兵十一年，乱搞皮拌[绊]也将(近)30年，由于他是这样的一个人，群众揭发说，他那[哪]有心思来领导好我们生产，来关心我们贫下中农生活。再如斗争付[副]大队长兼贫协主任刘天荣时，揭他旧社会给富农金正锁扛长工，解放后当上了干部仍然给富农金正锁勾勾搭搭当牛当马，忠实的为富农办事，忘了本。通过两三天的斗争，共揭发问题113个，基本上斗倒斗臭了，使他们低了头，认了罪，如张洪林斗争下来后，对工作队说："我过去抱着交待一下能过关的，没想到贫下中农对我气恨这样大，揭的这样狠，如果自己再不好好交待(，)不说贫下中农放不过我，就是我自己也看过不了关。"刘天荣斗争后痛哭流涕的恨自己忘了本变了质。

在斗争中间，我们是边斗争边发动，边总结，因此使会议开的既严肃又活泼，为我们组织斗争时，每半天在会议快结束前一个小时停下来，分开代表，社员、干部、家属等摊，进行座谈，对代表主要是总结半天来会议动向，效果如何，讨论下(一)步斗争计划，发挥他们当家作主的思想，这次会议每一件事都是由大会主席团组织处理的，对广大社员主要是通过斗争来启发他们的阶级觉悟，增加集体观念，克服我字当先，扩大他们思考问题的范围。〈为〉贫农社员刘成英过去不发言，通过斗争张洪林后，在斗争刘天荣时，她以焦裕禄同志为榜样，人家能治住风沙，[、]盐碱地，而刘天荣连一个猪圈也盖不起来，人家在大雪纷飞的时候，访贫问苦，而你当贫下中农在过年时连请两次去吃饭就不去，而富农家不请就自动走上门去了，到底你是我们贫下中农的主任，还是富农的主任，你为什么等共产党(原文如此——编者)现在生活不如过去好。对干部主要是进一步地贯彻政策，指明前途，争取从宽处理，从早检查，从早解放，和贫下中农站在一边。经过斗争张洪林、刘天荣和解放民兵连长董大均后使全大队大小队干部25人，就有15人找工作但急于检查自己的问题，如四队付[副]队长崔明德，这个人过去一贯偷盗集体物资，打人骂人作风恶劣，虽然过去我们对他也组织了两个小战斗的回合，由于群众发动不充分，不但没打倒他的嚣张气焰，反而更嚣张了，对群众也不检查了，这次他看了斗争张洪林、刘天荣的群众气恨和解放董大均的事实后曾找工作组两次要求检查自己的问题。对干部家属主要是教育他们划清界线[限]，站稳立场，规劝自己的亲人向贫下中农交待自己的问题，通过教育四队队长的爱人积极帮助队长向工作组交待贪污粮食 1 500 余斤。

这次会议虽然取得了一定成绩，解决了一部份[分]问题，但由于我们思想麻痹，政治工作没有跟上去，出现了打人事件，会议发展是马鞍形的，不够平衡，对知情人发动还不够充分，所有这些问题，我们以[应]当作教训来吸收并引起今后注意。

细峪大队

1966. 4. 10

杨坪大队第一次贫下中农代表会初步总结

一、大队代表会的基本做法

1. 以阶级斗争为纲，大揭阶级斗争盖子，启蒙、诱导群众向四不清干部作斗争：

毛主席教导我们："阶级斗争，一些阶级胜利了，一些阶级消灭了。这就是历史，这就是几千年的文明史。"又说："阶级斗争，生产斗争和科学实验，是建设社会主义强大国家的三项伟大革命运动，是使共产党人免除官僚主义，避免修正主义和教条主义，永远立于不败之地的确实保证，是使无产阶级能够和广大劳动群众联合起来实行民主专政的可靠保证。"我们根（据）毛主席这些指示，结合进乡后50多天的调查、了解，把杨坪大队阶级斗争的情况串了起来教育群众。使他们认识杨坪大队阶级斗争的严重性。杨坪大队阶级斗争情况怎样呢？我们归纳了十个方面，向群众加以阐明：

（1）组织不纯，有坏人混入；

（2）和平演变，有的干部被敌人拉出去，堕落成为不可救药的分子；

（3）有资产阶级思想，走资本主义道路，搞投机倒把，大发投机横财；

（4）立场不稳，包庇坏人，对敌亲，对己狠，千（方）百计迫害贫下中农，初教后更变本加利[厉]；

（5）作风下流，道德败坏，诱奸军婚，乱搞皮绊，破坏社会主义新风尚；

（6）贪污挪用，多吃多占，盗窃国家财产；

（7）不（搞）农田基本建设，大搞付[副]业，造成农业生产大幅度下降，在生产斗争中不走社会主义道路；

（8）认家族，闹房头，搞迷信活动；

（9）革命动机不纯，毫不利人，专门利己；

（10）革命意志衰退，借故有病长年不干工作。

通过揭发，杨坪大队阶级斗争表现，诱导群众，向四不清干部作"针锋相对"的斗争。不然的话，正像毛主席说的："那就不要很多时间，少则几年，十几年，多则几十年，就不可避免地要出现全国性的反革命复辟，马列主义的党就一定会变成修正主义的党，法西斯党，整个中国就要改变颜色的。"

2. 灵活机动,把揭发、批判、斗争三者有机地结合起来:

在代表会以前,工作队的全体队员是有顾虑的,怕群众起不来,怕群众不敢向大坏人作针锋相对的斗争,总之是顾虑重重,没有看到自公社代表会以后群众要求彻底革命的积极性。所以在开始没有把斗争锋芒直接指向大坏人张建喜,而是先搞普遍揭发、批判。但是群众起来以后,锋芒都一致指向张建喜,在这种情况下怎么办?还是继续揭发、批判,还是转入向大坏人开展斗争?毛主席说:“当群众还不觉悟的时候,我们要进攻,那是冒险主义。群众不愿干的事,我们硬要领导他们去干,其结果必然失败。当着群众要求前进的时候,我们不前进,那是右倾机会主义。”我们看到了群众的要求,经过主席团的研究,适时的转入了斗争,群众情绪十分高昂,对大坏人形成了包围,进行了尖锐的斗争。

斗争大坏人的大会结束以后,对其他大队干部因材料掌握的不充分,加之斗争结束后,群众需要休整,不能被胜利冲昏头脑。毛主席教导我们:“我们需要热烈而镇定的情绪,紧张而合秩序的工作。”所以我们将大会转入代表会,对大小队干部作了全面的揭发、批判,进一步掌握材料,积蓄力量,准备再次的斗争。

3. 大队代表会的全部过程,是活学活用毛主席著作的过程,是教育提高积极分子的过程;

在大队代表会的全部过程中,我们始终坚持活学活用毛主席著作,指导斗争。在大队代表会开始时,用毛主席关于阶级斗争的论述,揭开阶级斗争的盖(子),用毛主席的话:“如是反动的东西,你不打,他就不倒。”启发群众不要相信四不清干部的革命自觉性,用毛主席的话:“没有贫农,便没有革命”教育群众、贫下中农是革命的依靠力量,只有贫下中农团结起来进行革命,四不清干部一定可以打倒。代表们还集中学习了毛主席著作:“为人民服务”“愚公移山”等文章,工作队宣传了雷锋、王杰、焦裕禄等英雄人物的先进事迹。所以不少代表在发言时都能运用毛主席著作、英雄人物的事迹和四不清干部的坏事对此[比]说明。

在大队代表会的过程中,我们还坚持了白天开会,晚上总结提高,用毛主席的教导,来分析四不清干部的本质,研究下一步的斗争策略,作[做]到代表心中有底,火力集中,配合密切。比如:在第二天的晚上研究第三天的斗争策略时，为了将大队的小集团攻破，准备从大队会计身上开刀，所以大家研究要揭发与交谈相结合。大队会计程安均在运动中始终抱着无所谓的态度，并用〈先〉“先发制人”的手法，检查自己挪用五十多元的事情，企图滑过去。又因他是大队小集团的核心人物，查账中又有了些破绽，所以从他这里下手突破较量[易]。所以决定在第三天代表先集中火力烧他一阵，工作队再找他个别谈话，作[做]到很好的配合。从效果看，程安均现在已经动摇了。我们体会到，代表会一定要讲究策略，按照毛主席的教导，斗争一定要掌握有理、有利、有节三个原则。

二、对大队代表会成绩的估价：

1. 长了贫下中农的志气，群众有了进一步的发动：

大队代表会通过了揭发、批判，特别是通过了斗争大坏人，长了贫下中农的志气，有的贫下中农对干部说：“过去谁敢在你们面前说句话呀！今天我们就要在你们面前说。”有的贫下中农自从工作队进村以后，一直没有说过话，大会斗争时，也挺起胸膛向四不清干部作斗争了。我们大队对妇女群众的发动是个薄弱环节，大会过程中有不少妇女起来向大坏人作斗争。艾玉兰诉说被逼要饭的经过，杭新荣替母申冤。大会上含苦诉苦，含冤申冤，对群众教育十分深刻，不少群众流下了阶级同情的热泪。

通过这次大会，使我们进一步的明确“发动、组织，斗争，〈斗争，斗争，〉组织发动”的辩证关系。只有通过斗争，揭开阶级斗争的盖子，提高群众的社会主义革命的积极性，自觉自愿地起来革命，才能使革命取得真正的成功。正如毛主席说的：“这里是两条原则：一条是群众的实际需要；一条是群众的自愿，由群众自己下决心，而不是由我们替群众下决心。”

2. 灭了四不清干部的威风，大坏人发了慌。

毛主席说：“很短的时间内，将有几万万农民从中国的中部，南部和北部各省起来，其势如暴风骤雨，迅猛异常……。一切帝国主义、军阀、贪官污吏、土豪劣绅都将被葬入坟墓。”这次代表大会，深刻的反映了群众中压抑不住的革命热情，四不清干部在火热的群众运动面前，低了头，丧了胆，现了原形。大坏人张建苗，在群众斗争的暴风骤雨面前，装病耍赖，企图逃避斗争，但是在群众的压迫下，只有向群众低头，没有其他道路可以选择。有的贫下中农，向四不清干部提出警告说：“你们不要阳奉阴违，你们不坦白是过不了关的。”通过代表大会,四不清干部的威信扫地。大队的学生娃,编了歌谣"社员伯伯莫吭气,张坡是个坏东西,坏东西没脸皮,名字就叫张建苗……。"到处说唱,反对四不清。

3. 通过斗争,锻炼了积极分子,提高他们的阶级觉悟,进一步的辨别了积极分子的革命精神;

通过这次斗争,使我们大队的积极分子得到了一次实际的锻炼。有不少积极分子立场十分坚定,敢于向大坏人进行斗争,有"舍得一身剐,敢把皇帝拉下马"的精神。通过这次斗争他们的意志更加坚定,觉悟提高了,初步树立了为人民服务的意志。但是我们也看到了一些积极分子,他们的动机不十分纯正,革命精神不十分旺盛,为人民服务的思想不十分牢固。所以使我们对积极分子中好的、比较好的、差的,有了基本的数量分析,更便于我们今后对积极分子的挑选,[、]培养和提高。毛主席说:"我们共产党员应该经风雨,见世面;这个风雨就是群众斗争的大风雨,这个世面,就是群众斗争的大世面。"我们认为,培养和[合]格(的)积极分子也要经过群众性的急风暴雨的斗争,在斗争中,大胆使用他们,只有在实践中才能培养出一批真正革命的积极分子。

4. 认真学习和宣传了党的政策,在斗争过程中没有出现打人的现象。

从斗争开始,我们就宣传了党的政策,23 条的精神,开展说理斗争,防止打人、骂人。实践证明,群众是最听党的话,是最能掌握党的政策的。斗争过程始终没有出现打人的现象,表现了贫下中农最听党的话的高贵品格。

三、大队代表会存在的主要缺点:

对四不清干部资本主义思想的本质,揭发、批判的不够深,不够透:

群众斗争的情绪十分高涨,揭发的问题也不少,但是部份[分]代表对于四不清干部的思想本质没有提高到阶级斗争的纲上来认识,没有充分揭发四不清干部资本主义道路的实质。对 58、59 年的事揭发的[得]多,对近年来四不清干部大搞私有,瓦解集体经济的资本主义道路揭发的不多。主要原因是工作队向群众教育不够,没有把毛主席关(于)社会主义社会阶级斗争的新形势,[、]新特点,向群众进行充分的教育,这是今后工作中应该特别警惕的。

四、今后工作的初步安排

1. 组织小会攻心,对大搞投机倒把的郑六才,组织几次小会攻心,结合查证、落实。

2. 分化瓦解大队干部，采取政策攻心，争取大队会计程安均起义。

3. 纺织分片斗争，和解放小队一、二类干部；

4. 三大革命一齐抓，突出政治，搞好生产。

这一次斗争会，对贫下中农群众是一次很大的鼓舞，坚定了贫下中农搞好运动的信心。听听进乡以后一直没有说过话的有“口吃”毛病的贫下中农社员张玉珠的结论吧：“这次四清就是例，也没有见开多少会，就把干部给斗的灰溜溜的啦。初步四清，整天开会，有时开一宿，也没有叫[把]四清干部斗倒。”社员张玉功说：“孙悟空能打十万八千里，这一次你们可跑不出我们贫下中农的手掌心啦。”

杨坪大队工作组

1966.4.9

太山大队二十天的汇报

太山大队有四个生产队，这个大队是个山区，水田只有 168.5 亩，坪地占 2 亩，城地 1 170.75 亩，其有耕地面积 1 351.25 亩，全大队贫农 59 户，下中农 12 户，中农 6 户，上中农 1 户，富农 2 户，地主 3 户，共 83 户，392 人，劳动力 153 人，由于四不清干部贪污盗窃、破坏集体，瞒产私分，奸污妇女等形形色色都有，四不清的干部混[浑]水摸鱼，从中贪污粮食，结果社员口粮低，较高的口粮二队吃到 93 斤，口粮最低的四队，平均才吃到 28 斤，造成社员生活下降，生产落后。

我们工作队进村后，每个队有工作队员，我们高举三同四清的旗帜，以阶级斗争为纲，以两条道路斗争为纲，讲明来意，表明三不走，一手抓发动群众，大讲二十三条，向群众宣布我们整的是党内走资本主义道路的当权派，在运动前后，一律不借口整社员，一手抓教育干部，讲了二十三条，还组织干部学习了毛著，为人民服务，提高他们的政治觉悟，促使他们自觉革命，主动交待自己的问题，通过集体发动和个别发动相结合，向群众大讲毛主席语录，关于阶级斗争部分，有的社员说“你们把四清搞好了，我死到阴间也高兴”，我们初进村时群众怕四不清干部以后打击报复，有话不敢说，二队贫农社员军属闵有[redacted]对女子说，这次工作队来了，你可莫乱说“人隔十里地，逼死外乡人”我们是外乡人说不得，郭兴斌说：你们工作队住在我家里，我不敢说话，别人说了干部还说是我说的，总的来说，群众希望的是工作队这次把四清运动搞彻底，怕的是工作队走了，受干部的打击报复。

我们通过几天的工作，了解了一些问题，首先组织工作队员认真学习毛著“为人民服务”及“关心群众生活注意工作方法”，以毛主席思想武装工作队员，在工作中刘化[redacted]同志胃疼一天一夜未休息，带病工作，我们工作组学了愚公移山后，刘光辉是个女同志，给住户挑水扫地，与群众同甘共苦，夜里开会上一面山，下一面山摸来摸去，熊天光同志为了工作找群众座谈，进红山沟到深夜迷了路不知道出来，摸到社员家才领出来。我们为了集中力量先解决大队干部问题，调配工作队员，集中力量打歼灭战，大家认为只有贯彻党的路线、政策，按毛主席指示办事，我们采取的方法是，会前给群众讲毛主席语录，教育群众听毛主席的话，提高了群众的觉悟，因此群众靠拢了我们，上次社教积极分子余心保这次运动他很积极，我们有意安排在他家吃饭，再三贯彻政策讲明来意，边吃边谈，余心保对我们说，我们一队会计王文生，贪污400多元，还搞皮绊七、八个，余心保的女人说他，你现在六十多岁了，还能活几个六十！人叫你得罪完了，余心保说：我十六多，还能活六十多，我们看到一个要说一个在拦，就设法将余心保调离他家，余心保接着说：原来社教我提了干部的意见，工作队走了，干部便打击报复，骂我，我们对他讲了毛主席的话：“没有贫农便没有革命，若否认他们便是否认革命，若打击他们，便是打击革命！”打击你们的都不是好干部，余心保听后又说：王文生五八年迁来时一担两箩，他未种棉花打了三床新被套，未种芝麻卖芝麻，还拿芝麻换油，他家盖房子一天两吨[顿]酒，木匠喝三吨[顿]，一样分的粮食，他盖房子管饭又管酒，别人粮食不够吃，他拿白米做成酒。赵风忠又揭发出王文生奸污妇女搞皮绊八个，王的错误很严重，有公社主任王学仁的后台，包庇王文生，当群众会上说，我们共产党讲实事求是，一个小小的队，王文生咋能去贪污那么多钱，结果一毛未退，通过串连发动，英立清(团员)揭发王文生偷听会议的情况，王正堂揭发王文生贪污群众柴款，还贪污五风退赔款13元，余心保又揭发王文生将三个猪放到队的地里吃庄稼。

三、四两个队瞒产私分比较严重，我们访问了贫农徐国山，谈到三队干部问题，徐国山说：连长王有仁贪污100多元，未退完又盖房子，还说他的作风恶劣的[得]很，五九年他当付[副]业股长时，奸污妇女，把地主的女子陈女拉的哭，群众怕他上水库，我们把他换了下来，可是对私分问题，徐国山毫不提，我们问：你们队里的社员口粮吃多少？他说吃二十八斤，你们劳力好，为啥吃这少，他才吞吞吐吐的说：我给你说，粮食私分的有，我们跟徐国山到了地里，在地头召开会议，讲了瞒产私分的坏处，妇女大队长柯昌珍说：说呀！我们总是那些了，不说也不行，他说瞒产私分我们队里有，他说年年叫我们队里卖的多，别队卖的少，我们私分是明知故犯的，数字我不知道，会计那里有，我们便趁热打铁，当时找会计查他的私分帐[账]，这个三队六五年私分占[苞]谷2 072.6斤，苞谷穗1 647.6斤，莞[豌]豆950斤，红薯2 300斤，共瞒产私分6 970.2斤(毛粮未折)。

我们组织社员群众学习了纪念白求恩，为人民服务，引导群众回忆对比，诉过去的苦，诉四不清干部的苦，摸清干群之间的关系，四队群众与干部虽有亲戚牵连，这个队干群之间并不团结，刘明广说：过去轮不到我们革命，干部骑在我们头上，现在共产党领导我们革命，给我们讲了为人民服务，他还说这次四清和原来的小社教不一样，他向我们反映了石教堂（大队长）石教化（党员）的四不清，我们分头开了群众会，积极分子会、青年会、家属会，在会上讲了不为名，不为利一心为革命的焦裕禄同志，经过学习四队民兵排长石教化说：学习焦裕禄真对不起党，我们偷偷摸摸的事多，不说一心为革命，连谷城社员胡兴才都不如，生产队长郭从文当场交待私分苞谷穗 1 200 多斤，莞[豌]豆 500 斤。

这个大队共有干部 26 人，大队干部 7 人，其中三类干部 2 人，四类干部 1 人，生产队干部 19 人，三类 3 人，四类干部 2 人，这个队的阶级斗争是复杂的，许多群众受到四不清干部的迫害。

太山大队四清工作组

1966 年 3 月 7 日

西埝大队贫下中农代表会总结

公社代表会胜利结束后，西埝大队紧接着于 4 月 5 号至 10 号(中间休会两天)召开了历时四天的第一次贫下中农代表会。会议自始至终突出了政治，以主席思想紧紧抓住两条纲，纲拳[举]目张，事事上纲，件件归纲，斗争了大坏人，分析批判了形形色色的资本主义思想和资本主义道路，达到了会议予[预]期目的。

会议前的准备工作

我们按着主席“打有准备之仗，打有把握之杖[仗]”的指示精神，在工作队党委及时指导下，大胆放手使用积极份[分]子去串联发动群众，在串联发动的过程中，物色发现培养了一批方向明、民主作风好、劳动积极、办事公道，善于团结群众的真正贫下中农作为依靠对象，利用他们，发动一批、串联一批、提高一批。全大队七个生产队应发动的 597 人，截止代表会前发动面已达到了 90%以上，选拔培养了贫下中农积极分子 120 人，占贫下中农应发动的 45%，其中靠得住，打得开，拿的出的骨干 72 人，反“四不清”，反“和平演变”的阶级队伍也已基本形成。四不清干部的问题也基本掌握。积极份[分]子和广大群众通过学习毛主席著作，学习雷锋、王杰、焦裕禄的模范事迹，提高了阶级觉悟，迫切要求展开面对面的斗争，在此基础上召开了贫下中农代表大会。

贫下中农代表大会

出席代表大会的正式代表 52 人，其中女代表 11 人，另外大队干部 13 人，生产队干部 12 人和 40 多个贫下中农，中农社员苦主也列席了，这次代表大会，四天的会议始终由 9 人(工作队 2 人)组成的主席团掌握，开的既严肃又活泼，越开人越多，仅仅四天的时间就有 1 800 多人次到会受到了教育。斗争会未冷台，未中断，斗争空气浓，70 多岁的贫农老奶奶吴全英在斗争大坏人沈守林时(，)悲痛的讲述儿子被活活逼死，[、]媳妇外逃求生，只剩孤伶伶[零零]的老奶奶苦度日月的残[惨]景，全场流泪，有的人悲痛交加，控制不住阶级感情的冲动，如贫农社员潘家吉像疯了一样站起来，痛哭着挥午[舞]着拳头大声呼吁:“他们压迫我们贫下中农,要诉苦,要报仇!”下中农女社员柯玉英在斗争原任党支部书记沈守林的大会上,讲述了丈夫张国太在重病卧床不起的时后[候],被四不清拉下床,拖到门外,残[惨]死后,又强迫她将5个月的吃奶娇娃丢下,上李家沟水库,她不从就拳打脚踢,罚跪罚站,不给饭吃,脖子上挂土筐,当牛作[做]马,用棍子赶着她跑。以[从]此,勾起了旧仇、新恨,提高了阶级觉悟,认清了四不清干部的本质,明白了谁是他们的敌人,谁是他们的朋友。贫农毛邦海在诉沈守林、吴立宽苦的时候说,由于沈、吴引导群众走资本主义道路,弄的穷的穷,富的富,出现了两级[极]分化,1960年他被生活逼迫将自己的一个16岁的亲生女儿卖了二斗糠,20斤红薯干度日光[子],而沈守林却买儿(认干儿子),吴立宽给儿说媳妇。贫农女社员柯长秀说:“你们领导的好,掰开指头算一算,搞了多少建设,改了多少田地?修了多少水利?荒了多少田,增了多少产,你们一点都没有做,你们增产的‘窍门’是饿死人!逼死人”。

总之,诉苦的人,把个人的苦,看成了阶级的苦(、)个人的恨当成了阶级的恨,通过斗争,广大贫下中农明确了方向,斗争上了纲,认清了道路,坚定了立场,提高了阶级觉悟,狠挖了资本主义根子,痛击了敌人。

贯彻政策,体现了“23条”精神

政策是党的生命线,我们坚持了“有理、有利、有节”的对敌斗争精神,发挥政策的威力。没有开会以前,根据四不清干部压迫群众的成[程]度,被压迫者反抗力(量),我们躭[担]心会出打人事件,这一点我们犯了把群众觉悟估计过低的错误。其实,实践证明,只要把党的政策完完全全的交给群众,他们最能掌握,最能贯彻执行。如会内会外的组织工作做的很严密,不打人骂人,坚持说理斗争的重大意义的深透,准备打的,不打了,要骂的不骂了。这(里)举一例,二队有一个下中农社员叫张培德,工作队进乡不久,他听说将来要斗争四不清干部,就专门跑到山里砍了一条棍子,准备痛打沈守林、吴立宽一顿,为被他们折磨死的亲生女儿出气报仇,可是学习了主席对“敌斗争要有理、有利、有节”的指示(原文如此——编者注),提出文斗还是武斗?哪一种斗能解放[决]问题的专题讨论,他说:“我明白了,只[之]所以过去的干部整了不改,是因为没有解决思想,我一定按毛主席的指示办事,不打他,不骂他,坚持说理斗争。”

因而会上杜绝了打骂和体罚，被斗的人，心服口服，向人民低头认罪，广大群众受到了以理服人的深刻教育。与此同时，对问题虽多，目前交待的好，如现任大队会计尹文学(国民党员，三清团员，伪保长)任职 10 年，群众揭发和怀疑贪污 2 000 元左右，他交待了 1 500 多元。但检查不深刻，交待问题不彻底的现任大队贫协主任潘庆州，代表们都死死的扭住他不放。政策的旗帜鲜明，对群众，对四不清干部教育很大，贫下中农议论纷纷！共产党、毛主席真英明，不管拿枪的敌人还是不拿枪的敌人，只要"投降"一律从宽。四不清的干部也看到了只有坦白交待才是自己的出路，许多四不清干部主动的找到工作队和贫下中农代表低头认罪。这样的事例，举不胜举，只说一个典型。五队现任队长尹自田，在会议期间交待了贪污现金 1 785.93 元[、]粮食 5 251 斤，[、]皮花 14 斤，[、]油质 18 斤，[、]现金和物质[资]折款 2 299.64 元，全大队 13 个大队干部，[、]39 个生产队干部在经济上，到代表会结束时止，群众揭发和自己交待贪污现金 8 968 元，粮食 24 735 斤，棉花 139 斤，油票 142.5 斤，[、]物[资]折款 20 012.00 元。现金和粮棉油及其他物质折款合计 28 980 元，其中落实 5 855.96元，已退赔 295 元。

内外结合思想，生产双丰收

我们大队居住比较集中，代表们各在自己屋里吃饭，首先白天集中斗争大坏人，进行重点分析批判，晚上以片或队为单位，结合总结经验教训，找差距，来几个反复，解放一、二类干部。在代表会期间，生产队干部解放了 8 个大队干部解放了一个占全大队干部总数的 %(原文如此——编者注)。扩大了队伍，促进了运动的向前发展。其次，通过实践锻炼了积极分子，不仅提高了阶级觉悟，增强了革命斗志，而且认识水平也大大的提高了，每个人的发言，都每段用主席的话，时时刻刻贯穿党的政策，用主席的教导，用王杰、雷锋、焦裕禄的模范事迹、分析、对照、批判步步在纲上。第三，通过实践，把后进队代[带]起来了，原来的六、七队积极分子少，依靠对像[象]不准，经过这次代表会，检验考查，又发现了一批积极分子。第四，革命的高潮有力的促进了生产。具体表现在出工早，工效高，如一队挑了一口养鱼塘，原计划 500 工，只 400 工就完成了。二队闸一个拦河坝，原计划 250 个工，只 80 个工就胜利结束。

存在的问题

1. 斗争大会没有作[做]到人人发言,有的代表还有思想顾虑,斗争勇气不足,不敢上台揭发、分析、批判。

2. 有的人虽然起来揭发分析,批判了,但动机不纯,缺乏教育。

3. 活学活用主席著作,把贯彻政策更深入一步作[做]的还比较差。

4. 分析批判上纲,在许多地方还欠缺。

西埝大队

66.4.12号

对前段发动群众工作的简单总结

庙沟是一个106户人家的小队，其中地主占28户，有的队把地付[富]、中农、干部户一除，贫下中农就只有二、三户了，五队连一户也找不到。工作组进村七、八天，找不到依靠，打不开四不清的盖子。群众普遍有四大顾虑：(1) 认为这次运动是收自留地，搞零星树入社的，所以虽是立春了，自留地上的南瓜窝没有谁挖，种的腊菜早割光了，有的还吵着要砍屋前屋后的树木作家具；(2) 怕像64年社教那样，揭了干部的问题，受打击报复。背靠背提的意见会要当面对证，干部会知道；(3) 担心运动对搞公私关系，要社员退赔。有的还担心自己与干部有四不清牵连，怕挨整；(4) 对工作组讲的依靠贫下中农表示冷淡，说："运来动了[运动来了]讲的[得]响亮，把我们抱在坏[怀]，运动过后则甩下崖。"

针对以上思想，工作组的同志感到辣[棘]手，怎么办？带着这些问题首先学习了"愚公移山"和"关于重庆谈判"两文，树立了"排除万难，争取胜利"的勇气和信心。接着又学习了毛主席语录中"关于思想方法和工作方法"部分，找到了解决难题的钥匙。毛主席说："这些同志看问题的方法不对。他们不去看问题的本质方面，主流方面，而是强调那些非本质方面、非主流方面的东西。""列宁说，对于具体情况，作具体的分析，是马克思主义的最本质的东西，马克思主义的活的灵魂。"根据主席的这些指示，大家一致认识到目前本质与主流的方面是群众迫切要求反掉"四不清"，巩固集体经济。群众的顾虑仅是非主流的暂时的东西。重要的是对具体问题要做具体分析，分析每阶层每个人的具体思想及根源，对于问题采取有效的具体措施去解决。在解除群众顾虑，发动群众上，我们主要采取了以下措施：

1. 会议集体发动与会后个别发动相结合。会议发动的重点是学习毛主席著作，学习23条，大讲阶级斗争的形势，大讲党的政策，高举四清旗帜、依靠贫下中农的旗帜。以消群众顾虑、鼓群众斗志。贫下中农学习到"没有贫农，便没有革命。""这几年没有贫下中农的组织，就好似珠子离线，树叶脱枝。""要不是我们贫下中农组织起来，地主是不会老实的"时，很受感动的说："是啊，这几年贫下中农没有组织好，我们就不敢当家作主，地主不老实，干部搞四不清。”“毛主席都说了要依靠贫下中农,为什么我们不敢当依靠,去反四不清?”

但是,不同的人有不同的思想,有落后层,有知情人,需要做个别的精雕细刻工作。我们尤其注重了落后人、知情人的发动工作,注重了解决他们的具体的思想问题。一队知情人占哲庆,担心自己与干部有牵连,怕挨整,与工作组几次谈话都以不了解情况拒绝揭发四不清问题,当针对他的思想讲明不整社员的政策,表明社员与干部有牵连的只要带头揭发不要社员退赔的态度后,他就大胆地揭发了大队干部的一些严重四不清,还揭发了 1960 年他同大队长等 4 人在丹江偷一个 100 斤的锚,卖了 200 元,他分得 10 元的详细经过。三队老贫农刘盛德是民兵连长的舅父,同居一家,他有二怕,一怕干部家属,是挨整对象,二怕提了干部意见,又受“第二次徒刑”。当采取了对症下药的办法,治好了他的“二怕病”,他大胆地揭发了党支部书记刘元珍包庇地主刘元同为他下成份及借(口)他看的糖水干了,扣(原文如此——编者注)他破坏生产,送他到区里劳动 20 天的打击报复行为等重大问题。

2. 坚持三同四清,为群众作[做]好事,取得群众的信任,在这方面工作组的同志是下了一翻[番]苦工夫的。诸如修路架桥,挑水扫地,为病人请医生,为房东烧饭做菜、带病工作等等。群众普遍反映“工作组能吃苦耐劳,是真革命工作队,是为群众办好事来的”,由不敢接近工作组到找工作组揭发问题。一队贫农周国田,由于工作组大雪天帮他挑水做事,同他放牛,抛掉了内心的顾虑,揭发大队长罗周元借他看的塘水[埂]被水冲掉之机扒[扣]他工分 200 分以及在搞付[副]业一段,偷供销社的盐、碗卖给社员的盗窃行为。他同占哲庆一块,大胆地揭发了大队干部的一些重大四不清,最早地打开了大队四不清的缺口。

3. 开贫下中农家庭会议。利用串门访问之机,把一家人组织在一起,借以发动老年人和妇女,了解一些难于了解的问题。四队刘泽一家,五个大人,他 60 岁以上的父母原来不参加会议,但在一次家庭会议上却谈得很起劲,你一言我一语地连续地读了两个多小时,揭发了前队长、会计在 61 年困难时期,扣克[克扣]群众口粮,多吃多占的详细情景,现任队长主观专横,保管的损公营私。这种家庭会议的形式能起到会议和个别访问所起不到的作用。

4. 摆脱干部设置的圈套,重新找依靠。二队贫协组长鲁世付和四不清干部是一把子,队里干部把这个片的两个工作队员都安排住在他家里,借以堵塞群众之口,以致近〈队〉半个多月还捞不到情况。当工作组了解到情况,立即采取了措施,搬了家,重新选择积极分子,跳出了干部的圈套,打开了这个队的局面,仅在一周之内,揭发了副大队长兼该队小队队长姚立清的 20 多条四不清问题。

5. 依靠积极分子,大胆使用他们,交给他们任务,教给他们方法,利用他们去串联发动,壮大阶级队伍。积极分子作[做]工作,由于情况明,知脾气懂内情,能起到立竿见影,一针见血的作用,比起工作队员作工作,还要来得快,效果来得高些。一队占哲庆很快地串连了一向不说话的周国珍、张良吉,揭发大队长吊人、打人、扒款、扣工分的恶劣作风。王队刘盛德利用放牛之机串连了三老头。目前大队积极分子已扩大到三十八人。

6. 通过一段工作,找到了依靠,站住了脚跟,抓住群众的迫切要求,解决一些具体事情,以调动群众的积极性。各小队的工分底分都有干部、四类分子高,贫下中农(、)青年低的不合理现象。因此各队都进行了一次由群众自己评定的民主的底分调整工作。四队妇女队长体弱有病,干活不卖力,底分为九分,与强劳力一致;地主分子赵守荣年老体衰,又是小脚,底分为 8 分,与中等劳力一致;而两个年达十八、七岁的贫农女青年李贤荣、鲁艾连,什么活都干,却还是 64 年评的大分底分;队长张桂德的爱人放牛,参加劳动可以记工分,其他社员放牛参加劳动则没有工分。这些极不合理的现象,通过调整,获得了解决,群众劲头更高了,说"运动就是能解决问题"。此外,各队还解决了一些群众的吃粮、烧柴、牛饲料纤维等问题,对运动与生产都起了大的推近[动]。

通过以上措施,本大队的阶级队伍基本成形,已物色 38 个积极分子,他们都敢于揭发问题,开展斗争。大队的局面基本打开。

庙沟大队工作组

3.22

关于前段四清运动基本情况小结

我们小细峪大队四清工作组共有六个同志，是在二月十六日下午进村的，到目前为止，历时半个月的时间，在这期间，我们工作组根据分团和公社工作队党委的指示，及小细峪大队的具体情况，着重抓了以下几项工作：

一、宣传政策，大造声势：工作组进村后，立即召开分片为单位的群众会，部门会，大讲为什么要搞四清运动，目的意义是什么？反复的宣传了廿三条，进一步贯彻政策，在造声势上，大会发动、小会发动、个别发动穿插进行，充分利用知识青年进行扩播政策，宣传运动的伟大意义。在此基础上，组织青年、贫下中农、干部学习毛主席著作，端正对四清运动的正确认识，作[做]到使运动家喻户晓，深入人心，把运动搞得即[既]轰轰烈烈，又扎扎实实的[地]进行。

二、抓革命促生产：小细峪大队共有 81 户 379 人，土地面积 1 016 亩，其中水田 83 亩，这里土地肥沃，地势平坦，水源充足，大有发展前途。但是，从解放后到目前为止，在生产建设上，[、]农作物收入上，[、]社员生活上，却很落后和贫穷，什么原因呢？我们来后带着这个疑问，以抓革命促生产，大揭阶级斗争，生产斗争的盖子，进行了访贫问苦，在了解的过程中，我们掌握了一些生产中的阶级斗争情况，就大张旗鼓的发动群众，大揭狠揭生产斗争的盖子，如二队贫农社员闫荣山说"解放后，我们干部根本不领导我们搞农田建设，我们贫下中农提个意见，他们根本听不进去，我们杨之炳队长公开说：我要听你们的话，还要我这个队长干什么?"有的贫下中农说：别的地方搞三治，我们这里搞三不治，甚至把老辈子留下的好田，[、]好地，也越种越薄了，山林柴扒也砍败了，真是越过越没有想[向]往(原文如此——编者注)，四队个别社员对这种情况都作[做]另打主意，准备搬往它地居住。根据这些情况，我们提出了改变生产落后的面貌，发动贫下中农订生产规划和建设规划，掀起了群众性的比，[、]学、赶、帮、超的生产和建设高潮，极大的鼓舞了广大社员群众的生产积极性，如四队贫农社员赵守惠说："有了规划我们心里也有了底，今天种多少什么庄稼能打多少粮食，社员吃多少，卖给国家多少？社员收入有多高，我们都知道了，也有了奔头，真正是我们贫下中农当家作主管生产了。"从而出勤率高了，完成任务也快了，如修大田沟水库，原定细峪大队应出勤劳力 65 人，由于计划交群众讨论当家作主，他们一天就出勤 80 人。由[原]定计划十天完成的水库工程，结果只用了六天时间就完成了。在生产上发扬了民主，社员作了主，当了家，他们也积极的向我们靠拢和反映揭发干部四不清的问题，40 条，为发动群众搞好四清运动打好了思想基础。

三、坚[艰]苦、深入、细致的发动群众：我们工作组，在进村后，除了找好住处，选好重点队，合理的调整了工作队员力量外，我们高举三同四清的旗帜，进行艰苦细致的发动工作，全大队应发动的贫下中农 154 人，现在已发动 77 人，占应发动 50%，物色积极分子 39 人。在发动的过程中，除了会议发动以外，我们还根据不同的思想顾虑，采用一把钥匙开一把锁的办事，进行个别发动。例如：一队姓董的是一个大姓，全队 22 户，姓董的 10 户，外姓 12 户，其中还有地主一户，中农五户，两户干部外，下余贫下中农 12 户，而生产队的主要干部，又是姓董的户担任干部，因此对这种队我们采取个别发动。如我们通过讲明来意，贯彻政策，解除顾虑，提高认识的基础上，贫农社员姚本英揭发队长董大有的打击报复思想严重，如六四年社教时，我们给他提了意见，工作队走后，董找到他说：工作队来了，你们是抱工作队的粗腿，你们是红人，现在工作队走了，我当是你们红一辈子呢？现在还不是在我手下。同时〈地〉还揭发现任会计赵九华，前任会计董勇贪污挪用公款等问题。

在我们作[做]艰苦深入发动贫下中农的同时，对所谓落后对象也进行了艰苦细致的工作，如二队贫农社员刘成英，她一家原来五口人，爱人在六五年死了，留下三个小娃子，爱人在活着时，夫妇俩人在六四年社教时都是我们依靠对象，她开会发言，串连发动，给她布置工作，她都积极的去完成，群众也反映她很积极，这次我们来后，邓佩晓住在她家，刘对邓表示极端冷淡，情绪很消沉、低落，你不和她说话她也不和你答腔，吃饭时，她一端碗饭坐在门外边吃，不和你坐在一起，根据这种情况，我们找到别人了解，才知道她爱人死后，心里不痛快，在我们未来前她还经常哭，打她的娃子，针对这种思想情况，我们就找她闲谈，解除思想消沉，由于家里没有劳动力，平时家里一些事情主动帮助她干，如小孩病了给她请医生，帮她做饭，[、]喂猪、扫地、担水、关鸡笼门、锄草等活，来缩短这个距离，经过这一段工作后，她的态度比以前大有转变也能积极的给我们反映情况。如我们经常在她家召开贫下中农会议，会后她给我们说[：]那个人知道大队干部的情况，并叫我们再继续做工作，如 3 月 1 号晚上我们召集了各队积极分子座谈会，三队来了张秀德、张满堂、李云荣，二队来了刘成书、余占实、余占得。会议结束后，她对我们说；你们还没找到最知道大队书记和大队长情况的人，三队李云昌、李云才，二队刘成国、刘天德、闫荣山等人都最知道情况，并反映了我们原来的积极分子王克诚老汉瞧不稳好给干部传话，这些情况经我们了解也确实如此。

分析矛盾、利用矛盾，进行分化瓦解的工作，如四队是个干部窝，贫下中农在这个队占不了优势，我们仅仅抓着干部与干部的矛盾进行了解问题，如这个小队保管员赵元昌是个外姓，与生产队长、付[副]队长有矛盾，但本人也有一点小问题，他交待了，我们就给他宣布坦白从宽，将功补过的政策，让他大胆的揭发问题，他在我们的教育下，揭发了队长崔明理六四年私分粮食的问题。

四、培养积极分子，扎根串连，经过宣传运动同时贯彻政策，组织贫下中农学习毛主席著作等一系列活动以后我们初步发现了一批积极分子，到目前为止已物色积极分子 39 人，在这批人当中，能够反映情况，有一定工作能力的 20 人。为了充分发动群众，搞好扎根串连，我们对积极分子不断的进行教育，大胆放手使用。如积极分子刘成国，我们就叫他去串连发动去组织贫下中农座谈会，收效很好。同时我们召开积极分子会议，组织他们学习毛主席著作，提高他们觉悟和思想认识，使他们懂得为什么要当积极分子的道理，当积极分子就是为阶级利益、集体利[服]用，为群众服务，教他们学会联系群众和做群众工作，放手让他们去搞扎根串连活，不断的揭发四不清干部的问题。

五、教育干部集训干部：我们在进村后即进行了两手抓，在抓发动群众的同时又抓干部教育工作，对他们主要是贯彻 23 条政策、明确的宣布，当前干部中分为积极的，[、]一般的、问题多的、问题严重的四种人，运动的目的是重新教育人，[、]重新改造人(。)在目前期间，干部主要任务三项：一是学习毛主席著作提高觉悟；二是领导好生产，不准任何人躺倒不干；三是考虑自己的问题，向工作组交待问题。通过上述工作，多数问题不大的干部工作积极了(，)但少数问题大的对抗情绪很大，尚待今后进一步解决。

六、当前运动存在的问题：(1) 积极分子面还不大，充分利用他们去串连发动仅仅是开始；(2) 运动发展还不平衡，有快、有慢，悬殊较大；(3) 揭发干部四不清问题不多，面还不广，对小队干部更是如此；(4) 严重四不清干部有嚣张气焰还有活动市场未有形成一股群众对他们呼声压力迫使他们老老实实的考虑交待自己的问题;(5) 学习毛主席著作,群众比工作队员学的好,我们坚持制不够,往往被工作挤掉。

以上是我们进村后的作法,对当前运动存在的问题,我们正在研究纠正,使运动健康的发展下去,不走弯路。以上小结是(否)妥当,请批示。

细峪大队工作队

66年3月5号

进乡干群动态

工作队2月16进乡，由于远近不一当日和第二天九个大队都先后进队(，)一两天来队干部的接触的情况，从形式上和口径上大体是统一的(，)其表现：

一、通接[迎接]。工作队进乡层层出马迎接，公社主任王学乍[仁]和信用社会计张学师，远迎到公社以外的安阳口。大峪大队特地集合全体大队干部和各队贫协组长排队相迎。当晚演戏八剧，据说春节演了两剧，为对工作队表示热烈特增六剧，连原来未张贴的“二十三条”也张贴出来了，工作队到大队厅浆[糨]糊还湿着。元山大队会计郭圣昌当天特备大公鸡香烟〈王〉拿(着)并由一青年专一敬奉，殷勤的叨咕着：“烟茶不分家，吃根烟嘛，这有啥关系。”

二、安排。工作队进乡，一切就绪。吃饭去年冬公社组织干部参观评比小麦的会上，安排了“工作队来要热情招待”，杨湾二队队长杨志斌在给社员分过年的麦子时布置“你们过年的麦子要过细吃，工作队来了各家派饭吃，要留下好(的)给工作队吃”，大队干部又在正月十五、十六分队各家情况户户进行安排，二月十八(进乡第二天)，派到贫农赵守义家，贫协主任赵凤五还嘱咐“做点面条渗[掺]点红薯。”住处已料理停当，值得注意的是以〈似〉各有用意。如西埝五队殷、吴两姓较好，时有矛盾，安排四个住户，恰是各姓两户。住户殷文保、贫农老俩口已收拾干净房屋一间，备有架子床，办公桌，介绍为历来运动积极分子，老靠王[redacted]，据了解是队长殷赵田的亲戚，会计殷才胜是他的孙子，大小队干部常活动场所，称谓干部的“老窝子”。经星太，其妹26岁未结婚与公社文书张从得关系密切，初教工作队住此曾闹男女纠纷。七队给男队员安排到一家六人都是妇女的家里。劳动也与(平)常有所不同，如西埝大队修一水库，原上劳力不到三分之一，工作队进乡增为绝大多数，原定缺工一个罚三天，现改为缺三惩五，上工晚者照相，门上只剩老弱，工作队只有上工地，但劳动集中活动不便施展。

三、煽惑。他们抓住群众和干部顾虑的心理，散布一些言论，煽惑人心增加运动阻力，他们自己则故作镇静。大队一队长向社员散布说：“这回工作队来了要收柴扒、自留地，房前留两丈，房后留五尺。”西埝四队，保管梅纪元说：“工作队来了除了瓦片是自己的其别[余]都是队上的，房子要平均，竹子五厘一棵照查，三四把头的树只能给角把钱"。西埝七队付[副]队长魏才章说："我是以挖南瓜窝，工作队来了给好大的窟窿键好大个窟窿"。元山大队支书郭科昌在工作队进乡前几天的大小队干部会上说："你们都作好准备，特别是会计回去，很快把账■料好、工作队来了啥人都有，把手续交给人家，我们可好休息休息，搞不清可是下不(了)台。杨湾大队长赵欢苗散布说："我们队就是政治空气不高，社员不听说，队长也不听话，这回四清来的好，白天我劳动晚上我睡觉。"工作组进队找了干部介绍情况，他们也要发挥一番。细峪大队书记张洪林故乙[意]在工场说："听说工作队来了不依靠干部，这次来了还是要找干部。"

四、威胁讽刺。他们的看来正当的形式暗示出阴险的计谋。杨湾大队正月十五，十六分头到户传说："工作队来了要照顾好一点，确别有用心的要社员"对我们有意见，这回可好好的提：太山大队支书杨玉才直接向工作队说："听说你们人来的很多，啥人都有，我们可轻闲几天，你们咋才来了这几个人。"大队长石教堂接着说："听说你们不到干部屋里吃饭，那光在几户贫下中农屋里吃可有点眼不快呀。"公社副主任潘元庆的女人徐正英家住大峪一队讥刺住户潘焕子(姑娘 17 岁)说："大队演戏演的游乡，你里了是不是也要游乡。"(原文如此——编者注)

五、探讨。他们探口气，暗地里搞盯哨[梢]掌握工作队意图，控制工作队的活动。向工作队介绍情况是试探式的。都是把初教时(六四年春)的问题搬出来，并多侧于经济。公社书记刘照胜介绍情况既不拿材料也不拿本本先问说啥子后吞吐介绍，已解决的问题细谈，避免的问题就回避，毫不流露本人态度。各大队亦皆如此。有的采取单刀直入提出问题：杨湾大队民兵连长杨恒进问工作队群众。

表面上对工作队不十分冷淡，但避免接触，或者反映一切都好，而背后议论，或者远距离喧哗给工作队听，给工作队出了不少课[难]题，对工作队反映了不少底细。总之还有许多顾虑，他们怕工作队不是彻底革命的，跟着干部跑，怕不坚持依靠贫下中农，运动搞不彻底，怕打击报复、怕整社员，怕收自留地。

工作队进乡时，有两个社员在山上说："这算个屁，才来了六个人，还有一个娘子！"大峪大队两个社员谈论来的工作队看样子都是坐机关的，都是学生出身，只怕是搞不好！杨弯五队贫农王太有的母亲说："听说四清好，要是搞好了，我死了阴魂就不散。"

西埝五队贫农吴星胜说："回回就说的美，就是搞四清运动干部越撬的高，会计贪污200多块，社教提成队长（殷志田），潘家林（贫协组长）开始硬的很，叫干部们挤的挤到一块去了，小四清搞的敢[不]厉害，一阵风过去了，只看这一回咋样。"

大峪四队下中农郭学英向工作队员翁秀英说："听人家说你们这回工作队进乡先整党后整团，整罢团了整社员。"

西埝六队贫农殷文先说："工作队来了总是为我们吃个啥，集体口粮不高，可莫叫自留地收了。"自我表示的说："我是个心直口快的人，问你们一件事，工作队接不接近干部，不说清楚我们接近不好，不接近也不好"，有的是迂回深讨，元山大队原支书赵永安（彻残）说：现在干部就是怕，怕社员乱提意见、怕改了说没改，怕会后算老账，这些事到哪说得伸展？也还有形影不离纠缠工作队，杨坪四队贫协组长李才有（儿子是会计兼队长，儿媳是妇女队长）早晚跟着工作队，顿顿吃饭不爱在那家，他总要跟在一起，三个队员要他分别派饭，而他要派到[在]一起，队员李元常家闲谈，他于夜十一点还跑去，使李不便谈话。

细峪公社工作队党委：
现将杨湾大队工作组进村后工作的情况简报如下：

我组是2月16日下午3时进村的，到今天已十一天了，我们通过各种会议和个别发动，向贫下中农群众宣传了毛泽东思想和党的政策，坚持了“三同”、“四清”的队风，进行了访贫问苦教育了贫下中农和积极分子。以毛主席“针锋相对”的系列反击了四不清干部设下的圈套。初步的发动了群众，并涌现了一批积极分子，找到了依靠对象。揭发了大、小队干部的一些问题，这些问题基本上反映了本大队阶级斗争情况的基本面貌。从而也教育和提高了全体队员的阶级斗争观念，使我组全体成员进一步树立了彻底革命的精神，决心依靠贫下中农坚决彻底的反掉四不清，现将初步揭发的一些阶级斗争情况报告如下：

杨湾大队共分5个小队95户（贫农52户，下中农9户，中农15户，富农9户，地主10户）可耕地892亩，黄牛67头。

这个大队的自然条件很好，是一个依山傍水的中等起伏地，并有小河一条由北向南的纵贯全大队，上有大田汫水库，是一个要山有山，要水有水的好地方。58年曾修了一些水利，因四不清干部的危害水利失修。生产得不到发展，人民生活水平随之降低，本地有：“离了红薯不作[做]饭”的谚语。现在群众大都是一日三餐红薯稀汤。小米很少见到，大米只有年节见到一点，但是干部和地、富的生活却很富裕。

阶级斗争极其尖锐和复杂的具体表现：

一、干部和地、富分子互相勾结，搞双保险，坏分子仗势欺人。

这个大队六个干部和地、富来往密切吃吃喝喝，从而助长了地、富的威风，初教时大小队所有干部都检查了这个问题。

大队支部书记杨恒绪和地主分子赵怀英拜干亲来往密切。

民兵连长杨恒浩，和地主分子赵万必（伪保长）同[因]赵在当伪保长时为其打过官司，而感恩拜了亲，并经常将其六岁小放在赵家住宿，去年六月赵娶儿媳时杨亲自出手当支客，64年初步社教时，因其和赵万必来往密（切），而受到批判，但现仍来往密切群众反映他们在搞双保险。

由于干部和地富分子狼狈为奸，敌我不分，所以地、富的反革命活动十分嚣张：

地主分子赵洪必之子赵万明每次上坡路过社员杨恒浩家时就说："这房子很漂亮，我啥时得住。"暴露他图谋复辟的野心，（杨恒浩的房子是在土改时分赵万必的）。

地主分子杨恒富引着儿子杨六桂告诉他，那是他家的地，那是他家的柴扒，谁家分了他的地，谁家分了他家的柴扒，谁家分了他的房子等把他对贫下中农的刻骨仇恨传给他儿子。

四队会计杨恒新有关节炎，有时不能上坡打柴，就大骂："什么他妈的共产党，把老子的腿都给治坏了，不能打柴。"

民兵连长杨恒进之兄是坏分子，解放前欺压群众，在48年反匪，反霸时，群众要求枪毙他，之后又混入农会曾放过反革命分子刘保安，现在仍依仗着他弟弟的势力多次打骂群众，如一次杨恒学买了中农詹保书小猪两口，在詹向其讨还猪钱时，不但不给反将詹保书痛打一顿，去年又打我税收的女税收员。因此事判赵劳改一年。

这些事干部都知道，但无人过问，群众敢怒不敢言。

二、欺压群众，草菅人命

以支部书记为首的一伙，捆绑吊打贫农社员杨致中致死。其大体经过是：60年春杨致中确是[实]粮尽无法糊口，不得不拿了队长的红薯母子，被活活打死了，在杨致中被打死后，支部书记杨恒绪，还扬言说可把他打死了，因杨致中之妻已早死了，故所遗二子无人收留，不得不送到区教养院，而使杨致中一家家破人亡。此事发生后虽然法院调查过，但却被他们欺骗过去了，至今未做处理。

下中农社员张明玉，身体有病，因交不上口粮钱，去分配口粮时，被扣小麦60斤，现在全家粮无一粒，鲜红薯也没有了，每天只能吃点清水煮红薯干子，张明玉80多岁的老母亲咬不动红薯干子，只喝点清水汤活命，在工作(组)谈话〈同〉时，一家人哭诉说："过去我们受地主，[、]国民党的气，现在受干部的压迫。"身为支部书记的杨恒绪，不仅不解决问题，还在群众会上说："你跑不出我的手心，我让你跑三天也跑不出我的手心，你跑到别处我说你是坏分子，弄回来我还要打你，割掉你的脑袋。"

民兵连长杨恒进，经常打骂贫下中农，他们在的小队贫下中农全被他骂过，并毒打过的人，群众反映说，不仅人人恨他，连我们的狗子见了他就咬。

三、支持地主分子倒算，改变成分把阶级异己分子拉入干部队伍。

五队会计张仁起（64年初教时任大队会计因贪污200余元而被撤职）在土改时定为地主，当了大队会计后改成小土地出租，现已改成中农。在60年担任大队会计时，将贫农王友才，黄大清在土改时分他家的四间瓦房拆毁进行了阶级报复，使两家无房可住，不得不以高价买房居住。

四队耕读小学都是曾化名系反革命分子伪保长之子，杨恒绪的真成分改变为贫农，并将其培养入团，当了我民办耕读小学教师，基干民兵排长，群众反映：“他们把老虎放到羊群里了”。埋下了一棵[颗]定时炸弹。

四、贪污盗窃，腐化堕落。

全大队干部大部分都大小不同的有贪污、盗窃腐化行为。

六四年如大队团支书杨恒义与三队副队长杨恒成偷盗王庄公社公粮包[苞]谷126斤，被查之后，本人不作退赔，最后生产队出粮赔了王庄。

妇女大队长赵彦英（共产党员）和公社武装（部）长乱搞两性关系，被拉入党内，当了妇女大队长，在64年初步社教时和工作队员王定昌也乱搞两性关系，群众说她是搞皮绊的党员。

五、干部好吃懒作，拈轻避重，多占工分。

四队会计是个好吃懒作[做]的傢[家]伙，谁给他作[做]好的吃，他就多给记工分，谁不给他好的吃，就克扣工分，如因贫农社员杨恒贵（系其亲兄）没有给他作[做]好的吃，便将杨恒贵放牛所得工分三千多分，记成三百多分，在向他追问时他说：“奖罚你不懂。”可是给他作[做]了一顿面条吃了，才把工分给改过来。

五队队长张华堂，和大队支部书记杨恒绪，主持开会克扣下中农（实际生活很苦）社员张明玉口粮小麦60斤，现张明玉家中红薯已吃完，只有红薯干，而张明玉老母已八十二岁吃不动红薯干，只好喝一点红薯干汤活命。

大小队干部多占工分实行新剥削更是普遍现象，如大队长赵欢苗，到公社开半天会，下午的打柴也要记一天的工分。

三队队长杨恒太重活不干只挑轻的，但还要多记工分，为此社员给他起了个外号叫“妇女队长”。

大队民兵连长杨恒进，以看水田放水为名打野鸡也要记工分，据社员杨之林统计仅64年9月一个月多占工分100余分(杨之林是党员)。

六、宣扬农田基本建设,生活倒退。

该大队58年曾修了一部分水利,但因干部领导不力年久失修,大部(分)不起作用,原有水田80余亩,现只剩40余亩。

更重要的是在大队长赵欢苗副大队长赵九富(都是支委)带领下,一、二队就将修好10几亩水田埂扒掉改成旱田,花了两千多工修的渠坝也被扒平。

大队支部书记杨恒绪在工作队进村前,他还支持了五队将大塘改成小塘,破坏水利建设。

七、干部带头大搞封建迷信,接受地主贿赂。

三队队长,杨恒太63年春生了个男孩,为了好养就找了三个异姓妇女(其中张秀芳是地主分子,郭炳杰是富农分子,民兵连长之妻王大荣)给其大女作[做]一双鞋,让其女穿上座[坐]在磨上,令其尚未满月的妻子推着转了三圈,三天后将鞋子丢在十字路口上。

杨恒太之父是59年死的,原是埋在荒坡上的,但在62年当上了生产队长后,就请来风水先生,为其父大看营[茔]地,迁坟,为达到其多子的目的,就将其父埋在一块三十余亩熟平地的中央。

63年、65年他两次生小孩都接受了他队的四个地主一个富农的“礼物”——贿赂。

八、干部为了自己方便就以搞副业为名挖集体经济的墙角[脚],按[安]插坏人,走资本主义道路。

三队副业就有:菜园、油房、染房、压花房,织布机,而搞副业的人又是一些地、富、下了台的四不清干部,在油房的有地主杨恒富,压花房的有富农杨恒如,织布的是下台的四不清干部杨之林,这些人工分高(、)吃粮多,生活好。

如织土布每织一匹就有四斗白面,2.50元的工钱,以三天织一个布算1个就得25元钱,而向队上每月只交17元,净得8元的工资,工分还照长[常]的记,这样他就比一般社员收入要大的[得]多。

九、组织成分不纯,干部发展个人势力。

全大队干部中有地主分子张仁起,[、]伪保长赵久富,[、]伪兵赵欢苗,有在国民党军队中专受军法训练过的党员赵中娣等坏人。

除上述不法分子外,该大队还有“蝎子团员”在64年初步社教时赵风权因为能给工作队抓蝎子吃，而入了团当上了民兵副连长。

这个大队一个人当"官"，"全家光荣"的也大有人在如：

三队队长赵守安，就是一例，其弟是贫协组长，其子是民兵副连长记事员，任团员等，二队社员反映，他还准备将其队长职传给其子，他多么像封建王朝的皇帝，还想搞"世袭"队长呢。

这个大队的党支部、团支部、贫协、民兵、妇女等组织都是长期没有活动，常务委员组织实际上是名存实亡。

各种组织内部有不纯分子，在党内有历史不清的赵中娣和民兵内有反革命分子子弟曾化明。

上述这些事情都发生在一个只有 95 户 456 口人的杨湾大队里，这些事则确实是反映了杨湾大队的阶级斗争，和两条道路的斗争情况是十分尖锐的，而这一切只是我们进村后的十一天中了解到的，但它确实证明了毛主席关于"在社会主义这个历史阶段中还存在着阶级，阶级矛盾和阶级斗争，存在着社会主义同资本主义两条道路的斗争，存在着资本主义复辟的危险，他还强调指出这种斗争的长期性和复杂性"的诊断是万分正确的。

我组全体同志都一致认为，战斗仅仅只是开始，我们决心更高的举起毛泽东思想的伟大红旗，彻底革命，坚决和杨湾大队的贫下中农一起打倒四不清，不获全胜决[绝]不收兵。

杨湾大队工作组

1966.2.28

看他们究竟有没有问题

杨坪大队第一队副队长罗正洲，自家[我]们工作队进乡，到这次干部来集训为止，约半月左右的时间根本没有提到他们两个队长什么问题，都认为罗正洲他是付[副]队长，权利不大，因此很长时间没有谈到他的问题，就连该队积极分子，贫下中农组长罗汉洲，能大胆提别人不谈他的问题，然后，我们通过学习，在工作队内先武装思想，再用毛主席的著作来教育积极分子提高他们的认识，真是毛主席的话句句真理，一句抵我们说一万句，积极分子身上放了光，给他们增加了热，给了他勇气，指明了方向，于是敢大胆揭发了。另外我们也采取放手发动群众，充分发动积极分子在运动中的积极作用，扩大我们的运动力量，让积极分子都亲自串联发动，他们比我们情况摸的[得]清，群众也相信他们，事实证明一小队我们原来培养的积极分子潘家明，经过教育提高，在运动中经过这一段时间的锻炼，表现较好，不仅他能大胆向我们反映问题，而且他又去发动了贫农张玉功，要大胆说出我们过去的苦，我们的队长不是没有问题呀！……打通了张的思想，也很快向我们靠拢，大胆揭发两个队长的问题，目前他们已成了我们可靠的积极分子（这次张玉功出席[redacted]去开会），通过学习提高了认识，由原来没有被揭发出来的问题，最近通过个别发动，小型座谈，把方法交给积极分子，让他们作[做]骨干，揭发出不少，而且有的更有严重的问题，具体事实如下：

副队长——罗正洲：

1. 乱搞两性关系：据揭发已知的有三个，59（年）和一小队赵守英、赵桂英、王荣等，不仅如此并挑拨赵守英不跟张玉功，去跟罗保洲，未同意。

2. 偷盗集体财产：（1）60 年以罗正洲为守[首]从杜罗家仓库偷回小麦 720 斤，每人平均分四斤共分出 600 多斤，下余 100 多斤，他一人所得。（2）59 年他爱人袁长秀和他父亲在犁沟〈的〉偷打队（里）的麦子 4—5 斗。（3）59 年春天在大队场偷一百多斤粮食被郭文学看到。（4）62 年挖红苹在[redacted]快了门前偷一担红苹被地主张秀荣看到。（5）60 年秋在他们房后，晒红苹干时，他偷拣四兰[篮]子。

3. 带头搞私分：（1）59 年排红苹母子时，排后不报实数，私分过三次，潘家明到水库(谭湾)去,一次也没有分到。(2) 60年秋,私分苞谷500斤,每人分二斤,全队当时160人,分去300多斤,下余100多斤,他一个得了。

4. 多占集体不合理的工分:他父亲60年是个看水人员,每天记9分加班没加工分,可是他仅加过两次班,他便给他父亲连加了两个的都记成11分。

杨坪一小队正队长——郭文均:社员给他取个外号叫活山王:

1. 打人骂人:前年秋天打夜手的罗允洲,潘家顺,又打过张学思、王志信等人,去年社员们上工去晚了他便骂:家日他妈们还不上工,吃了萝卜,也还个英[缨]啊!狗日的们搞事就是皮踏,叫别人去干他却在那里吃烟。

2. 饿死人命:58年郭文均旋■回来,59年偷队(里)的红苿母子2 000多斤,全队每人分四斤,下余200斤左右他得,张玉海一个人因不够吃,他向大队把这个情况报了,正如群众反映干部们是官官相护,一(个)鼻孔出气,不仅不进行处理,还助长了郭文均,以后什么都不给他狗日的分,最后仍没有吃的,只好吃粮谷壳了,连屎也屙不下来,60年春上被活活饿死了。

3. 多占:(1) 62年在摘麦子时他们人多共摘100多斤,他说别人摘的不记分,分那没有摘过,每100斤加20斤,可是他都秤[称]的自己摘过的麦子,也加20斤,不合理。(2) 去年在南山磨场去抬磨,让空手去,来也未抬,回来还12分。(3) 烧窑时他照工[样]在那里睡觉,别人一天一夜记24分,他也照记共烧13次,他多占工分312分,[。](4) 多占集体土地,他原分的自留地,被水冲垮,他不要交队,他又向队要好地方,在皮家湾给他三分地,可是在他自留地周围是集体开的荒一分多,他也占去了。

4. 与罗正洲合偷队[里]的麦子3 000斤后搞出,又偷豌豆800斤,蚕豆400斤,假装喂马,结果把用两头牛换来的一匹马胀死了。前年在岗上挖潘才修那块地挖红苿,他偷了三担回去。

5. 敌我不分:图吃图喝为四类分子罗文洲当介绍人。

6. 对四清运动认识不清:工作队快要来时,他叫社员们挖柴机,结果破坏森林,挖了一棵枫树、七棵柏树、几棵乌柏树。

杨坪大队四清工作队

66.3.12

杜湾大队第一次小型"战斗"情况汇报

在公社开完"片长"以上干部会议回来后，我们开了个党员会，认真检查了思想，分析了原因，感到我们的思想跟不上形势发展，决心迎头赶上。在此基础上，摆了一下大队的情况，计划在最近几天组织二、三场"小型战斗"：以此来大长贫下中农志气，灭四不清干部的威风将放手发动群众这个中心推向高潮。

第一场在二小队，搞解决付[副]队长张福林的态度问题，重点是打他的威风。张福林身为付[副]队长不干队上的工作，成天东游西逛，不劳动还挣高工分，他在队上他算二等劳动力，很少参加劳动，全年工分反比最强劳力高三百分，政治上敌我不分，和地主、富农搞到一起打击贫下中农，贫农孔贤松体弱多病，生活困难，六年没吃过肉，他不仅不关心群众生活，反说孔不会安排，上面来的照顾不能到孔的手上，孔有意见还不让说。他仗着公社主任王学仁、大队队长郭大仁和他是干亲在队上胡作非为，大吃大喝，60 年克扣社员的口粮送给王学仁。工作队进村后他一直给群众施(加)压力，大摇大摆地这里听听，那里看看，还派人(他的侄儿张良华到处听墙根)最近他还骂工作队，说："小张说个×哟，我看他能把我的个×啃了。"他的言行直接阻碍了运动，压制了群众，过去顾虑很大，现刚刚能反映情况的贫农孔贤松一见付[副]队长又活动起来了，怕的狠很[　]，他说："我要提了意见你们走了又该我遭殃，积极分子王本发说："过去他欺压我们，现在又想不让我们讲话，还骂工作队我们要和他干。"

根据群众的要求我们组织了第一小战斗，其作[做]法是：

连长组织、战前练兵、战时督战、战后总结。2 月 28 日午后一点钟，在二小队召开了战前预备会，有九个积极分子参加，开始大家有顾虑不敢搞，怕打击报复，后来学了一段主席语录"凡是反动的东西，你不打，他就不倒……。"经过启发，积极分子的劲头来了："搞！还要搞美一点。"为了教育提高全片积极分子，随后还通知了一、四、五三个队，组织了十七个积极分子参加。

"小战斗"于 28 日晚七点五十分开始，到会的有二队贫下中农、中农，1、2、4、5 各队积极分子(共 26 人)总共五十人左右。会上先由张福林作[做]检查，他讲的很简单，只说了三、四分钟，××了草的(原文如此——编者)群众很有意见，他的话刚一停，贫农王本发就气匆匆[冲冲]地讲开了，揭他反抗运动，骂工作队。贫农孔贤松和王元英连哭带说地揭露了张福林的排挤打击，克扣口粮等问题。还有崔大林等二位青年在会上揭露他不干活。尽转圈拿分等，少数人对他的错误进行了分析批判，外队来的，也有两人参加了分析批判，整个会议有十个人发言，正取于高潮之时（见势将会转入低潮）会议刹了车，工作队进行了分析总结，同时宣讲了政策，要大家将没有提完的意见留着下次再提。九点整散会了，群众感到这个会议开得对劲，现在有说话的机会了，这次工作队来等于见了青天。张福林的思想还有抵触，认为大家提的意见不符合事实。散会后由两个工作队员找他读[谈]认识讲治病救人的道理，讲如何相信群众才使他认识了错误，他最后说："那就看我的行动吧！"

为了进一步提高积极分子，为打好第二仗作准备，散会后，将四个队约 26 个积极分子留下来进行了现场总结。经过议论之后，大家一致认为这次会的成绩不小，最突出的一点就是贫下中农站起来了，过去在四不清干部面前不敢说话，今天敢面对面揭发，一队积极分子杨明安说："四清工作队来了，我们见了青天，有说话的权利了。"其次一点是通过这次会议，找到了榜样，消除了顾虑，增加了勇气。一队积极分子杜明金说："这个会议开得很好，我们回去要向二队学习"四队积极分子杨秀兰（女）说："二队社员是人，我们也是人，人家没有顾虑敢干，我们回去也要照样干。"一队小青年（十六岁）刘继友说："看！人家觉悟多高，我们要向人家学习。"五队贫协组长郭大才说："我队也有个四不清，回去后组织社员和他干。"二队积极分子郭大启，周兰英也说："这只是开始，我们还要干到底！"缺点有一个，就是对四不清干部的分析批判不够，他的威风尚未压下去，他在检查时说："你们（指贫下中农）的眼睛是雪亮的，我有啥你们尽管提。"群众在揭发当中他又叫别人找个点，实际上就是对别人揭发的意见报[抱]有不满情绪，对这一点，掌握会场的人没有抓住火候，引导群众进行批判。这同时也说明了四不清干部是十分狡猾的，这种干部想在一次、二次会议上压倒他的威风是不可能的，四不清干部在向我们斗法，我们必须毫不松懈地继续深入地放手发动群众，坚决斗倒四不清。

议论的末尾，分团的老李同志作了总结，实际上是对积极分子的勉励，他要大家提高警惕，"四不清干部是狼心狗肺，不要对他们发善心，要狠狠地和他们干。"

杜湾大队工作组

66.2.28 草

从高从严的做好干部解放工作

细峪大队解放干部工作，是在大队第一次贫下中农代表会议斗争四不清干部空闲时间中，穿插进行解放的。在解放干部前，贫下中农代表们本着从高从严的标准要求、严肃的对要解放的干部，进行了批评。使被解放的和未解放的干部都真正受到一次深刻的教育。已解放了的干部，他感觉到贫下中农对自己的批评教育，就是最大的关怀和爱戴。从前，使他们受到了批评，也是口服心服。现将我们对董大均同志在解放时的情况叙述如下：

董大均同志是细峪大队的民兵连长，党内担任支部委员。他是六四年三月份从部队复员回到农村参加生产的。这次四清运动开展后，我们工作组经过一段艰苦深入的发动群众，背靠背的检举揭发及公社干部集训，代表会议后，进行解放干部的。当时，我们根据董所担任的职务时间不长，经济方面的四不清问题不多，工作队进村后，该员工作还是比较积极，敢向四不清干部展开斗争等情况。因此，我们想一方面把一、二类干部解放出来了，即[既]有利于当前工作和生产，又能分化瓦解干部，促使他们交待问题，向工作组和贫下中农靠拢，所以我们准备先在贫下中农代表中提出解放干部的会议议程，充分的让他们讨论提名，那[哪]些干部能解放，那[哪]些干部不能解放，由他们当家作主来决定，经过贫下中农代表们的慎重酝酿提名后，又交给广大贫下中农讨论，这样求得思想上的意见一致后，才着手进行解放干部的。

董大均虽然担任民兵连长职务只有两年的时间，但问题还是不少的，主要是他的爱人在六五年害了病，他的母亲叫他烧纸求神来治病，虽然当时思想犹豫不决，但最后还是照样作[做]了。二是在富农家吃过一次饭，喝过酒，拿过富农给的火炉罩。三是看庄稼时，叫民兵去偷葆[苞]谷穗烧着吃。另外还有不遵守生产队的制度，把自己养的猪放出圈来吃队里的庄稼，自己也不管和对民兵工作抓的[得]不紧等错误。所有这些我们让他在大队代表会议上作了检查。但由于他对待自己的问题认识不足，找了些客观原因，所以这次检查，轻描淡写的[地]检查了问题。群众对他的肤皮了[潦]草检讨，不接触思想实际，开展了严肃的批评。如王自启在发言时说："解放来你在学校受教育，高小毕业后，参了军，在部队受到八年时间的教育培养，本应当把解放军一套好的作风代[带]到农村来开花结果，但是，你不是这样，从你当民兵连长后，在短短的两年时间内，你就有这么多的问题，如果不是四清运动，时间在[再]长一点，你就要烂掉了。"还有的人发言说："你在部队里受到长期教育，回来后，你为什么不好好的向地方学，为什么偏偏要像[向]坏处学呢?"代表们和这些忠(诚)坦率的教育批评，使董大均万万没有想到自己的问题发展后果这么严重，只有彻底挖出思想根子，才能改正。经过贫下中农和广大社员同志们的分析批评后，董大均又在代表会议上作了第二次检查。为了使董大均受到更深刻的教育，提高阶级觉悟，彻底改正错误，今后在工作中能够转变，树立一个好的作风，我们又召集了民兵会议，让他再次向民兵作[做]彻底检查，在会议上，董从思想上作了彻底检查后，基干民兵罗华荣发言说："我们民兵是专政的工具，你是掌握专政工具的头头，你不但不教育民兵对地主富农和坏分子进行管制教育，而你还和富农在一个桌上喝酒、吃饭，你到底想把我们小细峪的民兵往何处领，你是个共产党员、支部委员，你的阶级立场究竟到那[哪]里去了。"有的说："你是个民兵连长，你的责任是负责社会治安，保卫集体生产，而你却带领民兵去偷集体的葆[苞]谷穗，你到底保卫集体，还是偷盗破坏集体，为什么我们细峪偷盗事件接连不断的发生呢？这与你是有直接关系的，你到底走的什么道路。"这样经过三个回合，四次的检讨，群众才同意解放了他。董大均在最后表态时说："我虽然受到党的教育时间长，但这次党和贫下中农对我的教育最大体会最深刻。

从对董大均的解放，可以看出广大贫下中农对待干部看法是一分为二的，是"从团结的愿望出发，经过批评或者斗争，使矛盾得到解决，从而在新的基础上达到新的团结。"而不是一棍子把他们打死，更不是一脚踢开他们。由于广大贫下中农采取了严肃、积极、热情的态度，也促使分化瓦解了那些四不清问题，不严重的干部使他们更靠近党和贫下中农，进一步调动了广大干部自觉革命的积极性。他们纷纷要求检查交待自己的问题。如四队付[副]队长崔明德，曾两次要求在本队交待自己的问题。全大队共有大小队干部 28 人，就有 15 人要求检查交待占干部的 53.5%。

通过对董大均的解放，我们主要体会是：一、从高从严以高标准来解放干部，那[哪]怕是一个小事，也要提高[到]纲上来分析来认识。二、有的对自己错误认识不够的，可以再让广大贫下中农多批评他一下，让他多出一点汗，多受一点教育。这样只有好处，没有什么坏处。三、对干部的自觉革命不可高估,对阶级斗争不可低估,这两个方面在我们解放干部的整个过程中体会最亲切,也最深刻。四、充分让广大贫下中农当家作主,干部的解放由他们讨论决定,他们说服力量最强,有的干部在解放时出了点汗,流了点泪,心里还感觉到舒服。

以上是我们〈在〉初步解放干部的情况,大量的解放工作还在后边,这些作[做]法是否妥当,请指示。

细峪大队工作组党支部

一九六六年四月十三日

八月十五号前的工作计划

这一段工作中心：

学习最高指示，搞好战备教育

主要工作：

1. 四类分子的评审

2. 阶级复议

3. 学习毛著总结评比

（一）八月三号　工作队　大队干部　贫协　联席会议

检查前段工作，找出存在问题，主要是检查学习毛著存在的问题，布置八月十五号前的工作，研究大小队领导班子。

晚上　分队活动，总结各小队学习毛著存在问题，今后怎么抓，传达评审四类分子和阶级复议精神，五、六队以传达评审、复议为主。

（二）八月四日　1）上午摸底小组会，由老黄负责，为评审复议打好基础，了解四类分子情况，主要是土改，复查如何划的。

2）下午四类分子会，由老黄负责——读思想、交代政策及在评审中，评审后应有的表现、表态作[做]评审准备工作。

3）上午，基干民兵会，由郭文义、周玉安负责。

学习主席的人民战争思想，进一步认识形势、用毛泽东思想武装民兵，表决心，做好四带五防，学习三大任务十项要求。

4）下午，大队妇代会，由朱淑英、许慕兰负责。

学习主席语录，妇女部分，人民战争思想，加强战备教育，不怕打仗，树立敢于斗争敢于胜利，成立妇代会。

5）中午学习时间，五、六队搞予[预]备评审会议，学习评审意义，政策和作[做]法，分队集中讲，分组讨论，鲁、朱、周、孟同志参加。

而其它[他]各队讨论战备，谈认识表决心。

6）晚上，各小队召开学习毛著辅导员会——总结找问题，着重是自己思想上问题，采取措施，作[做]到自始至终，迎接十号后的大队评比。

而五、六队以进一步认识评比意义、作法、政策，讲执行政策(。)

（三）八月五号　1)上午，中农会（大队），讲复议意义和政策，中农政策、表态和战备教育（黄负责）

上午，各队来一个辅导员，备课“中国各阶层分析”利用上坡、议论战备、评审、学毛选。

2）中午学习时间及下午，五队评审四类分子，六、五队全都参加，大队贫协全部参加，八队派二名代表，二队派四名代表，会场由郭大才掌握。

中午学习时间，其它各队搞讲用会——战备教育后的认识收获。

3）晚上　五、六队总结审评——地主过去为什么富，现在为什么不老实，如何管制。

其它队传达评审精神，三、八队认真组织（。）

（四）八月六号　1)中午学习到下午，二、八队评审，一、二、三、四一片，七、八、九一片，八队由黄周负责，二队由鲁朱刘许负责，晌午准备，中午开始。

六（五）、六队　战备讲用会。

2）大队学毛选领导小组会，由郭大才召集。

3）晚上　各队讨论

（五）八月七号　1)上午评审继续（二、八队）

上午召开大队党干会　斗争郭大仁，予[预]备 2 小时斗争二小时

2）中午学习时间，各小队上课“各阶层分析”

3）晚上　分队传[转]述学毛选的总结

4）下午　学毛选总结

（六）八月八日　1)上午典型发言，讨论刘英俊事迹

由郭同理，姚道生，郭自金，学习为人民服务思想

2）下午　学习十个为什么，进一步学毛选或刘英俊的事迹。

分片举行摸贫农、下中农的样板，各队一至二屋，主要是解放前的经济状况，解放后，特别是近几年的表现，思想样板是培养，审查摸底表，要做好宣布准备，七号搞不了，八号继续，队员分片参加。

（七）八月九日——各队复议

1. 没工作队的队可等一、二天

2. 8、9 队一起搞

3. 搞样板并讨论认识，并讨论贫下中农在旧社会地位

晚上　各队收集反映

（八）八月十号　宣布第一批贫下中农名单（初步意见），晚上　贫下中农讨论，今后贫下中农如何当好家作好主，如何学习好毛选，团结一心，搞社会主义。

工作队学毛选半天

（九）八月十一号——十三号　小队总结评比，在总结成绩讲用会的基础上进行，小的队二—三人，中等队四—五人，大的队六—七人。

摸底小组会，解决疑点——如降成分，漏划成分问题

（十）八月十三号—十四，分片群众会，公布疑点

关于工作队问题

（一）突出政治，突出毛泽东思想。用毛泽东思想武装每个工作队员，改造自己的思想，我们搞四清，搞社会主义革命，不首先改造自己的主观世界是不行的，学习毛著，不是一般的读书，而是通过学习改造自己的思想，把学习同改造结合起来，振作革命精神，同贫下中农一起学习，把自己摆进去，亮出来，做到真革命，而不是假革命。

同时，抓紧社员学习毛著，宣传最高指示，使学习毛著运动，从组织、制度、领导等方面落实。

本月十号前，学习“中国社会各阶层分析”“继续保持艰苦朴素的工作作风”。在学习日期（十号）上午讨论“中国各阶层分析”，下午讨论“继续保持艰苦朴素的工作作风”。

（二）工作制度，每天坚持半天劳动，半天学习，每周劳动不少于3—4个半天，病号可做1—2个半天。每天用一个半小时学习毛著，半个小时学习政策。

（三）坚持保持四同四清的工作队队风，作风过硬。

（四）发扬民主作风，商量共事。

工作队本身，一定要遵守毛主席的指示，自觉地开展批评和自我批评，搞好团结，消除私心杂念、名誉地位。要互助[相]帮助，共同搞好党的工作。如果我们不团结、闹义气，搞个人成见、影响工作，影响运动，就不是好工作队，不是毛主席的工作队。

工作队要发扬民主，通过学习毛著，群众觉悟提高了我们是毛主席派来的工作队，是省委派来的工作队，如果我们作风不民主，摆出工作队架子、讲话大咧咧的就会脱离群众事情就会办不好。

关于突出政治大峪大队工作组大抓活思想的几点体会

毛主席一向教导我们，政治是统帅，是灵魂，政治工作是一切工作的生命线。政治工作搞好了，其他工作才能搞好。四清工作才能搞好。根据这次四清工作经验和斗争实践，再一次证明了这个真理。我们总的体会是突出政治大抓活思想，是搞好四清运动的根本动力。突出政治，就是在一切工作中以毛泽东思想挂帅，以毛泽东思想为武器，抓好干部、群众活的思想教育，把毛主席的话作为我们一切工作的最高指示。怎样才能突出政治呢？下面谈谈我们的点滴体会：

突出政治，首先要思想革命化

关于突出政治，作[做]好人的工作，工作队党委布置的很多，检查起来我们前一段工作中突出政治不够，特别是在任务紧张，工作忙的时候，往往只注意那集体工作，只做了政治思想工作，忽视了做人的工作。

如二队队长（已解放）刘邦国身强力壮，贫农成份庄稼活是个内行，干起活来不行尖不弄巧，对锤子弹磨实打实，早晨也起得早，可是他就是不突出政治，每逢开会学习，不是借口生病，就是借口生产忙，丢不开，可是平时他安排社员活路也是嘴一张，叫谁去干活非你去不可。而没有讲清道理，没有把思想工作做在前面。社员们看起来他本人操了心费了力，社员们对他还有意见，劲头不大，工作跟不上去，劳动潜力没有挖出来。队上 11 个老人中，绝大部分人身体结实、强壮，能够参加力所能及的工作，但是，八九个老人有三年时间没有参加队里劳动了，刚满 60 岁的老人王德■公开的向队长说，今年秋天我就可以退休了。工作组认识到这些问题的产生是由于政治思想工作，突出得不够，如果不根据突出政治，大抓活思想，将会给我们今后的工作带来更大的损失，就会不能达到预期重新组织阶级队伍教育人的目的。因此，工作组首先组织工作队员、积极分子集中学习了王任重同志关于突出政治用毛泽东思想统帅一切，除此之外，我们组织了大家推选干部（包括未解放的干部），学习了西埝大队兵洪祁的模范事迹，讨论如何突出政治，以政治统帅业务，讨论怎样才是突出政治？怎样才能突出政治。会上不少同志揭露了对突出政治的错误想法，有的人认为搞运动，搞查证落实立竿见影，搞政治，耽误时间反而影响了运动，影响了生产,把政治和运动对立起来,有的借口工作忙,任务紧,不把活学活用毛主席著作放在第一位,还有的认为搞政治没有抓业务显眼,把政治看作可有可无的东西,通过讨论学习大家一致认识到这些想法和说法都是极端错误的,认识到过去吃了不搞政治的亏,为什么我们有些同志转不过来?原因在于我们思想守旧。老办法做起来顺手,突出政治要做许多复杂细致的思想工作。加上任务紧急,火烧眉毛只顾眼前,通过学习任重同志的讲话,和我们突出政治活学活用主席著作的一致实践,我们认识到,只有工作队员〈中〉首先自己思想革命化,然后才能在工作中真正突出政治,做好人的工作。

政治突出到那[哪]里那[哪里]灵

毛主席说:你要知道梨子的滋味,你就得变革[个]梨子,亲口吃一吃。你要知道革命的[redacted]和方法,你就得参加革命。主席这些教导千真万确。我们开始提议突出政治的时候,有些落后的社员背后议论说,不管你政治不政治,我要分口粮、挣工分。二小队老年社员王久克在回[汇]报工作队进村不久(后)说什么不管你大社教、小社教,离了工分我们社员不得吃东西。工分就是我们的命干[根]子。毛主席教导我们说:“人们的社会存在,决定人们的思想。而代表先进阶级的正确思想,一旦被群众掌握,就会变成改造社会,改造世界的物资[质]力量。人的正确思想是从哪里来的?”我们在办文化室、开办共产主义夜校、成立读报组、宣传组、广播、功劳薄[簿]、青年突击队等一系列的政治思想活动中,我们进一步认识到,突出政治,大抓活思想的甜头。开始也有些人不感兴趣,甚至过去反对者变成了支持者。二队青年人开始办文化室没有房子,向队长刘邦国要间房子,刘说我那两间破草棚将来打场抢[存]粮用的,后来在贫下中农社员支持下,房子另算给了青年们,看到文化室的墙大张嘴,不光溜,十几个小伙子两个中午没有睡觉,自觉的跑到一里以外的张家沟挑石棉渣把墙刮光,有的青年献钱出来买纸写标语写对子,还有青年献书,不到五天时间把一个文化室办起来了,这个文化室成了二队社员们娱乐场所,中午晚上休息时间,社员出进川流不息,有的去看毛主席著作,认字的社员念,不识字的社员自动的跑去坐那听,有时青年们在文化室里写学习心得、排节目、唱红歌,文化室正中间挂着领袖的像,一边是生活园地,一边是学习园地,还存〈力〉得整整齐齐的队报和湖北农村版,好人好事功劳薄[簿],社员艾留地说,文化室真正美,看书读报不跑腿,好人好事来表扬,过去不干活的社员现在也把坡上。队长刘邦国看到文化室的优越性检讨的说,我早知道文化室这样好,我前三年就应该盖。文化室一建立,大力开展宣传鼓动工作,文化室发现好人好事,随便编成快板,稿子叫宣传组拿到工地上利用中午、晚上和干活休息时间进行广播,如四年没有干活的五保户张彭氏学习了郑阳报登的“张久克的母亲张妈妈”的模范事迹后,头天后下午学习,第二天就出工参加(队)上的扒红薯母子,这个老太太从那次学习以后,主动的坚持每天出勤,我们工作组发现这一新事除责成二队宣传组,队长用广播和口头表扬外,还把张彭氏的可贵行动拿到其他生产队进行表扬,这样不仅带动启发了本队的几(个)老年人,还启发教育了外队的老年人,三队65岁的钟明德老人听了张彭氏等老年社员主动出勤为队上干活的消息,他不声不响的跑到队上帮助整修集体的稻场,积极分子钟光达对工作组的同志说,钟明德从转社以来就没有给队上干过活,整天呆在屋里编雨帽为他自己搞付[副]业,本来主要没想到这次突出政治把他突起来了。毛主席话最有威力,看来突出政治最要紧。现在大峪大队八个生产队像二小队这样的文化室已经办了四个,成立读报组8个,发展读报点十七人,由过去的四份湖北农村版现在报纸发行数量增加到23份,其中郑阳报,发行到12份,湖北农村版8份,湖北日报1份,解放军报2份,突出政治,学好人好事,做好人好事,我们正在朝这方面深入开展。

人人突出政治,人人做政治思想工作(。)

什么是政治,怎样才能突出政治,怎样才是突出政治,前一段在我们某些工作队员中和积极分子思想上对这些问题并不是十分明确的。我们采取了集中学文件,组长代[带]队员,队员带积极分子,然后再到群众中间进行言教和身教,工作组长、工作队长,处处以身作则,不仅嘴宣传毛泽东。这样作[做]收到了立竿见影的效果。如办文化室工作组多次作[做]过布置,但一天两天过后文化室没有办起来一个,这使组长、副组长就和二队的工作队员、积极分子一起设计文化室存放图书的位置,写标语,贴毛主席像,文化室建立起来以后,又教社员们唱歌子,写表扬好人好事的稿件。毛主席说:“什么东西只有抓得很[狠]紧,毫不放松,才能抓住,抓而不学,等于不抓。”《党委会的工作方法》在二队办起样板以后,接在[着]四队,[、]六队又连续办起来了三个,同时建立了读报组,发展了读报员,办起了共产主义夜校,现在全大队已成立起四所夜校,报名学员达80人,一个星期里坚持,两个晚上的学习。学习内容以老三届为主,结合学习,郑阳报、湖北农村版的英雄模范人物,学习方法上是一学二议三对照四行动五评比,活学活用根[跟]在学字上下功[工]夫。通过学习,全大队不到半月时间,初步统计出现了63件好事,大队供销部营业员周荣英,学习了《为人民服务》后,第二天就主动拿起镰刀帮助一生产队割麦,并且动员父亲周多寿把自己厕所的12挑大粪和积的8挑小粪无代价的送给了他所在的第一生产队。有人问他,为啥这样做,她说我们全家吃的粮食是农民兄弟做的,送点肥料也还(是)应该的,为人民服务要完全彻底,这都是毛主席他老人家指导我做的。四队青年社员潘家有从前是队上出名的刺经头,平时说话是腰里别重[冲]牌谁说跟谁来,社员批评一句,他想说两句,队长使不动,社员说了也不听,通过学习《纪念白求恩》、《为人民服务》后,他看到队上栽秧,肥料不够就利用中午休息时间给队上打了两百多斤青肥不要工分,并争着干重活干呢[累]活,还有一天栽红薯秧,社员们都还在家里歇晌,潘家有独自一人跑到地里,从半里路以外远的山下,挑了三担水,能浇300窝红薯秧,再次谢绝不要工分,记工员要给他写工分,他说我是休息时间干的,并没有影响我的收入。贫下中农普遍反映说,潘家有活(像)变了一个人,这都是毛主席教育的结果。第六生产队的贫农知识青年杨昌华学习了王杰日记,主动为文化室擦黑板,为队上修理滚拨加[还]不要报酬,事后人们问他这种精神从那[哪]来的,他说王杰同志为人民能够舍得自己的宝贵生命,我连几个工分就舍不得吗?现在从社员中出现了一片人人突出政治,人人做政治思想工作互相帮助,互助[相]关心的新气象。二队中农社员艾玉堂的三儿子得脑膜炎死了,一家人哭得吃不下饭,睡不好觉,还要到队上出勤,贫农代表柯玉珠就跑到艾玉堂家里劝解并叫他安心休息。青年团员刘玉芬,艾民莲主动的组(织)五个妇女社员帮助艾玉堂家里洗案板,车灶门,打扫屋内外清洁卫生,一人遭灾,人人关心,使艾玉堂全家大大的得到安慰,现在艾玉堂已出勤了,当了队上看水员。

突出政治就是突出毛泽东思想,大峪群众学习毛泽东思想,初步形成了群众性的热潮。社员干部活学活用毛主席著作,觉悟空前提高。读毛主席书,听毛主席话,按毛主席指示办事,已成为广大贫下中农的自觉行动。毛泽东思想成为三大革命的强大武器。以上所述仅是我们一点体会和收获,严格要求,这一段我们政治思想工作还突出的不够,学习毛主席著作在群众中开展得还不够普遍,学雷锋、学王杰、学焦裕禄等先进人物还不够广泛,须[需]待我们工作组今后进一步努力。

大峪大队好人好事

（1）四小队十七岁的贫农姑娘潘焕子，随身代[带]毛主席著作，通过学习“为人民服务”她主动的和队上郭同英五个妇女社员在队上种了1.5亩地的棉花试验地，苗子出的齐展，粗壮，最近生了棉虫，潘焕子主动的又和几个姑娘一起捉虫，社员的[们]反映潘焕子累的黑汗白流的中午不休息，抓棉虫为集体着想，真是一个好姑娘。

××××××

（2）大峪四小队青年社员潘家有过去在队上是腰里别重[冲]牌，谁说跟谁来，社员说不了，队长使不住，愿干就干，愿玩就玩。通过学习《纪念白求恩》、《为人民服务》，他变了。社员们普遍反映毛主席著作把潘家有教好了，他看到队上载秧[栽秧]，肥料不足，利用中午休息时间给队上打了两百多斤青肥不要工分，生产上叫干啥干啥，平时争着干重活，干脏活，有一天栽红薯秧，社员们都还没有上坡，潘家有跑到地里从半里远以外挑了三担水能浇300窝红薯，提出不要工分，队上男女社员对潘家有的转变很欢迎，社员柯大江说，这次四清不仅学习毛主席著作不仅教育了干部，连虹经人也教育好了。

××××××

（3）大峪二队建立了一支青年突击队：目前正是割麦、插秧、安苗下种大忙季节，二队的青年们带着农忙事多，活路重这个问题学习了《愚公移山》一文，毛主席说：“下定决心，不怕牺牲，排除万难，去争取胜利。”青年们通过学习组织了一个十五人的一支青年突击队，主动的向队长刘邦国要求干重活，干脏活，青年队员刘邦全等三人在五月二十一日早晨社员们都还没起，他们每人挑了三挑麦子，社员们编了个顺口溜唱到：

青年们学了愚公移山，清早就把麦子挑，
老年们学了愚公移山，过去不干活，现在齐下田，
儿童们学了愚公移山，组织起来把麦穗拾，
大家学了愚公移山，麦收回快快加鞭。

(4) 李邦学深夜劝母亲：大峪三生产队贫农社员李邦学的妈妈今年60多岁了，在旧社会里要了十几年的饭。因此对于粮食看的很贵重，前几天队上开始收豌豆，邦学的妈妈就提着篮子去检[捡]庄稼，被他发现后，当天晚上和颜细语的劝他母亲说："今年队上活路紧张，有空你参加队上劳动，不要光为个人着想，大河有水小河满，只要队上丰收了，社员们就有吃的，过去你揹[背]我要饭，这家讨到那家，毛主席把我们从火坑里救出来了，现在要热爱集体，要学习白求恩毫不利己、专门利人的精神。"第二天李邦学的母亲就参加队上干活了。

66年2月10号王部长报告

二个公社17个大队67个生产(队)2 400户12 000余人，580〈人〉

[redacted]个干部，上升26人，下台101人，四清，经济关101 800元

落实50 000多元是揭发51%，已退赔17 000元，补1 172多斤。

棉2 000斤[redacted]9 000多斤，票3 000多户，1 000多元以上2[redacted]。

工作队进村三月时间，三个过程，a. 杨明先讲了23条正时[值]秋种种收节季[季节]，当时不民主，大揭两条战线斗争。

b. 从分配动手(，)户户发动群众由面对面到背靠背。

c. 组织攻尖[坚]战，打垮了走资本主义当权派，划清敌我界线和二条道路界线，运动自始至终以23条为武器二条道路为纲，大讲三面红旗坚持贫下中农为主，以毛主席(思想)武装思想。

在组织、发动、斗争过程中，通过加工培养，积极分子，大队领导核心已经形成，搞二个水库，2 100尺长渠。

步骤作法：来自群众，不是来自工作队，大组长下去后，再就不能死搬硬套，旬进行一次安排(原文如此——编者注)，特别是群众要求什么我们搞什么，大队与大队不同公社不同，必须吃住二头，a. 23条基本上要吃住，b. 群众那一头也要吃住，不管情况如何坏，只要你抓住乙[一]条路为纲；方法上要灵活，因我们对一个问题不能一说就准，必须抓住群众根本要求，同时引群众看问题：反映问题，群众反映问题〈靠〉要研究和分析，认真解决住，群众通过个关来观察我们的作风、态度，群众读人关，我们不要认为是小关，就得解决，这样给主要矛盾创造条件，同时群众组织问题也得一个过程。

大体上分二个大阶段：

四清和建设二个〈个〉大阶段，他们是〈互〉相连的，不能自然分开：从这二

个阶段，据 23 条精神，强调每个阶段中，即[及]时总结，那[哪]些事作[做]对了，那[哪]些事作[做]错了。

我们对队里中主要解决正确组织阶段斗争形势，特别是新特点形势，情况不明下不了决心。

有的同志误以(为)山区没平原重(要)，如有这样的组织就不能使这个运动健康发展，这个式关没有充分发动群众(原文如此——编者注)。

有的干部越情[请]越大，大队社员越情[请]越害怕，有的是老干部怕，要放手发动群众是搞好这个运动的关键，特别是学习好主席著作、大纸[字]报、文化室，学习的方法上，学时联系自己有的放失[矢]，因广大群众和毛主席有深厚的感情，另接受主席的指示，如果群众掌握是广大群众力量。

b. 已进队说明高举二面四清的旗帜，在一二天的时间，先把本队的情况摸下，那些四不清干部开展群众大会以大队为单位召开，针对队上情况开会，讲 23 条抓四清，依靠贫下中农，讲的时候联系阶级斗争情况，四清组[重]大意义，c. 内容重点，党内走资本主义当权派不整不倒。3. 彻底搞好运动，表明三不走，工作队进行三同，联系访问，仿[访]贫问苦关心群众生活，开始群众不敢接进[近]我们是不了解我们，经过一个时间，他就和工作队进干[接近了]，就慢慢靠我们(，)怎么能把广大群众发动起来，这时有的队员产生急躁，恨不能一下子把问题都抓出来，要从群众迫切要求入手，现在下去解决如何不民主，这里从群众不欢喜一律化，发动群众揭他们如何操纵了生产，收[揭]发他们揭发干部、群众无凝[疑]的发动起来，如何提高工效，如何抓住季节、工分上如何不合理，特别是同上不同下，个别发动和集体发动相结合，充分利用代表会发动群众，代表会的好处能及时发动问题，领导集中，召开三次〈会〉代表会，第一次以公社为单位，首先是大揭阶级斗争，揭发关，第二次代表会揭发批判三四类干部，解放一、二类，第三次……，锋芒对准四类干部，或有三类干部，要掌握住大口(原文如此——编者注)。

1. 目标集中，思想要明确，公社的书记，大队会解决大队关，这样便宜[于]搞深查、提高，究竟先打公社还是开大队斗争会，看情况。

2. 放手发动群众，是开好代表会的基础，解决公社干部就重点放到公社干部，另一方面发动大小队干部。

3. 代表会本身就是民主形式，先通过温和选举，突出典型，体现宽严政策。

组织发动和思想发动相结合:以思想发动为主,党以上党深(原文如此——编者注),各组织如何为四清服务,以四清为中心,开始时个[各]干部把所有发动力量发动起来,但不能开一篮[揽]子会议,这样提高一个各[个]组织,贫协组织什么时候适应,这次运动是从[重]新教育:从这二个公社干部,组织不是为贫下中农办事,9 个人没有活动能力,所以在开始,对这个组织什么态度,开始依靠可是又不依靠,以后又补头 23 条,所以重新教育人,组织阶级队伍便发动便组织斗争,在斗争当中组织,就是发动一批组织一批,巩固一批,逐步扩大阶级力量,免得孤立的发动,光有领导核心,就是光杆革命,所以全面发动和重点培养很好结合起来,通过仿[访]贫问苦个别发动,没有个好的依靠是不行的,不要光看到能说会道勇敢是不行的,一个领导核心非要通过斗争过程才能发现,这个领导核心是一个艰苦深入的工作,通过农村积极分子个别谈话,也就是反复的通过群众审查,再经过加工培养无色对象(原文如此——编者注),一方面使他们参加斗争,另一方面学习毛著,培养他有个明确阶级立场,这样的[能]培养出好的苗子来。

通过运动锻炼提高,在一二十天后,一个队选出正、付[副]组长,通过运动,严格要求诚心帮助,即时[既使]工作上的问题,不能靠他,帮助他改正,提高工作能力。

有的问题如何办,核心就(是)究竟搞不搞,一个核心要慎重的考虑,有的群众意见很大,这个队又无好人换,这样的也可不换也可以暂不换,大队准备会,通过小组反复温■充分成熟后,群众决定,培养核心既要看到眼前,又要看长远,所以既有能力又有培养前途,为群众服务有群众威信,还要肯干,不能看他能说会道,面对培养的核心中有勇敢分子,运动开始敢说,但不是群众的广大贫下中农,他的特点是在运动中起了一定作用,但它出发点不好,我们对这些人,要团结教育,不能作骨干,致于[至于]他们的错误,要严肃对待,通过这个运动把它改造成真正的积极分子。

坚持二手抓

开始就一手抓教育干部,一手抓发动群众,他们的问题解决的好坏直接影响运动发展问题。认为没有经济关是好干部,对干部估计的过高,如果这个问题不解决不提高思想就不能防止和平演变,更主要是一二之要求才能提高他,我们始终坚持一切由群众决定(群众讨论,群众决定),一、二类干部问题真正的不大,早一点解放出来好些,对态度不好,组织不好和三类干部要千来的(原文如此——编者注),我们不能弄清楚,但也不解放他,一、二类干部解放后不能认为万事大吉,要叫教育提高工作赶上去,不能光埋头生产,还要工作,没有很好的结合起来,我们组织干部学习为人民服务,真正的还要问题,虽解放了,但还是不放,叫他继续再交待。

如何改造三类干部:根本问题是教育改造他们,如果教育不好,他就会跑到那面去,充分发动群众揭发批判。

1. 一个把所有群众发动起来,一、二类干部发动起来。

2. 发挥群众威力同时,讲政策指出路,用先易后难各个击破,方法上在代表会上。

3. 下苦功[工]夫,把问题弄出来。

三、下台的干部如何办

有严重四不清干部撤下来了,但有的问题没弄清楚,而又变成幕后指挥者,有这些人就体现四清彻底后,据群众要求问题大,态度坏,为非作歹的坏干部也列为四清范围内。

四、关于对四类干部斗争,发动群众作共战的问题。

这类干部不能很好向群众交待,不论大小队集中力量向他开火,缴他的枪,一面组织群众斗争,我们对他们要下得手,恨[狠]心,一天不行,二天时间。

查账:查和发动群众结合起来,我们要查账四不清干部,要用一切力量来阻挡,查账也是一场斗争。

五、抓重点促生产

以阶级斗争,边抓当年生产和长[常]年生产,边抓运动,所以在抓时:
a. 从政治思想方面抓住发动群众站的[得]要高看的[得]要远,防止自满。
b. 坚持当前和长远的结合起来(据自然条件),不但提高工作队,坚持三同。

66.2.11 号

1. 放手发动群众

a. 进乡如[入]手的作[做]法,打开局面造成斗争声势

① 讲运动意义;② 揭阶级斗争盖子和二条道路斗争;③ 讲政策活思想;④ 工作队看决心(三不走),四清不彻底不走,贫下(中农)核心不建立不走,生

产搞不好不走。

b. 组织阶级队伍，工作队要明白〈把〉要从思想上发动起来，组织起来才行。

c. 培养领导核心要用阶级分析才行，对积极分子要求要高，要有社会主义觉悟和社会主义积极分子。

d. 全面发动和个别发动相结合。

2. 教育和提高干部问题

e. 用主席著作和群众教育办法，对公社和大队干部千万不要有圈圈，群众提虽[谁]就提，不管对那[哪]种干部都要下墒[场]雨。

f. 对四不清干部，要下得手，恨[狠]得心，教育工作要明确不是捉几个人的问题，而是斗深，斗实的问题。

g. 办简报一期

3. 三大关系一起抓，如何抓：

结合运动抓好季节，搞好生产，要有长远计划，也要有短安排，群众生产问题先解决。

4. 工作队作风的问题：

a. 启发工作队要活学活用毛著，研究制度，■抓关。

b. 三同的问题。

c. 工作队发挥民主作风

d. 学焦裕禄作风

e. 编队问题

大组讨论：

突出政治就是要学毛著，要把毛著看成是饭，不吃饭就不能过，就不能生产，我们学毛著不能都去读，但读还是应该的，但我们要抓主要的，对住自己主要的学。现在对阶级斗争、生产，甲[加]生活，现在比过去来说是比较多了，但现在来说，还是不行，认识不足阶级斗争的严重性、矛盾、后果，这次下去帮助其他人学习要抓阶级斗争的这个刚[纲]，群众路线问题：是不是靠学习：进一步提会[高]到干部参加劳动的深远意义，这次到会干部的一些问题都是不参加劳动而产生的，怎样分清二个性质不同矛盾，还有严重的我们还没认识清楚，敌我矛盾分不清，主要解决群众劳动观念。

怎样教育干部和发动群众，如何分别对待，用毛著去解决，知道阶级斗争的严重性和根源就可以解决。

耿长辉的发言：学毛著原都学过，都是自学，没有结合自己的思想，今后如何读毛著如何听毛(著)。

两个月来运动情况　　1966.4.20

我们大峪大队工作组进村两个月来，由于突出政治，自始至终的保持了活学活用毛主席著作，高举了三同四清的旗帜，反复宣传与贯彻了二十三条，开展了小战斗，逐步深入的发动了群众，揭开了阶级斗争的盖子，抓住了大坏人，并基本斗倒了大坏人，解放了一、二类干部中的部分干部，培养了锻炼了一大批积极分子，并在这个基础上建立了贫下中农筹备小组，使运动逐步的健康的向深发展着。从这一序[系]列的斗争中，我们进一步认识到大峪大队民主改革不彻底，加之又没有进行初步四清为此阶级斗争更加十分尖锐复杂，其主要特点是：

一、四不清干部，敌我不分严重丧失阶级立场表现十分突出。

1. 与敌人勾勾搭搭，吃喝不分，严重丧失阶级立场。如大队书记刘庆华一贯与敌人勾勾搭搭。刘先后在5个地富分子家吃吃喝喝并接受敌人礼物，认敌为友，专为地富办事。1963年贫农出身的共青团员王桂香不愿嫁给富农子弟罗厚华，而刘却想方设法找人说情，为富农子弟办妥此事。又在1965年刘为了把贫农出身和共青团员艾玉莲说给富农子弟刘邦泽，刘为刘邦泽隐瞒了富农成分，后被艾发觉未成。但刘一心要为地富效劳，他决心要把地主刘正安的女子刘文兰说给刘邦泽，为此刘不惜损害党和人民的利益，答应刘正安提出的为刘邦泽下成分，刘正安搬回老点的非法要求。

5队队长罗光跃与地主刘正安亲如一家，他们相互来往吃喝不分，专为地富效力，为刘正安介绍儿媳，他们没粮吃罗给秤[称]，没钱治病罗就拿队上粮款送情，为了地富成亲，罗特别积极把房子盖成，可是贫下中农有病，生活困难，他则不闻不问。

2. 四不清干部，内外勾结，上下包庇拉拢，串连一起。地富作为一个阶级已被打倒，但他们是不死心的，他们就千方百计的腐蚀我们干部，用吃喝等方法拉拢我们，而我们的干部不闻不问并和他们勾结在一起，包庇他们为他们办事，给他们安排工作。如三队队长龚万章在土改时包庇地主赵克太，从而使赵由地主成分变为中农，使[为]赵混入干部队伍创造了条件。又如书记刘庆华他不仅在赵克太接儿媳时为赵当支客，而且介绍其子赵永成当小学教师，赵永康当会计。

上下联系相互包庇拉拢,串连一起。如富农子弟刘邦泽是公社主任津永庆同门两支的亲弟弟,津利用职权为了个人利益,为了给他富农弟弟办好事,把刘邦泽安排到4、5队,而大峪大队书记刘庆华,5队队长罗光跃,为了巴结"津主任"就百般的为他们效劳。从而上下勾结相互支持连结在一起。又如赵克太与县委书记陈富生有关系,原大队书记津永庆为了巴结他,就提拔赵为二队生产队长,5队队长罗光跃为副队长赵克太,就与赵打干亲,他们来往吃喝送礼关系十分亲密。

二、组织不纯,坏人混入

由于急性土改,民主改革不彻底,阶级队伍不纯,漏判了些地富,他们并乘机混入了党内的革命队伍里。〈为〉罗光金、罗光银本是地富阶级,但由于他们用酒肉与女人拉拢了干部,混过了土改与复查关,变为中农并钻进了党内与干部队伍内,任过民兵连长、大队、小队会计等职,并利用权势进行阶级报复,迫害贫下中农,逼死人命5条。

又如津永庆本是富农成分而变为贫农成分为党员、大队书记、公社主任,又为7队队长刘邦其,他与津永庆还挑担,土改时被划为富农,而成为中农,并当了队长。

又如地主赵克太不仅隐瞒了地主成分,成为中农,而且在津永庆的提拔下,成为生产队队长。

又如坏人刘邦荣在刘庆华提拔下混入干部队伍成为副队长。

这些阶级异己分子混入党内与干部队伍后,就互相勾结公开进行阶级报复,无恶不作,他们捆绑吊打贫下中农,逼死人命,贪污盗窃,奸淫妇女,真是血债累累的无恶不作。

三、封建迷信,作风下流,皮绊作风。

1. 封建迷信:大队长柯玉仁为了生儿子,请客、偷灯。王成陪爱人在月子内他请马子撒豌豆,马子说此人无法治好,他就放树做棺材。8队长刘邦国盖房子请阴阳先生看门向、看房基,并听信了阴阳先生说在此地此方向盖房后辈儿孙吃70担粿的胡言乱语,从而扭了门向。

7队副队长刘邦荣为了找风水,其母死后,将其抬到八里多路的高山上,听信了阴阳先生说的埋在此要出三种高官的谣言。

2. 作风下流,皮伴[绊]成[作]分。

这个大队作风下流,说下流话已成为习惯,男女乱搞男女关系不觉得羞耻,资产阶级的那种腐朽生活已相当浓厚,从而破坏了共产主义的新风尚,形成一股极坏的风气。从四不清干部来看大干部都搞过皮伴[绊],如2队五个干部中就有四个搞〈个〉皮伴[绊]的,其中王成培就搞过了八个,调戏了三人,刘邦彦搞了五个,调戏了四个,四队副队长庞光荣一贯流氓成性,乱搞两性关系,先后搞了八个。从五个大队干部来看,四个人搞过皮伴[绊],一人作风下流。这种坏风气在这些四不清干部的带领下,在普遍地漫[蔓]延着。

四、贫下中农遭受迫害深重,踩在底下不敢言语。

由于严重四不清干部与坏人勾结在一起,大肆地打击报复,迫害贫下中农,加之如四清搞的不彻底,贫下中农提了意见之后,不但没有解决,反而是受四不清干部的打击,为此群众遭受了四不清深重的压迫,不敢讲话。为此我们在发动群众中受到了很大帮助,贫下中农公开提出怕打击报复,怕运动搞不彻底,怕打不倒大坏人,四清工作队走了,他们吃不消。如四队贫下中农王玉英说:"如四清提了意见,结果王八还是王八,鳖还是鳖,我们反受打击。"又如5队赵久定遭受5队队长罗光跃打击迫害严重,进村不敢讲话,说"怕打不着黄鼠狼反惹的一身骚"。

又如6队王明英、赵久英我们工作队找她们谈话时,她们首先四下张望,然后说问题,生怕人听见了。

又如二队柯玉珠遭受大队长柯玉仁打击报复严重,柯的爱人向我们讲问题时他还从中阻拦并说还没吃够亏?

又如一队斑砂英说:"不敢讲话,怕讲了以后吃石头娃。"

这四个方面的问题在我们这个大队表现的比较突出,根据这个情况,我们是(从)以下几个方面开展工作打开局面的。

(一)突出政治,活学活用主席著作,学习英雄人物,发动群众。

我们依据这里的贫下中农是受四不清干部的迫害与压迫较深,要他们发动起来敢于向四不清干部进行斗争,有许多工作要做,但是要不是用毛主席思想武装他们。我们针对当时贫下中农怕打击报复的思想,我们就组织他学习主席关于"没有贫农,便没有革命,若否认他们便是否认革命。若打击他们,便是打击革命"的皮条来鼓他们的气,长他们的腰。如四队贫农柯大江说:"四清运动搞不搞得彻底是我们贫下中农的事情，毛主席在为我们贫下中农撑腰，我们一定要起来和四不清干部干。"我们在学习了毛主席关于阶级斗争的论述时，贫农柯玉珠对照四不清干部时说："四不清干部像判官、小鬼一样，前几年把我们大峪沟闹得乌烟瘴气，毛主席座[坐]在北京用照妖镜照了妖魔鬼怪，并派四清工作队来降妖，我们也一定要起来捉妖。"我们在解除贫下中农思想顾虑，树立敢于斗争，敢于胜利的思想时就学习主席关于"舍得一身锅[剐]，敢把皇帝拉下马"的教导来鼓舞贫下中农的斗志，我们在向坏人斗争时，学习主席关于"凡是反动的东西，你不打他就不倒"的教导来引导贫下中农，坚决的向大坏人进行斗争。为了促使贫下中农揭开四不清的盖子，就引导他们学习"为人民服务"、"纪念白求恩""关心群众生活，注意工作方法"来与四不清干部所做的坏事进行对比，来进一步揭发与批判四不清干部的问题。

在组织贫下中农与社员群众学习焦裕禄来与四不清干部进行对比，来批判揭发四不清干部效果也明显。如5队贫农刘邦福学习焦裕禄后说："我们大队四不清干部与焦裕禄对比连一分也没有，我们坚决向焦裕禄学习，并坚决要求干部向焦裕禄学习，为此对四不清干部有啥说啥，我们才能站起来，我们才能翻身，连一点一滴也不能蓄，如果蓄一点那是祸害。"

贫农妇女赵久英学习了焦裕禄后说："学习了焦裕禄，想起我们的干部眼泪就要出来，他们与焦裕禄对比连一分也比不上，焦裕禄为了人民硬把自己累死了，我们干部对社员恨不得气死你，出长差就是我们的，干部是不去的。我也向焦裕禄学习，要提意见不怕报复，这一回死了也要说，他们今后要报复，讨饭也要到毛主席那儿告他们。"

又如中农柯宗礼在小四清时由于提意见较多，后遭四不清干部打击报复，这次一直不敢讲，开会他睡觉，他学习了焦裕禄后说："我要学习焦裕禄为人民服务的干劲，我们再不怕打击报复了，要起来干，就是死了也合得着。"后来积极参加运动面对面的向他姐夫罗光金进行斗争。

六队队长罗光仁的母亲柯常兰学习了焦裕禄后说："焦裕禄一心为革命，为人民，为贫下中农打算，对照自己的娃子没有一点为群众打算，光为个人利益打算，以后不但叫自己娃子向焦裕禄学习，还叫孙子向焦裕禄学习，把好思想弄掉，换换新思想。"

大队副书记津红庆爱人王太英学习了焦裕禄和自己爱人对比时说："自己

爱人做了些不对的事,搞投机倒把,这与焦裕禄对比相差天远[壤]之别,以后坚决向焦裕禄学习,党叫我们干什么就一心一意干什么,就是当社员也要当个先进社员。"

(二) 开展小战斗,从斗争中发动群众。

在初步发动群众的基础上,选好对象对四不清干部开展面对面的斗争,从斗争的事实中教育群众,发动群众对打开局面,揭开阶级斗争的盖子具有重要作用。我们进村半个月左右时,虽然站住了脚跟,群众已基本发动,但群众还是缩手缩脚顾虑重重,不敢面对面,不进行斗争,而且发动的面不大,四不清干部的气焰还很紧张,我们根据这个情况为了迅速打开局面本着"发动,组织斗争,斗争组织,发动"的指示,选准了大队长柯玉仁开展了小战斗,从而打掉了四不清干部的嚣张气焰,长了贫下中农的志气,更加深入的广泛的发动了群众迅速打开了问题。

开展斗争后赵文达反映说:"柯玉仁当了好几年的土皇帝,没有整下台,54年初教时还评为五好干部,滑过去了,这次可抓住了他,真是大四清。"

积极分子钟光达说:"开始时有顾虑,不敢讲,通过斗争柯玉仁后,胆子大了,思想解放了,敢讲了。"

刘邦福说:"这个会开得很好,打击了干部的威风,长了贫下中农的志气。"王玉英说:"改造三类型干部我怕,小四清我也怕,这次开始也怕,这次到会上一看不害怕了,今后不管是啥亲戚我也要提。

在这次小战斗后,接着在6、7、8队又开展了对毛金杰(8队副队长)面对面的斗争,从而使原来比较落后的6、7队也迅速打开了局面,使这大大向前发展了一步。特别组织积极分子毛金荣敢于面对面的向她的亲哥哥进行斗争,对发动群众积极的起来进行斗争起到了很大的推动作用。贫下中农都提出来向毛金荣学习,学习她敢于斗争的精神。如6队贫农柯大进由于在初步社教时提了意见,后遭受了四不清干部的打击,这次工作队进村后一直不敢讲话,但参加了小战斗后说:"不怕打击报复,一定要起来讲,人家毛金荣敢面对面的向她哥哥进行斗争,我还怕什么,还有什么不敢讲的。"

(三) 斗争后及时宣布退赔对[兑]现,也鼓舞了群众的斗志。

我们开展斗争后对于明显贪污占的钱物、工分及时组织了退赔。

(四) 三同四清的旗帜举得高,人情观念强。

1. 和贫下中农打成一片建立了深厚的阶级感情；

2. 揭穿了四不清干部拉拢工作队的企图，并给予严厉打击。

（五）运用苦大仇深的苦主，诉四不清干部的苦，迅速提高贫下中农的阶级觉悟，投入四清运动。

1. 四队发动王玉英；

2. 二队发动柯玉珠家。

（六）如何培养锻炼积极分子：

1. 运用毛泽东思想和二十三条对积极分子进行教育，主要是解除思想顾虑，敢于背靠背的向四不清干部进行斗争；

2. 学习焦裕禄与四不清干部对比，划清高与低，香与臭的前[界]线[限]，从而更加自觉的揭发批判四不清干部。

3. 针对积极分子表现的活思想，学习主席著作进行方面。积极分子的活思想是：

① 怕责任怕得罪人，不讲阶级斗争；

② 与四不清干部划不清界线，给他们通风报信；

③ 不愿斗争，怕打击报复；

④ 生活上吃喝不分，走到那[哪]吃到那[哪]；

⑤ 思想作风不严肃，说下流话；

⑥ 模范带头作用差；

⑦ 不团结闹磨[摩]擦了。[；]

⑧ 当积极分子是为了分果实，当干部；

⑨ 为了泄私愤，图报复；

⑩ 自己有问题不敢揭发别人。

我们在下乡时，提出来在学习主席著作的前提下，以英雄人物为榜样，清除思想杂念，当革命的积极分子，把四清运动进行到底。

4. 用毛泽东思想和反面教材结合后，思想(上)教育提高积极分子。

不足：提高阶级觉悟，跳出个人圈子，为无产阶级利益，为贫下中农利益，如走社会主义道路，把四清运动搞深搞透。

5. 实际中锻炼。

三大革命一起抓

1. 抓生产规划,做到心中有数;

2. 抓包工提高工效;

3. 抓出勤率;

4. 思想解放了,积极性提高了促进了生产;

5. 抓科学实验,推广良种;

6. 依靠积极分子抓生产,同时要求一、二类干部要搞好生产,将功补过。如四队队长郭万富说:“工作队要求把生产搞好,群众也要求搞好,我是个四不清干部,我说话你们可要听啦,搞不好生产给我增加了材料。”

突出政治活学活用毛主席著作促使工作队更加革命化。

1. 针对急躁情绪、自满情绪、畏难情绪,活学活用毛主席著作。如我们在查账时,由于工作队员过去没有抓过这个工作,一时摸不着头绪,有的工作队员怕完不成任务,产生畏难情绪,我们针对这个问题,学习了愚公移山和主席有关干就是学的教导,并结合思想进行讨论,从而打消了思想顾虑,下决心要搞好自己不会的工作。

2. 不断总结交流经验,推动运动一步一步向前发展。

3. (根)据阶级斗争情况进行力量部署,并(根)据运动已发展不平衡适时进行调查。

我们是如何教育提高积极分子

毛主席著作是我们工作的依据，行动的指南，是我们各项工作的最高指示：也是我们教育提高积极分子的依据。要提高积极分子必须用主席思想武装积极分子的思想。为此，在我们进村后半月左右的时候，我们把积极分子队伍进行了一次具体分析和排查，为了进一步组织和提高他们的觉悟，从积极分子中选出家庭出身好，个人历史比较好三十二人组成四个学习小组。

组织了他们学习主席著作和焦裕禄的事迹，我们的具体作[做]法是：

在为解除他们的顾虑时，我们组织他们学习了主席关于“敢于斗争，敢于胜利”的语录和主席在宣传工作会议的讲话的有关部分。

为此，在读了：“在人类历史上，凡属将要灭亡的反动势力，总是要向革命势力进行最后挣扎的，而有些革命的人们，也往往在一个期间内被这种外强中干的现象所迷惑，看不出敌人快要消灭，自己快要胜利的实质。”

积极分子却说工作组进村前后，四不清干部就有些活动，他们是吓唬我们，是怕我们揭他们四不清的底，如赵会反映其修水库时听到有人议论说支书杨恒绪说：“这次社教是不整干部的，是专门整社员的。”同志们就把杨恒绪所谈的话和主席讲的一对照，确实是“凡属将要灭亡的反动势力，总是要向革命势力进行最后挣扎的”。他怕我们揭他的底，他就对我们进行恐吓，如果无法被他恐吓就不敢揭他的底，那就上了他的大当，中了他的毒计。我们一定要按主席的指示去认识被他们的“外强中干”的本质和他们作[做]坚决的斗争。否则就斗不倒他们，我们就不能得到彻底解放。

为了使积极分子，有敢于斗争的精神，我们给他们读了主席在“全国宣传工作会议上的讲话”“舍出一身剐，敢把皇帝拉下马”的教导，同时学了“为人民服务”特别学习了“完全”“彻底”的为人民服务的教导，大家一致认为要有敢于革命，敢于斗争的勇气，又要有为人民的事业而毫无私欲的“彻底”革命的精神。杨万华说：“过去我不敢提意见，是怕四不清干部报复。”我现在不怕了，因为有了毛泽东思想和党的政策，有了我们贫下中农的团结，什么样的四不清干部都可以斗倒，只有斗倒了四不清，我们才能真正得到翻身，如果不斗倒四不清，我们就不可能得到彻底解放，生活也得不到改善。主席教导我们要：“下定决心,不怕牺牲,排除万难,去争取胜利。"杨恒绪说主席指出了我们如何去斗争,只我们几个人是不行,还要争取更多的(人)起来和我们一道去和四不清斗那才能有力量。主席教导我们:"国家的统一,人民的团结,国内各民族的团结,这是我们的事业必定要胜利的基本保证。"我们几个人是斗不倒四不清的,只有把贫下中农都团结起来〈即〉才能彻底斗倒四不清干部的。

我们对积极分子的教育是根据他们不同的反映及时的抓住他们的活思想,用主席思想进行教育。从而使积极分子的思想得到了不断的提高,同时也使积极分子队伍得到不断的扩大。通过这一段的实践,我们更深切的体会到:"主席的话,水平最高,威信最高,句句是真理,一句顶一万句。"只要我们在实际工作中按主席指示办事,就一定会收到立竿见影的效果。

各片负责同志:

现将公社第一次贫下中农代表大会前的工作安排,发给你们,希望参照贯彻,并根据本片具体情况,全面考虑,作出具体布置。

工作组支部

四份　　66.3.20

杜湾大队在公社第一次贫下中农代表大会前的工作安排

一、作[做]好公社代表会议的各种准备工作：

这是当前的首要问题，必须突出政治，认真抓好。

材料准备，思想准备，组织准备

材料准备：1）三月二十五日完成。四类干部郭大仁，三类干部郭文焕、张福林、程秀财、郭同義，原任干部：张建金、李元瑞、吴金昌、李占学等的材料工作，不论大队干部，小队干部在哪一片，由哪一片负责协助调查，[、]了解或组织揭发，摸清情况，廿三日右在[左右]完成。

2）学习焦裕禄，以对比的方式，组织群众对一、二类干部作[做]两次彻底揭发，在此基础上，组织积极分子再次对一、二类干部进行揭发，并分类排队，确定第一批解放对象，（一类干部，部分二类干部）及第二、三批解放对象。

3）细致了解审查代表，主席团成员的情况。

思想准备：1）以前段揭发出的较突出的问题，为活教材，教育启发群众，通过分析、算账、挖根的办法，提高群众认识，使认识上细。

2）组织诉苦（受旧社会的苦和四不清干部的苦），忆翻身史，激发群众和一、二类干部的阶级觉悟，可以与揭发会结合（干部群众可分开讨论）。

3）组织群众，一、二类干部活学活用毛主席著作：P15（页）的“在拿枪的敌人被清灭之后，不拿枪的敌人依然存在……”。“凡是反动的东西，你不打，它就不倒。”

4）以片为单位，教育提高一、二类干部，以学毛著，学焦裕禄，阶级斗争教育为主，联系思想，互相揭发，认识“和平演变”的危害。

5）三、四类干部在小队加强个别谈话，大队适当组织集中学习，互相揭发与个别交待相结合。

组织准备：1）三月二十三日下午，全大队组织一次分析、批判会。

批判对象：郭大仁。通过这次会议打击四类干部，分化争取三类干部，教育一、二类干部，大长贫下中农志气，传达县贫下中农代表会的精神。同时宣传公社代表大会代表的条件。这次会议是全大队贫下中农，一般中农参加。

三月二十二日上午将郭的材料发至各片，组织积极分子，学习酝酿，每个公社〈有〉意识到培养2—3个敢说敢斗的积极分子,作[做]典型发言。各片根据情况,培养1—2个苦主在会上诉苦,必须作专门训练。

2)三月廿五日选代表,解放一、二类干部,解放一、二类干部可在片里积极分子会上进行,必须(用)思想分析和帮助,能不能解放由群众决定,不行,来第二次。

3)教育提高积极分子:① 学毛著:除上述外,还学"舍得一身剐,敢把皇帝拉下马。"增强斗争勇气,"毫不利己、专门利人"使其作[做]工作、揭发问题、分析批判是从集体利益出发,向"私有"开火。② 运用所揭发的问题,对他们进行加工教育,算几笔账,开展批评和自我批评。

4)在三月廿一日晚上,大队组织一次基干民兵活动,青年积极分子参加,一个队三—五人(暂以积极分子相称,民兵组织有待重新(组织)),讲阶级斗争形式,讲枪干[杆]子,印把子的关系,提四带,五防站岗,放哨,保卫重点防卫(结合传达县代表会精神)。

5)公社代表会前,组织一起,党团课,在三月廿五日晚,群众参加者由贫下中农推选。

二、查账工作

从当前运动的进展来看,查账工作是个薄弱环节,要迅速跟上来。

采取:1. 查死账与查活账相结合。

2. 工作队与积极分子相结合,参加者由贫下中农推选。

3. 重点带一般,各片可集中力量先查开一个队,再将其它队带着走。

4. 突出政治,加强对查账人员的政治教育。

三、抓生产

1. 算肥料账,本队出[为]增产着眼,春耕生产需肥好"些",现有好"些",缺肥咋办?要有措施保证。

2. 强调积极分子,干部认真适时抓好排红薯母子这项活路,必须保肥、保质、保量。

3. 经过宣传发动后,各片组织2—3个积极分子勘察[查]植树区域,计划种好些亩数。松树最好种在阴山面,要安排好劳力先搞好窝,搞好树苗,每小队要有0.5—1亩的育苗地。

4. 种好龙须草,根据上级指示精神,我大队(种)植龙须草的面积应适当扩大。种多少，要经过贫下中农社员讨论决定。

5. 安排好各项活路，工作组必须掌握生产进度。

四、工作队

1. 继续坚持三同四清的工作作风，大力办好人好事，要过硬，要经常。

2. 三月二十六日左右，以片为单位开门整队，但必须做好准备，保证效果。

关于工作队问题

（一）突出政治，突出毛泽东思想。用毛泽东思想武装每个工作队员，改造自己的思想，我们搞四清，搞社会主义革命，不首先改造自己的主观世界是不行的，学习毛著，不是一般的读书，而是通过学习改造自己的思想，把学习与改造结合起来，振作革命精神，同贫下中农一起学习，把自己摆进去，亮出来，做到真革命，而不是伪革命。

同时，抓紧社员学习毛著，宣传最高指示，使学习毛著运动，从组织、制度、领导等方面落实。

本月十号前，学习“中国社会各阶层分析”“继续保持艰苦朴素的工作作风”。在学习日期（十号）上午讨论“中国各阶层分析“，下午讨论“继续保持艰苦朴素的工作作风”。

（二）工作制度，每天坚持半天劳动，半天学习，每周劳动不少于3—4个半天，病号可做1—2个半天。每天用一个半小时学习毛著，半个小时学习政策。

（三）坚持保持四同四清的工作队队风，作风过硬。

（四）发扬民主作风，商量共事。

工作队本身，一定要遵守毛主席的指示，自觉地开展批评和自我批评，搞好团结，消除私心杂念、名誉地位。要互助[相]帮助，共同搞好党的工作。如果我们不团结、闹义气，搞个人成见、影响工作，影响运动，就不是好工作队，不是毛主席的工作队。

工作队要发扬民主，通过学习毛著，群众觉悟提高了我们是毛主席派来的工作队，是省委派来的工作队，如果我们作风不民主，摆出工作队架子、讲话大（大）咧咧的就会脱离群众事情就会办不好。

一、战备教育和评审工作

2日，大队作[做]一次全面的形势报告，挑选几个代表在会上作讲用会，目的是树立“不怕”“敢”字，发动对四类分子的评审，以后小队讨论一次，辅导员再讲一次，再讨论一次，穿插评审四类分子，在八日前结束。七日上“阶级斗争并没有结束”。（P16）

抓工作队员，学习政策30日，贫协委员，原任大队部2日上午学习政策做法。

以五队为点,组织贫协主席,分分[纷纷]前往评审。

在4日左右,召开与贫农土改(原文如此——编者注),贫协主席研究复议中一些问题解决其中一些急案,退赔问题。

二、阶级复议

抓工作队员学习政策(30日下午),贫协委员、下放大队干部:代表会9日召开,晚上可以开展复议,继续开始,上午研究问题,13日代表大会讨论革命接班人条件、配合上课,晚上回去组织贫下中农讨论,14日会上定出小队接班人。

三、民兵组织审查工作应结合进行

四、分配工作,一日上午大、小队全到会,检查分配方案

评审需要材料:

1. 评审记录;2. 表上所需记录;3. 斗争后整理的核实材料

阶级复议中注意:

1. 外来户,特别是土改时不在本地的,赶快外调,〈为确〉未划定成分还需划定。

2. 不稳定人口,付[富]农贫农中都住过的。

3. 户主

4. 成分可能升降的,为〈你〉地主付[富]农准备材料

又如:

张元本(大队长、四类干部,贫农)在谭家湾水库骂毛主席是"乌龟精"。郭继昌(富农户)交代说:我看毛主席是魔王。

1) 积极要求斗争,通过运动进一步发动了群众,增强了斗志,积极要求斗争,大队书记龚子清等说:积极分子潘家吉。

西埝大队的群众对斗,潘家柴有点过火:① 对潘的错误严重性认识不足;② 以为他是贫农;③ 以为他蛮不讲理,认为他有精神病;④ 见他行凶不敢惹他,现在积极,要求斗争,不仅要求斗潘,还在进一步揭发的基础上要求斗鲁金英(新揭的问题,给其负责殿后有的儿子起名"改过",反革命分子,国民党员,伪保长,殷文太的儿子赵名"万年")

2) 杨坪代表崔明文认为大队没多大问题,地富农分子初教斗争,老实了,反党反社会主义,贫下中农不会干这种事,通过这一说(报告),我们的■揭的不行。如

四队,闫金反革命分子劳改回来(55年),一直没有参加四类分子会议,过去不注意他,他一贯不好好劳动,全家九个人,6个劳力有3人经常在外跑。

一队富农:张秀荣(女)放一头牛,按制度要赔200元,她说:当个后补社员真希[稀]奇。

二队长陈元凯,去年护秧与中农张永[redacted]在田里说:"君子口里无戏言,你看毛主席群众穷众,不是咋穷呢?社员舍点只有舍没长的。"

一队贫农罗化庭在学毛著时,学两个极端,他说两个鸡蛋端午吃一个,大端午吃一个。

五月份他在罗冈洲(中农)家里贴了一张毛主席像,刘主席像,他说这两个家什在这里真威风。

一队郭文均贫农女子是团员(郭衣荣)疯狂得很,抱着男的扳纹,人家说她疯疯狂狂后,她学毛著说我下定决心不怕牺牲,坚决退团。

3)活学活用提高认识:报上党支部有:七队会计富农,过去坚决不干工作,在运动中贪污八元钱,想过跑,想过死,通过学毛选死了轻如鸿毛,但没解决根本问题。

这一次学毛主席关于阶级斗争的论述,知道上了当。63年期间他爱人怀娃子(头一个)不懂,以为是害病找鲁定美看,鲁说是皮糊子大仙找着了她,活不到三月廿七,吃不到新麦子。

看完病后鲁说:"干部没啥干头,八路军的官,当不了好两天,一个啥运动七里地转圈。"还说:蒋介石来了先烧粮食,再用开水烫干部。

他爱人杜明美听了鲁的话后回去了就拦着不叫当干部,你要再当,我就和你离婚,我怕离婚,工作不干了,专搞私有,我一家人就搞3天把牛的地(原文如此——编者注),群众也搞队上生产这是滞后,通过文化大革命学明知道是上了当,想叫我们跟她们走,破坏革命,今后坚决划清界限,彻底革命当好人民的勤务员,七队原来落后点,加上今年麦子要种,夏季口粮,62年按规定,要供应,这里通过学习坚决不要供应自力更生解决困难。

这种思想中先未暴露,这次大会讲了。

看法:

一、报告

1. 复习语录

2. 总结成绩,揪出黑线

3. 作系统分析上纲

4. 将文化大革命进行到底

① 讲重大意义

② 进一步学习,进一步动员,发动进一步揭发。

二、活学活用毛主席著作

1) 反复学语录(白天学习揭发发现典型)

2) 组织讲用会(第一次,李印有,郭证明)

① 报上当李印友;② 提高觉悟,擦亮眼睛,揭发敌人③ 王元安(大峪)怕夏天,62 年参军已批准,不去,坏分子

三、会内会外结合,组织斗争

如何组织斗争

对象:鲁定美　大队斗了一次

潘家柴,原来斗争

1. 事先,三个准备(材料、组织、思想)

2. 效果、规模

3. 体会:1)以毛泽东思想当动员

2) 抓住要点

3) 放手发动群众

4) 掌握斗争策略

具体:1)在武装过程中,用主席的话武装群众,潘庆和原来有人认为他是贫农,又有个不整群众的政策。学了毛主席关于在社会主义时期,谁是敌人,谁是我们的敌人的六条标准,最主要的两条后,感到潘的主要问题是反党反社会主义,认为这家伙就是敌人。斗争中,代表贫农曾玉美在斗争中说:潘骂贫下中农是狗子,还打贫下中农,毛主席说:"打击贫农。"

2) 抓住反党反社会主义,他最恶毒的就是这,他最怕的也是怕群众,从这方面搞他(在武装群众和斗争中)重点在这方面,以前群众最容易忽视这些问题,在武装中引导群众分析群众的看法,原来贫农妇女王庭美一听说要斗潘就揪住了她的问题,污辱造谣,经过分析批判,提高了认识,她说:我那里是读球,是他污蔑党,污蔑毛主席是大事,在斗争中揭了飞机。

3）放手发动群众：潘横行霸道，谁沾他他骂谁，他专有个骂人名，骂不好，一哭半个月，工作队王、李、江、陈、沈都被骂过。

平常却喜欢吹、拍，威胁要和谁拼。

群众对他只是背地里气他，恨他，背地还怕告诉他？还有个别人跟她划不清界线[限]。通过学习真正的钢[铜]墙铁壁是什么，是群众。凡是反动的东西，你不打他就不倒，对反动派，消灭他一点，就舒服一点，彻底消灭，彻底解放(P76)。

通过学习过去不敢惹他的，现在也敢搞他了，儿童团过去不敢摆他，现在也能异住他(原文如此——编者注)。

杨家将走在上(原文如此——编者注)，潘金修(贫农)原来不敢说不敢斗，这回经过学习他说：要搞就搞得他翻案(彻底)，他也参加了斗争，揭了他的底子。

个别发动：过去和他有来往有亲属关系，过去也说点把牢骚如杨继生过去落后发过牢骚(一次犁地两架牛都跑了，他说这是不搞集体，他们硬要走集体)和他好，在斗争中他气的[得]很，说你赔红薯干〈毛主席〉晚上，污蔑了领袖，把我们的主席你弄得污[乌]七八糟，你不爱领袖，我爱领袖。

潘的儿子潘庆和(16 岁)过去觉悟不高，灌输了很多毒素，在斗争中，他说你不是我父，你是牛鬼蛇神，我是贫下中农的儿子，我是生在新社会，长在红旗下的无产阶级的接班人，我要喊你邓拓，喊口号，坚决斗倒潘永冀。

我代表我们姊妹三人和你划清界限。

4）讲斗争策略：

① 对方的思想行动规劝：以小战斗和个别谈话的方式进行。

② 组织积极分子，继续分析特点预料可能出现的问题，确定对策。

③ 坚持文斗，摆事实讲道理。

④ 掌握火候：a. 揭发分析相结合，揭发中有分析，分析中有揭发，前后各有侧重。

b. 抓苗头

⑤ 斗争会后，做好斗争对象的思想工作。斗前：交待政策指前途。

几种手法，扯——拉(往主题上拉)

顶——摆　哭——揭

呼——撮　行凶——保卫

骂——

总结前段工作　　8.9

（一）战备教育

1. 作法。……

2. 收获

① 通过战备宣传教育武装了毛泽东思想，认清了当前国际形势，基本解决了害怕的思想。过去为什么害怕呢？毛泽东思想没有武装我们广大社员头脑，没有认清当前自己的形势，没有认识到人民群众的力量，没有正确认识敌人。没有认识到人民斗争是消灭敌人的法宝。

现在为什么不害怕呢？

毛泽东思想武装了我们社员的头脑，正确的认清了当前国际形势。要着重领回[领会]的毛泽东思想呢？

毛主席说："一切反动派都是纸老虎。看起来样子是可怕的，但是实际上并没有什么了不起的力量。从长远的观点看问题，真正强大的力量又[不]是属于反动派，而是属于人民。"

为什么说一切反动派都是纸老虎，美帝国主义是纸老虎呢？

1. 是接近于死亡的阶级

2. 进行正义战争与世界人民为敌，世界人民反对

3. 是以人民反对

4. 内防后生的

5. 实力不足

6. 士气低落

7. 后方远

毛主席说："我国战争是主要的因素，但不是决定的因素，决定的因素是人民不是物。"

林彪同志说，对我们军队来说，学习的武器就是飞机，又是大炮，又是坦克，又是原子弹，学习的武器是毛泽东思想。最大战斗力是用毛泽东思想武装起来的人，最勇敢，不怕死。

有些人[redacted]打又准是个大问题，这是一种错觉，其实打起来不是冲上去冲不

上去的问题,是勇敢不勇敢,怕死不怕死问题。勇敢第一,枪打的[得]准第二。

对现代武器的认识问题。现代武器装备就起大作用,但不能说都解决问题。最后解决问题靠人,步枪、手榴弹、刺刀,近、夜战。

打仗就是打勇敢,打政治。董存瑞、黄继光、罗光变,[、]李贤德等英雄人物。

毛主席说:“真正的钢[铜]墙铁壁是什么?是群众,是千百万真心实意地拥护革命的群众。”

② 人民是创造生产历史的动力?

② 人民是我军生存的依靠的专政根基。

③ 人民是我军精神和物质力量的源泉。

④ 人民是我军胜利的保证。

⑤ 对付帝国主义,侵略战争就是动员人民依靠人民,实行人民战争。

⑥ 人民是我们的优势。

⑦ 人民战争这个方法是我们独有的。

⑧ 人民战争是毛泽东思想核心。立足于打的准备,有准备与没有准备(不)是一样的,而无产阶级要有思想准备,用无产阶级武装我们的新群众。

(二) 评审

1. 通过评审〈与〉进一步与敌人划清界限。

2. 通过评审揭发了敌人深挖了敌人便于更好的[地]进行无产阶级专政。

3. 分化了敌人。

4. 对地富分子是一个争取。

5. 敌人是不打不倒好。

今后工作布置

(一) 阶级复议:

1. 目的:还是先划阶级,弄清和扩大依靠力量和专政对象。加强无产阶级专政;

2. 意义:明确依靠谁,团结谁,打击谁,从而加强阶级斗争观念;扩大依靠力量,加强无产阶级专政;法[redacted]同无产阶级专政;

3. 明确政策,消除思想顾虑,努力改造自己向贫下中农靠拢。

① 中农半受轻微剥削,根据表现可降为下中农。

② 一般中农积极参加劳作生产，政治表现好的降为下中农。

③ 上中农政策；

④ 对地富政策；

⑤ 一般中农子女，积极的集体生产，政治上表现好后可按下中农对待。地富子女可参加共青团，劳动政治上一贯。

⑥ 劳动人民互相通婚的。

⑦ 与剥削阶级通婚的。

要努力学习毛主席著作，改造主观世界，消除顾虑，向贫下中农靠拢。

（二）努力建设山区，改变山区面貌。

1. 目标（十年）山区生产有个大的发展，生活有个大的改善，足住足食，有住有用。修大宅道路，也修乡里道路，每人种薄地道路每人要搞一一五两人，两点五亩。粮每人 600—800/千斤

2. 下大力搞兴修水利，拦河坝场，如何搞呢？要集中主力打歼灭战，抓紧时机打，要互相支援，互相帮助，但也要化之数[花工夫]，要敢于克服困难，向愚公学习；要先人后己，不要本位主义指周文义。

战备教育情况

一、作法

在公社统一安排之前，我们在无产阶级文化大革命结合清政治中揭发出来有关战备方面体制之思想，针对当时清思想，我们分两片分别进行了一次战备教育，讲了三个问题：当前国际形势的基本特点；在阶级社会中革命和革命战争是不可避免的；用人民战争消灭美帝国主义。达到认清形势，立足于打的思想准备，树立能够打得赢的思想，主要解决怕打仗怕打不赢的思想问题。

公社统一安排后，各队据志林讲的精神又进一步向群众进行了补充教育。在八一结合讲我军光荣传统突出宣传了毛主席的军事思想，和人民战争的思想，各队在 4 号又统一进行了一次人民战争的教育，主要讲真正的钢[铜]墙铁壁是人民群众，进一步消除怕战争怕敌人的思想，树立必胜的思想，在立足于打的准备上要着重于进行思想准备，这就是学习毛主席人民战争的思想，其次就是民主要搞好三个落实，把四清运动把无产阶级文化大革命进行到底。

二、收效

广大的贫下中农和社员群众经过一系列毛主席著作的学习和形势教育，能正确认识当前形势消除了许许多多的封建残余思想，做好立足于打的思想准备，树立必胜的信心。如二队贫下中农[redacted]安经过形势教育后说：在 62 年蒋介石叫喊，反攻大陆时，地主很猖狂就害怕得很，几次检查上能服兵役而不敢去，这是由于对当前形势没有正确认识的结果。这次学习当前国际形势和毛主席人民战争思想后，腰干[杆]硬了，胆子大了，认识到有强大的中国人民解放军和用毛泽东思想武装起来的人民群众，是无敌的，敌人是打不过来的，我们用毛主席思想武装起来的七亿人民威力是最大的是无敌的，无论敌人从海上来，从空中来，从陆上来，我们都能消灭他们。62 年战备时我们害怕而这次为什么不怕呢？就是由于毛主席思想武装了我们的头脑，认识到用毛泽东思想武装的人民群众是真正的铜墙铁壁。

王正忠说，62 年听到蒋介石反攻大陆时，当时心里很害怕，这次听了形势报告后，认识到敌人如果要来，我们有伟大的七亿人民把敌人抱也能抱住。

刘邦德说：我们为什么能打得赢呢？我们的战士知道是为谁当兵，为谁打仗，是为了广大人民群众的解放而进行战斗的，因此能得到广大人民群众支援，这就能歼灭敌人[redacted]。

二队郭正仁、刘庞华说：这次战备为什么忙呢？就是毛泽东思想武装了我们的头脑，如革命牺牲是光荣的，主席说："为人民利益而战就比泰山还重，替法西斯卖力，替剥削人民和压迫人民的人去死，就比鸿毛还轻"。如果一旦发生战争，就把民主的人民群众组织起来，一定能战胜敌人，叫敌人寸步难行。

立足于打的思想，如王正忠说："敌人是打不倒的，决心早打是正确的，帝国主义七三[三七]年子打仗，就要饿死人，打、起来的我们一定能战胜敌人，我们前方有强大的人民解放军，后方有民众，如敌人要打我们，我们就一定能打死敌人。"

大峪大队第2次代表会两天斗争情况的简结

一般情况：

我们为了在第2次代表会上深入的开展斗争，深入的发动群众，集中力量从两个方面进行了准备。

一是通过总结提高找差距，认清形势，明确任务来提高积极分子。

其次是在原来查证落实的基础上进一步，查证落实要在代表会上批判斗争的罗光金、柯玉仁的材料。

在查证落实中，我们是采取边查证，边研究，边落实，边盘问的方法进行的。如查证柯玉仁为了单干才从七队搬到二队的问题时，我们边查证边研究边落实了这个问题还对柯玉仁进行了盘问，进一步探出柯的内心世界：① 害怕蒋介石反攻大陆。柯说我是共产党员又是大队干部，土改时是积极分子，对地富也排斥得狠，而且在当干部时得罪了不少人，从而怕变天后不得了。我搬到2队住的是我的老屋场，将来变天不变天，反攻大陆也好，不反攻大陆也好，扯不上我的经。

② 为了单干能分到好田好地；

③ 不花钱和粮食能兑现到房子。

在查证时我们依据揭发的问题查和盘结合，以求实的精神否就否，实就实。如查柯玉仁侵占集体三个藕坑的问题，我们先后找了五个人取得了证明都认为是柯侵占的，但与柯反复盘问时，柯只承认是郭正仁、郭大章给他的，而不是仗势侵占的，后来我们找郭正仁等讲清了实事求是的意义，结果郭正仁、郭大章说是给柯的。我们问郭正仁当时几次，为什么肯定是柯侵占的。郭说："群众都说是侵占的，而我如说不是怕群众说我包庇柯玉仁。"结果我们把这个问题否定了。又如查柯玉仁劳动一天半得工分300的问题。开始查证时，会计刘进明作证说：62年生产队打油，柯提出给油坊挖柴每百斤给工分50分，事后柯自己去砍，用一天半的时间砍了六百斤柴，得工分三百。但柯承认有这个事实，但不承认是有意想多得工分，后我们又反复查证，结果是在61年10月生产队打油没有柴，柯说我在西沟挖得有柴，先挑去做油，结果由刘荣祥挑了三百斤干柴，后来队委会商量给柯工分时，大家都不好说，叫柯自己说，柯说每 100 斤记 10 分算了,结果刘进兴错记成 300 分。

有些问题查到真凭实据后,进一步盘问,讲清政策承认事实。如查柯玉仁用三升麦买一个猫卖五升麦的问题。我们经过三次查证,认为证据确凿,但柯不承认赚了二升麦,我们除了讲清政策并说明了证明人当时送麦时详细情绪[形],使柯承认了事实。

我们在基本作[做]好准备工作的基础上召开了第二次代表会。本着三交四忆四比一要一展览和边准备边斗争边盘问的方法向罗光、柯玉仁展开了批判的斗争。

一、三交四忆四比一要一展览:

我们在预备会议上向代表们交待了任务,交待了毛主席著作,交待了斗争方法。

1. 交任务:总的任务是斗争批判罗光金、柯玉仁解放妇女大队长王焕香,大队会计王学彦。通过批判斗争提高干部的群众阶级觉悟和社会主义觉悟。

斗争罗光金,主要是成分问题和打击迫害贫下中农,破坏集体进行阶级报复。和预定了在斗争中可能出现的问题和如何对负[对付],谁个对负[对付]。如罗光金承认是漏划的地富如何办?那就要罗交待事实和根据,如何漏划的;如罗提出在土改时他还分了土地和吃过加五仔如何对负[对付]。这就要知情人起来揭破罗是为了隐瞒成分和分好地。

批判斗争柯玉仁,主要是批判柯的挖公肥私,大搞私有的资本主义思想,同时也批判柯的打击报复贫下中农,搞迷信和道德败坏等问题。并把群众揭发的问题我们落实的情况,那[哪]些查实了,那[哪]些否定了向代表们交了底,使代表们做到心中有数,从而打得准打得狠。我们实事求是的精神,对代表们也是一个很大的教育。如 4 队代表柯大江说:"我活了这样大的年纪,还没有见到过,这样是非分明的事。"

2. 交毛主席著作

我们针对被斗争对象的问题,如何进行斗争向代表们交待了毛主席著作这个有力的武器。并组织他们学习领会精神。如何对柯玉仁挖公肥私,大搞私有的资本主义思想,交待毛主席语录本上的 17 页第二段;24 页第一段,29 页第二段;147 页第二段。针对柯打击贫下中农选了主席关于对敌人要狠,对自己要和的教导和 231 页第一段。

针对罗光金的问题,主要是运用主席关于“凡是反动的东西,你不打他就不倒”的教导向他进行斗争。这样不仅用毛泽东思想武装了代表们而且使代表们运用毛泽东思想这个有力的武器向四不清干部进行斗争。

3. 交方法

毛主席教导我们:“不同质的矛盾,只有用不同质的方法才能解决。”我们根据主席的教导针对罗光金与柯玉仁的问题在情节上有区别而采取了不同的方法。罗光金是阶级异己分子,对他斗争的方法是运用受过罗剥削和压迫的知情人起来用大量事实向他进行面对面的斗争。

而柯玉仁是翻身忘本,我们就采用了四忆四比一要一展览的方法向柯进行批判斗争。

四忆四比是:忆旧社会的苦,比新社会的甜;忆单干时的困难,比集体化优越性;乙[忆]柯玉仁在旧社会的苦,比他现在的甜;忆焦裕禄为人民服务的精神,比柯玉仁的工作态度。并找这方面的典型人的切身事实进行回忆对比对柯进行批判教育。如新旧社会对比的典型人李朝山,他们家在旧社会时有田和地五亩多,在那种人吃人的旧社会里,他们家先后被地主刘正书,[、]刘正安等先后讹了三次,结果把那点地,讹光了,后来只好租刘正安、郭大章的地种,因交不上租被刘正安、郭大章牵过牛,打过柿子,一年劳动到头,吃不上穿不上,李朝山的妈眼都哭瞎了,只好过着吃讨在外的流浪生活。解放后,他们翻身,分得了土地,合作化后李朝山惨死了,他妈眼看不见,他年纪小,生活困难点,生产队一直照顾他们,每年都欠队10余元口粮钱,都在年终结算时照顾了他家。所以现在特别热爱集体,只要是对集体有利的事情,他坚决的干,他说只有依靠集体才能过着共同富裕的生活。

为了用新旧社会的对比来教育柯玉仁,代表们在预备会上同诉了旧社会苦处多,要饭的多,欠债的多,没吃没穿没盖的多,卖娃子的多等等38个;回忆了新社会好处多,如兴修水利多,梯田梯地多,耕牛多,穿细布的多,住瓦房的多,上学读书的多等30—40个。

为了用集体化优越性来批驳柯玉仁单干思想,代表们在预备会上凑了诉苦这方面的典型事迹和集体化的优越性,如单干时经得起风吹雨打,走向两极分化、集体化能战胜天灾人祸,共同富裕过着幸福生活;单干时束缚了生产力,集体化后能大搞生产建设,生产大发展,产量逐年上升,如不当家地修梯田(原文如此——编者注)，修水打磨，修的小水磨等；单干时孤寡幼弱无依靠，集体化后孤老有五保，孤儿有照顾；单干时劳动力不能合理使用，土地不能因地制宜种植，集体化后劳力能够合理安排，做到人尽其才，土地能够因地制宜种植。单干时文化卫生事业无法办，集体化后文化卫生大发展，等等。

代表们在预备会选出了这方面的典型，回去后进一步，进行了发动。

一要：就是要思想。通过四忆四比挖出他的资本主义思想、修正主义的思想，封建主义的思想，栽上无产阶级的思想，马列主义的思想，社会主义的思想。

一展览。就是展出贫下中农翻身后过着社会主义幸福生活的情况，用事实进行新旧社会和对比来教育翻身忘本的柯玉仁。我们仅展出了二队社员部分生活用品。共有：花被子16床，其中有4床被料子，皮袄1件，衣料十余件，衣服50余件，毯子一床，胶鞋20余双，牛皮鞋15双，热水瓶6个，磁盘10余个，缸子15个，球鞋8双，打火机2个(、)手电筒30余个，晒席8床，半导体收音机一个。柯玉仁在旧社会盖过的疙瘩被套1床。这个展览对新旧社会进行鲜明的对比，对柯玉仁和群众都有很大的教育。

二、边准备边斗争，边斗争边盘问

我们对罗光金和柯玉仁的批判斗争是采取边准备边斗争的方法进行的。在第一次的预备会议上除了安排整个代表会的任务外，着重的研究了斗争罗光金的具体安排。接着对罗光金进行了斗争，在斗争中说集中力量解决罗的成分问题。

在罗家做个4、5年长工的翟光荣首先发言，他一块一块的计算了罗家的田3亩，[、]地28亩，和他家的劳力情况，只有罗的小哥放牛和罗的嫂嫂做点补助劳动，其余五个人都是过着剥削生活，他驳斥罗每年只请100余个短工时说，你们家那么多田地我一个人做得过来，并给他算了细账，每年至少要请380余个短工。

接着知道罗的家底的刘庆云起来说，你们家成分是怎样隐瞒的。土改时干部代表刘邦定，[、]翟光荣、罗代文、龚世界是怎样包庇你们的，他们与你家扯经并经常在你们家吃喝。后来他们说可不要把你们家划上了地富，不然群众会说我们经常在地富家里吃吃喝喝，就是这样把你们家包庇过去的。受过罗家剥削的刘庆华接着说：你家对短工的剥削是很利[厉]害的，我在你们家秤[称]了三十斤红薯干要我给你家做十一个工,吃了你们 4 升包[苞]谷做了八个工,就是你嫂子把我绕住了,所以一个劲在你们家做。我们春上吃了你姐姐一斗粮到夏天就还两斗。你姐姐收的十余担粮食往婆家时,没有带走,都叫你家吃了。在事实面前罗已承认是漏划的剥削阶级。

下午接着对罗迫害贫下中农,破坏集体进行阶级报复的罪行进行了斗争。在斗争中有些问题进一步深化了并揭发了新的问题。如刘邦德说:大队研究确定,放官扒的树盖房子给贫下中农兑现,你也参加了研究,但下去后你拦阻不叫把树而把放下的四个大松树和一棵油松树抬回家做楼板 30 方子。对罗进行阶级报复的问题认识进一步深化了。如罗是民兵连长在白天民兵排长会议上规定,要看好庄稼,要是谁个偷了就打谁个,可是到了晚上罗的隔房兄弟富农罗光川偷二队苞谷被 2 队民兵打伤了,罗组织家族兄弟们到 2 队为富农伸[申]冤并扬言要把富农抬到 2 队队长家去并要求 2 队请医生治疗与补助粮食,这是罗公开进行阶级报复。

对于与罗有关的四家人命,罗承认了他们的死他是有责任但不承认是有意进行迫害。从落实的情况看这些人的死亡都不是罗直接整死的,但由于罗的迫害加速了他们的死亡。

从对罗的斗争中看出我们所准备工作还不够充分,如给罗家做个短工的柯玉军,[、]柯大进等还未直接起来向罗进行斗争,我们开始也忽视了这方面的准备工作。另一方面上午斗争劲头不如下午大,对罗公开组织为富农伸[申]冤,我们在斗争后也认识不足,为此这个问题对罗的内心世界挖得不够。

根据第一天斗争情况,我们用了半天时间召开了代表会总结了经验教训进一步研究了如何开展对柯玉仁进行斗争。代表们回队后依据选择好的典型进一步发动了群众,休息了半天后在 8 号又对柯玉仁进行斗争。而重点是批判柯挖公肥私,大搞私有的资本主义思想,这个问题对干部,群众坚持走社会主义道路,巩固集体经济教育很大,为此全大队除了[坏]分子外均参加了会议。

在批判斗争中代表们和参加会议的群众,用四忆四比向柯玉仁进行了批判斗争。

代表柯大江说,你看看过去你从小和你妈盖的旧疙瘩套子,眼泪就要出来,对比你现在的花被子,你真是翻身忘本,毛主席叫你维护集体经济走社会主义道路，你偏要挖集体墙角[脚]走资本主义道路。在旧社会我种地主的田，天旱长期不下雨，我向地主求了五、六次情不能载[栽]秧早点种苞谷，可是地主一定要叫等到6月20日下雨才叫点苞谷，只好等到6月20日才改秧田种苞谷，结果晚了没有收成而交不上租，可是狠心的地主把田下了，我们没办法只好讨饭度生。过年时地富逼租逼债，我们连过年的粮食没有。而且国民党拉了我4、5次壮丁，弄得我到处躲不能安身，解放后我才翻身，要不是解放我们兄弟俩那[哪]能找得着个爱人，你柯玉仁也成了家。为此我一心想着社会主义并坚决走社会主义，可是你柯玉仁偏要走资本主义，你真是翻身忘本。

知道柯玉仁根底的津秀莲(柯的嫂嫂)接着说，在旧社会你们兄弟4个，你爹是个篾匠争[挣]几个钱，不够你们吃的，你们饱一顿饿一顿，你弟弟硬叫饿死了，你哥哥给人家放牛长疙瘩没钱治死了，你爹也死了。这是旧社会把他们逼死的，只剩下你们娘儿三，你八岁给人家放牛，你妈给毛眼王大工家做饭，时间长了回来看看，你们走在半路摸不回来，人家怕是鬼，不敢去接他，只好在石窝里住了一夜。说到这儿柯玉仁哭了，参加会议的人也都哭了。你现在翻了身当了干部忘记了过去的苦，要走资本主义道路，我们想走社会主义，你不想走社会主义，你看一看旧社会那[哪]有这些红红录录[绿绿]的东西，就是过去姓王的地主也没有见过。你要好好的回忆，不能忘记过去的苦，要不是共产党毛主席来你怎能说上一个爱人。

你要回来盖房子我也愿意你回来，就是分给我的地，你要盖房子也叫你盖，可是你不该冒冒失失的过了界占了我的自留地。

柯玉均说：你要回忆旧社会的苦，不能好了疮疤忘了疼，你看看你那老(疙)瘩套子就忘不了本，这疙瘩套子是你工作的本钱。

白求恩同志毫不利己，专门利人，他为了中国人民的解放事业，献出了自己的生命，你和白求恩恰恰相反，还专门利己毫不利人，你放的牛本来应评二等膘你偏要一等，就是卖一个貂子也要从中赚二升麦。你看你自私自利思想何等严重。毛主席说共产党员关心他人比关心自己为重，可是你是关心你自己，对贫下中农只有打击报复。这次你不改大家要帮你改，你不革命也要你革命。

郭同友说："我们要与旧社会比一比看那[哪]个社会好。在旧社会，我妈出去要饭，我给人家放牛，连被子都没有盖的，没吃没穿牛马都不如。拉壮丁我躲在大山沟一饿就是一天,那[哪]儿里黑往那[哪]儿钻,也不怕狼豹子了。那是过的什么生活。毛主席来了,给我分了房子分了地,穿的比谁都好,要不是毛主席来,我们那[哪]有今天,我们五更半夜忘不了毛主席,可是你柯玉仁偏要把我们往乱泥坑里领,今天给你说了这些你考虑考虑到底是那[哪]儿好,要不是毛主席来你那婆子也不会有,你一家人我一家人是从那[哪]儿来的你得好好考虑。我们不但现在有好处,今后好处还多呢?我们感谢不尽毛主席,毛主席的好处说不完。”

瞎子钟光仁说:我们钟光武读不起书,公家补助他读到高中,我在旧社会时读书也不错,可是没钱只好没读。你过去告诉我柯长书入党只起个交党费作用,你入党了,你现在乍[咋]样,你好好想想。往日里,我搞过迷信,我知道是假的,但没有办法,算命是“猜情捉理,抓风摸底”,“奉承到底”,完全是假的,算命■死人,想骗人家的钱,就说人家的娃子犯这个犯那个,完全没有一点真的。共产来了推倒了这个迷信,这是英明,可是你柯玉仁还相信我奉劝你和大家都不要相信。

郭正仁说:你到王家院来是为了走一个[人]富万人穷的单干道路,单干的坏处多得很,集体化好处说不完,如我们队上王成山夫妻俩一百多岁了,要不是集体化,那[哪]能生活得这样好。单干时怎么不改田呢?集体化后,我们队上改了 10.5 亩田,组织起来好处多,办了很多的事情,大事情。我们一定要走集体化的道路,不走单干的道路。

通过四忆四比不仅彻底批判倒了柯玉仁和资本主义思想而且对群众都有很大教育。

如二队柯玉珠说:人犯错误开始总是由小到大,柯玉仁是一来二去才走上资本主义道路的我也有自私自利思想,搞自留地分的地我都搞了,这次对我的教育很大,就吸取柯玉仁的教训。

四队刘显春说:通过开柯玉仁的会,我领会到毛主席想得周到,柯玉仁忘了本是从考虑个人开始的,要把毛主席思想装进脑子里,就不会犯错误。合作化好处说不完,我 64 年病了二年多,要是单干时要饭也没有办法。我以往也是自私自利,有点粪往自留地里上,上自留地干活就像武松打虎,干集体活就如上坟祭祖,今后一定克服这种思想,我在巧的地统统交给队上,今后一心一意干集体活。

柯玉均说：通过这次开会对我教育很大，过去我没有受过苦，我妈说过去为何苦了不愿意听，看了展览真是不看不明白，一看明白一截。我们也有单干思想，过去我不在自留地里种，我妈吵着叫我去做，去年看人家搞藕坑，我也想搞。巧的地是薄卡的地，要粪上，巧的地上肥多，当家地就没肥，真是从河里捞了一块板，家里丢了两扇门，得不偿失，今后把巧的地彻底甩了。

在大会斗争你却对罗光金、柯玉仁进行了小会盘，进一步弄清问题彻底挖他们的思想根子。

一队刘建明的汇报：战备教育的收获：① 青年发表意见，帝国主义侵略我们，我们坚决不答应，我们要积极的报名参加参军，打击侵略者。② 老年人的发言，我们年老不能参加军队，我们积极的在家把农业社搞好，多打粮食支援前防[方]。③ 我们中国是强大的，62 年蒋介石想反攻大陆，结果他不敢来，叫我们不等形式[形势]，我们怕的[得]很，产生了不愿跟党走，走资本主义的道路，单干风比较严重。

四类分子的评审情况：15 个分子，地主一类是 1 个，二类 5 个，三类 1 个。富农分子一类一个，二类 4 个，三类 2 个，坏分子四类 1 个。

地主分子郭大贵①：一贯[惯]讽刺干部和贫下中农。今年春天拉红薯地的时候，她自己有个娃子，她叫他拉牛，他拉不了就指桑骂槐说：他妈屁，你连个卖屁的婆娘都不如(意思是骂王金荣因当时王金荣在场)。② 对集体不愿搞，8 月 4 日，我们抗旱泥田，他在田里看到田里的洞不堵，让社员费力用的水流到河里。

地主子弟郭正成是地主分子郭大贵的儿子，他揭发了父亲郭大贵的很多破坏活动，如大搞封建迷信，猪吃庄稼等，很多群众不知到[道]自己而又没有交待的问题。

四队潘洪庆的汇报：认清当前的国家国际的大好形式[形势]，国际上的三大二转移的特点有利于我们社会主义阵营，很多人谈出了很多内心话，如潘荣庆说 62 年备战时我非常怕，以后听说要打枪我都害怕，现在通过学习我不害怕了，并且我要积极的练刀打把[靶]，很多青年说我们希望早打大打，而且积极参加报名，翟华启说明天要打仗需要我，我明天就走，老年人说我们要积极生产搞好支援。

通过战备教育，提高了觉悟揭发了地富的很多问题，如袁继斌揭发了地主王友安,破坏耕牛一头。

四类分子评审的情况:四类分子9个,地主一类的2个,二类2个,三类4个,四类1个。

袁继斌揭发地主刘邦兰:刘邦兰的儿子唱革命的革[歌]曲她不让唱,他儿子唱锣鼓,搞得整天响,他说响你妈的屁,柯大江说我原来认为地主妇女没有什么问题,通过这次评审都知道地主都是一样,都是不老实,都有破坏。

夏国启说我以往和地主分不开家,通过这次评省[审]我一定要和地主分开家。

大峪大队第二次代表会两天斗争情况

一、准备工作的一般情况

1. 我们从公社开会回大队后围绕着斗争任务集中力量从两个方面进行了准备：

① 老李和乇长贵在回大队的第二天对积极分子进行了训练，主要是通过总结提高找差距，认清形势明确任务来提高他们；

② 其余工作队与积极分子组织成两个组查证落实要在大队上斗争和批判的罗光金、柯玉仁的材料。

在查证落实中，我是采取边查证边落实边研究边盘问的方法进行的。如我们在查证落实柯玉仁为了单干后能分到好田好地才从七队搬到二队来的问题时，我们除查证落实外还对柯玉仁进行了盘问从而进一步挖出了他的内心世界：① 怕蒋介石反攻大陆不得了。他说我是大队干部又是共产党员，同时在当干部时得罪了不少人，土改时是积极分子对地富也排斥得狠[很]，怕变天后不得了，我搬到二队是住在〈是〉我的老屋场，将来变天不变天，反攻大陆也好，不反攻大陆也好，扯不上我的经。② 听住了刘推进讲不分田到户的是为了分好田好地才到二队的。③ 在7队盖房要花钱，要衣粮食而到二队后，不花钱粮能对现[兑现]到房子。

我们依据群众揭发的问题与盘问的情况以求实的精神反复查证，直到落实为止。为群众揭发柯玉仁侵占集体三个藕坑的问题，我们先后找了五个人取得了证明都认为柯是侵占的，但与柯反复盘问时，柯只承认是给他的(郭正仁、郭大章)，后又找郭正仁反复进行了教育，结果查证确实是郭给柯的，而郭正仁为什么当时也肯定是侵占的呢？郭说："群众揭发时都说是侵占的，我说不是侵占怕群众说我包庇柯玉仁。"结果我们把这个问题否定了。又如查证落实柯玉仁一天半挣300工分的问题。有些如查到真凭实据后对柯进一步盘问讲清政策承认事实。如用三升麦买一个猫卖五升的问题，在卖掉后赚了廿元钱只承认十元，我们都弄清了，为此在向柯斗争时问题都查证落实了，而且他本人承认了。这样使斗争打得准对他教育也深。

2. 在工作队研究与确定了斗争与批判对象后与[于]5号上午召开了预备

会议,交待了任务,主席著作和斗争方法。任务是斗争罗光金批判柯玉仁;解放一、二类部分的三类干部;提高干群两个觉悟。方法是会上斗,会下盘(问)并坚持摆事实讲道理,用真凭实据和他们斗理斗法,从而达到斗争到底。

预备会议首先着重研究了斗争罗光金,要解决的问题与具体方法,找出了知情人和可能出现的问题。如何对付谁个对付。如罗光金承认是漏划的地富如何办?就要罗交待地富事实与根据,如何漏划的;如罗提出土改对他还分了地和吃过加五仔如何对付,这是他们为了隐瞒成分把地荒了而分好地。代表们回去后发动知情人。并在大队范围内专门召开了知情人会议。

3. 6号对罗光金进行了斗争。在斗争中我们首先集中力量解决了罗的成分问题。

在罗家作过4—5年长工的翟光荣首先发言,他一块一块的计算了罗家的田和地(地26头牛,田3亩)和他家劳力情况,只有16岁小哥放点牛,他嫂嫂余成荣补助劳动点,他在驳斥罗每年只请100余个短工时,说你们家那么多田地,我一个人能做得了,并给他们算了细账,每年除了1个长工外,还要请380个短工。

知道罗的家底的刘庆云起来说,你们家成分是怎么隐瞒的。土改时罗代文、龚世界、刘邦定、翟光荣是怎样包庇你们的,他们与你们家扯经,并经常在你们家吃喝,后来他们说可不要把你们家划上了地富,不然的话群众会说他们经常在地富家吃吃喝喝。你们家成分就是这样被包庇过去的。受过罗家剥削的刘庆华也起来说:你26头牛的地请100个短工跑也跑不叫[完],你家短工剥削是利[厉]害的,我们在你们家拿了三十斤红薯干,要我们给你家做十一个工,吃了你们4升苞谷做了八个工,就是你嫂子把我们扯住了,所以在你们家一股劲做活。我们在长工吃了你姐姐一斗粮,到夏天就还二斗,你姐姐收的十余石粮食往婆家时没带走,却是你们吃了,经过斗争后,在事实面前,罗已承认了是漏划的剥削阶级。

在下午紧接着对贫下中农进行阶级报复的问题进行了斗争。在斗争中进一步深化了为刘邦德揭发了新的问题。如大队研究确定放官扒的树盖房子给贫下中农对现[兑现],但罗拦阻不叫放而把大树拈回家(4个大松树,一棵油松树)。有些问题进一步认识了他是进行阶级报复。如罗是民兵连长白天召开全大队民兵连长会议,要求看好庄稼,并规定谁个要是偷了就揍谁,可是到晚上罗的隔房兄弟富农罗家几兄弟到二队为富农声冤，并要把富农抓到二队张家中，要求治疗并补助粮食吃，这是公开进行阶级报复(是不是组织的还未弄清楚)。对于罗逼死了人命他承认为了表现向上爬打击贫下中农，他有责任不承认是有意进行迫害。

从对罗光金的斗争中我们看出，我们准备工作还不够充分，表现给罗家的短工人直接起来向罗斗争的人少，如柯玉年、柯大进都没有起来斗争，我们开始也忽视了这方面的工作；另一方面斗争的劲头上午不够大，下午扭转了；对罗公开组织为富农声冤认识不足，这个问题对罗的内心世界挖得不够。

4. 5月7日上午召开批判斗争柯玉仁预备会议。

① 向代表们交待了对柯玉仁问题的落实情况，那[哪]些查实了，那[哪]些否定了，作[做]到了使代表们心中有数，我们实事求是的精神对代表们也是1个教育，如四队柯大江说：我上了这样大的年纪还没见到过这样是非分明的事。

② 针对问题交给了毛主席著作语录本：17页第二段，10页第二段，24页第一段，29页第二段，23页第一段，147页第二段。

交[教]方法：四忆四比，忆旧社会的苦比新社会的甜；忆单干时困难比集体化优越性；忆柯在旧社会的苦比他现在的甜；忆焦裕禄为人民服务的精神，比柯玉仁对待工作的态度，并找了这方面的典型人用[物]的事实对柯进行批判。如李朝山，在旧社会时有点地和田(5.4亩)被地主刘正书、刘正安等先后讹了三次结果把土地卖光了，后来只好租刘正安、郭大章的地种，因交不上租被刘、郭牵过牛，打过柿子，一天劳动到晚吃不上穿不上，吃讨在外，过着流浪生活，李朝山妈妈眼都哭瞎了，解放后翻了身分了土地，他爹死了，他妈眼瞎了，他年纪小，生产队一直照顾他们工分钱，每年都有十余元口粮款，年终结算时就算了，所以李朝山现在特别热爱集体，只有热爱集体才能过好生活。

柯大江在1929年天大旱没下雨，租的地富的土地不叫种苞谷叫等着载[栽]秧，要等到6.20号不下雨才叫种苞谷，后等到6.20还没下雨才种上苞谷，由于苞谷种晚了，苞谷没长好，从而交不上租，地富把土地下了又叫种，后全家只好讨饭在外，(19)64年接连下了三个月的大雨，稻谷都烂在田里，不仅国家叫少交公粮，而且在(19)65年春上供应了5、6千斤粮食。根本没有要饭的，要是在旧社会又不知道有多少人家一担两框[筐]逃荒在外。

回忆了旧社会苦处多(38 个条)新社会好处多(3—40 条)。

单干时遇到的困难与集体化的优越性的典型。晚上工作队与代表都回去找这方面的典型。并叫二队组织展览,用具体事实进行教育。

二、对柯玉仁批判斗争

1. 8 号全天对柯玉仁开展了批判,主要批判柯玉仁四个问题:① 挖公肥私,大搞私有,多吃多占,贪污盗窃;② 打击报复贫下中农;③ 听神信鬼搞迷信;④ 道德败坏。而重点是批判第一个问题,这个问题是两条道路斗争对干部与群众教育很大而对巩固集体经济有重要作用,所以全大队除了(坏)分子外均参加了会议。

2. 为了用事实对新旧社会进行对比,对柯进行教育。我们展出了二队先后提出情况:计展出:被子 16 床;其中有 4 床未做被面;皮袄 1 件;衣料 10 余件,衣服 56 余件;毯子 1 床;热水瓶 6 个;磁[瓷]碗 10 个;釭[缸]子 15 个;修鞋 70 双,牛皮鞋 15 双,球鞋 8 双,打火机 2 个;手电筒 30 个;晒蓆 8 床;箱子 5 个。半导体收音机 1 个,这些东西摆出像小商店。

柯玉仁在旧社会破被套 1 床。这个展览对群众教育很大,这些都是毛主席给我们带来的,不是毛主席那[哪]有这些东西,柯玉仁你老是吃■了■好翻身忘了毛主席。

3. 贫下中农用四忆四比对柯玉仁进行了分析批判。代表柯大江说:你看了过去你从小和你妈盖的旧疙瘩套子,对比你现在的花被子,你真是翻身忘本,主席叫你维护集体经济走社会主义道路,你偏要挖集体墙角,走资本主义道路。在旧社会过年地富逼租逼债,我们没盐没油吃,没吃没穿,没有粮过年,并接连拉了我 4、5 次壮丁到处躲,不能安身,解放后才安上了家,要不是解放,我们兄弟俩那[哪]能找得着爱人,现在不管怎样,有了个家,放工回去后饭做得现(成)的了。

我们种地主的田,天旱长期不下雨,我向地主求了 5、6 次情,要早点为毁了种苞谷,但地主不叫毁一定等到 6 月 20 日不下雨才叫毁了种苞谷,可是等到6 月 20 日以后种上苞谷结果晚了,没有收到苞谷而交不上租,他们就把地下了,而我们只好讨饭。

所以现在我一心想着社会主义,并坚决走社会主义。

知道柯玉仁的根底是津秀莲(柯的嫂子)接着说:在旧社会,你们兄弟 4

个,你爹是个篾匠,挣几个钱不够吃的,你们饥一顿,饱一顿,你弟弟硬叫饿死了,你哥哥给人家放牛,长了疙瘩没钱治又死了,你爹也死了,这都是旧社会把他们逼死的,只剩下你和你妈娘儿俩,你八岁就给人家放牛,你妈帮毛眼王大工做饭,时间长了回来看看你们的妈妈眼瞎了,摸了回来,人家怕是鬼不敢去接他,你妈在石窝里住了一夜。说到这儿柯哭了,所有社员们都哭了。你现在翻身当了干部,忘记本,要走资本主义道路,我们想走社会主义,你不想走社会主义,你看一看,旧社会那[哪]有这些红红录录[绿绿]的东西,你要好好的回忆,你不能忘记过去的苦,你要不是共产党毛主席来,你怎能说上一个爱人。

你要回来盖房子我也愿意你回来,就是分给我的地也叫你盖,可是你冒冒失失的扒了房子要占我的自留地。

柯玉均说:你要回忆旧社会的苦,不能好了疮疤忘了疼,你看看你那老瘩(瘩)套子就忘不了本,这疙瘩套子是你工作的本钱。

白求恩同志毫不利己,专门利人,他为了中国人民的解放牺牲了自己的生命,你和白求恩恰恰相反,是专门利己毫不利人。你放的牛本来应评二等膘,你偏要一等膘多占 30 分,就是卖一个猛子还要从中赚二升麦。你看你自私自利思想发展得多严重。毛主席说共产党要关心他人比关心自己为重,可是你打击报复贫下中农,你只关心你自己硬不叫供应,这次你不改,大家要帮你改,你不革命也要你革命。

贫农郭同友说:我们要与旧社会对比着那[哪]个社会好。

大峪大队贫下中农代表会面对面的对敌斗争情况简结

我们的贫下中农代表大会从 4 月 5 日至 4 月 8 日召开的，主要任务是：斗倒大坏人，进一步发动群众揭开阶级斗争盖子。我们的指导思想是：在突出政治活学活用毛主席著作的前提下展开普遍揭发重点斗争，重点批判，争取解放，达到分化瓦解四不清干部，人人受教育的目的。会议在这个思想的指导下重点斗争了大队长柯玉仁，分化民兵连长罗光金(阶级异己分子)，重点批判了大队支部书记刘庆华，解放了大队副支部书记潘红庆。会议开得很成功，斗倒了坏人，解放了干部，瓦解了敌人，提高了群众，达到了目的。

一、收获

(一) 抓住了大坏人，斗争了大坏人，进一步认识了大坏人。

我们在面对面的对敌斗争之前，发动了群众，基本揭开了大峪大队四不清的盖子，抓住了 6 个坏人(其中大队 2 个，小队 4 个)，但群众和工作队还没有真正认识这些大坏人。如在面对面斗争前对大队长柯玉仁的认识就不是那样明确，只知道他走资本主义道路，但具体很少〈而〉通过斗争他。群众进一步揭发了他大量挖公肥私走资本主义道路的罪恶活动，从而真正的认识了他是一个彻头彻尾的，有一次 7 队在打油时需要烧柴，他规定每挑柴 50 分，而他不许其他社员去，他自己去割柴，结果一天割了 6 挑，挣了三百分，又如大队每月补助他 21 个劳动日，其他大队干部都按底分计算，可是他不干，他要按他所在小队的最高劳动算，结果在(19)62 年 7 个月的时间就多记 634 分，多吃口粮 41 斤；他为了多占劳动日，他和他娃子(他没定基本劳动日，娃子放牛)做的劳动日拨给他爱人，这样他爱人劳动日月月超过，不仅不惩(罚)她反而受奖；还有扒了他一个锅台已给他记了三十分，但他还要加到任务肥上，从而使完成任务的肥料超过了，给了奖励工分三十。柯玉仁还说他真是柯家的尖子，斗争他，是不曲[屈]他的。

通过斗争，把敌人气焰基本上打下去了，如阶级异己分子罗光金在公社代表会上有的代表揭发他的成分，他还不承认，但通过斗争后他的家底揭开了，拿政策一对照，大家说他是明显的地主。

(二) 发挥了群胆威力，进一步发动了群众。

会议根据进展情况灵活多样,有时全大队贫下中农社员都参加,有时代表和知情人参加,有时仅代表参加。通过斗争不仅锻炼了群众,积极分子,而且进一步发动了落后层,如许多过去反复动员不讲的这次都发言了,如过去一般没参加会议的徐正兰,这次在斗争形势影响下,勇敢的哭诉她在谭家湾修水库时罗光金要强奸她强奸未成,排斥她的经过;过去发言很少的钟光芝、王元英,这次也积极起来哭诉着罗光金在谭家湾修水库时,强迫他们拉车子,不给饭他们吃和企图侮辱她们的情形。落后的孔范义也哭不出声的诉述着罗光金迫害他,不但不给他吃和把他致残的情形。6、7号后,潘秀莲在斗争柯玉仁时说,过去我不敢说现在敢说了(,)并动员社员说柯家是几个败家子,你赶快去说说出口气。李邦云、毛一昌当了两次代表不敢讲,这回敢讲了。为此通过大揭发,大斗争,不仅进一步揭开了盖子,斗倒了大坏人,而且推动了后进层,扩大了积极分子队伍。

(三)政策对[兑]了现,干部分化瓦解。

我们一面重点斗争柯玉仁、罗光金,重点批判刘庆华的同时,对民愤不大,态度老实,问题较多的副书记潘红庆进行了争取解放的工作,使政策对[兑]了现,从而不仅分化出了一、二类干部,而且使有些三类干部也向贫下中农靠拢,更孤立了少数三、四类干部。在解放潘红庆之前除了在代表中进行了充分的谦让讨论外,还进行了个别谈话,反复交待了政策,解除了他的思想顾虑,在斗争的影响下,更加促使他认真的、深刻的交待了问题。代表们对潘的检讨表示满意并对他抱着热情欢迎的态度,希望他早点回到贫下中农的怀抱中来,同时代表们针对他在旧社会受过的苦和当了干部后所做的对不起人民的事情,进行了严肃认真的批评。代表李邦云说你妈在旧社会要饭,你翻身忘了本,你当了干部就拿着叫花子棍子打叫花子,你要想想这怎么要得。郭万富也说:在旧社会你从下院搬到我们4队来,连房子没有住的,盖了间草棚,你爷爷就是死在里面的,就那样埋了,你长了多大找不到爱人,解放了你才成了家并当了干部,但工作疲踏,好人主义,再大的事到了你头上就没事,你是个共产党员还和柯大贵搞二道贩子,你座[坐]地分赃比二道贩子还利[厉]害,你真是翻身忘了本,今后希望你要认真负责的搞好工作,要像焦裕禄那样为人民服务。

代表李邦秀说你要回忆过去旧社会的苦,你妈在旧社会要饭,还给我们留一点吃,你今天翻了身当了干部就忘了过去。代表袁明川说:焦裕禄同志的小孩看戏没给钱,被焦知道后利用这个问题对家庭进行了严格的教育并补了钱,而你买罗代清的一棵树却砍了三、四棵,你怎么对得起贫下中农。这些话深深的击中了津红庆的心,他低下了头,他哭了。在他向代表们表态时笑着说:大家对我的帮助我感谢不尽,是为了我从光明大道上走,是党和贫下中农对我的挽救。生我的是娘,培养我的是党,回忆过去确实对不起党,这时津已哭得说不成声,其他干部都低下了头,代表们也流了泪。津跪下后停了一会继续起来说我现在才深刻认识到,贫下中农说我坏是为了我好,而地富说我好那才是坏呢!所以我对党和贫下中农对我的帮助感到比我的母亲还亲。

你们对我的帮助挖到我的心窝里了,我过去所作的事情不仅不够一个共产党员的标准,而且不够一个贫下中农条件,今后如果能够为贫下中农服点务,要尽力去搞好,并时刻回忆过去的苦,拿焦裕禄的(这)面镜子来对照自己,来改变山区的面貌。并当场退赔了 7.2 元钱(是借的,没人动员)并说我一定想办法退赔,我还有一头猪准备退给生产队,我的意见要把底扒下来退赔(原文如此——编者注)。当他退赔了许多代表说你把两角钱拿回去揍[凑]过[个]整,他坚决不拿,并说给一个是一个。

主席团根据代表的意见,当场宣布解放了他,代表们也很满意。

妇女大队长王焕香,虽然问题较少,但在检查时态度不老实,她与其他四不清干部有(一起)干过的问题人家交待了但她不交待,为此代表们要她下去认真准备重新检查。

这时其他四不清干部看到"坦白从宽,抗拒从严"的政策对[兑]了现,纷纷要求解放,如 7 队会计刘进明找着工作组说津红庆问题那样大,总解放了,我要下决心争取解放,二队李邦彦也找着老李说,乍[咋]搞啥我想要求解放并交待了搞四个皮伴[绊]与调戏了三个(妇女)和贪污问题。

(四) 真正树立了贫下中农当家作主的思想。

通过斗争不仅考验了骨干,提高了他们的觉悟,为今后建立领导核心打下了基础,而且打掉了四不清干部的威风,长了贫下中农的志气,真正树立了他们当家作主的思想,各生产队干部有什么问题都主动找贫下中农商量解决。如 4 队郭万富看到天要下雨并与贫下中农胡德春、柯大江商量不准备犁地,但胡、柯认为应该犂[犁]地并带头去做。

代表柯玉珠,过去不敢发言,有时他爱人揭发问题他还阻拦,这次他说坚决要搞，这是我们自己的会议，有病也要坚持参加，代表王玉英、田英兰都有病都坚持参加会议到底。

又如代表赵久莲，警惕性高，时刻注意严重四不清干部的活动，如中午做饭时，他[她]就注意严重四不清干部罗光跃、刘邦荣、刘进明、王焕香的活动，她听到他们在做饭时说：“这次做饭可不少啊！贫下中农把我们说得比国民党还坏，真的我们比国民党还坏吗？我们好的地方他们看不到，坏的一点的也挤出来了，等社教走了，看谁叫谁喝水。”在散会的晚上她也时刻注意罗光跃的活动，如罗光跃在吃晚饭时到王森林（岳父）家去，她就担[端]着饭注视他们的活动，当时王对罗说交待了没有，罗说没有交待，王说你可交待不得，交待了活不起等，她都及时向工作队进行了反映，使我们工作队及时掌握了四不清干部动态，争取了主动。

在斗争中，我们的贫下中农政策水平提高了，能够掌握政策，谁该斗争、谁该批判、谁能解放、谁不能解放，他们心中都有个底。在斗争中，他们坚持了摆事实讲道理，动用毛主席著作与英雄人物，进行说理斗争，没有发生打骂现象，在斗争罗光金时有许多过去受罗迫害的代表说，我要不是按毛主席指示与政策办事，非打死你不可。

（五）材料基本作[做]到了边揭发边查证边落实。

在面对面的斗争中，我们根据代表们揭发柯玉仁、罗光金、刘庆华的大量事实，及时拟出提纲、组织了工作队进行了查证落实工作，为此斗争结束后材料基本查证落实了，仅罗光金一人就落实了三十余条。

这样做的好处是：能节省时间便于查证落实，便于今后组织专案斗争，比较准确。

二、取得成绩的原因

明确任务和指导思想，作[做]好了三个准备，五个结合。

（一）在思想准备上我们突出了政治、自始至终贯彻了主席著作。在开预备会时首先学习了主席阶级斗争观点，见语录本 15 页第 1 段，10 页第 2 段，树立了反情（面）观念；学习了主席敢于斗争，敢于胜利的论述，222 页第 2 段；反对自由主义，211 页第二段；212 页第三、四段；学习了主席关于斗争要坚持摆事实讲道理的教导，18 页第 1 段，48 页第 2 段，并学习了二十三条，从而从思想上武装了积极分子，树立了反情（面）观念，又敢于斗争，在斗争中不讲情面而且在斗争中坚持了摆事实讲道理,为斗争作好了思想准备,所以在面对面的斗争中,贫下中农能够掌握政策,没有发生问题。

(二) 组织准备

1. 成立了主席团,领导会议;

2. 成立了材料查证落实组;

3. 每次会前都分别召开了各种会议。

(三) 材料准备

1. 重点斗争的人,批判的人的重点干部向代表们交了底;

2. 代表们又分头回去向知情人交了底。

(四) 五个结合

1. 针对问题与学习主席著作相结合;

2. 会议斗争与个别谈话结合;

3. 摆事实与分析批判相结合,在批判中运用揭、比、算、找、挖的方法搞深搞透。如王元安在批判刘庆华时把刘的问题归纳为13个问题并进行七个对比。比思想,比学习毛著,比身体,比地区条件,比建设,比阶级感情,比自力更生;

4. 白天斗争与晚上解放相结合;

5. 会内会外结合:

会外代表们回去进行的工作:

① 宣传会议开的情况,造声势,推动落后层;

② 发动知情人:如斗争柯玉仁时代表王庆英,回去后发动柯的亲家母郭学秀,从而在大会上揭发柯在嫁他侄女时送给柯一斗小麦一斗稻谷他间[嫌]少,柯要一斗小麦一斗大米。

三、存在问题

1. 在批判妇女大队长乇焕杏时质问多了一点;

2. 对阶级斗争尖锐性认识不足,对严重四不清干部后劲预见性不够,没有采取措施。

汇报材料

一、继续深入的发动群众

1. 会议发动：一个月来各队群众发动的情况是不平衡的。6 队由于上次没有集中时间学习焦裕禄。如在干部集训期间抓的[得]少了一点，群众发动的面还不够广泛，尤其妇女还不敢讲话，干部家属没有发动，(根)据这个情况，集中时间组织他们学习焦裕禄与四不清干部进行对比来提高他们的觉悟。学习之后提高较大，过去不敢讲话的人表示要积极参加四清运动，如中农柯宗礼在小四清时由于提意见较多，后遭四不清干部打击报复很利[厉]害。这次一直不敢讲，开会时睡觉，他学习了焦裕禄后说："我要学习焦裕禄为人民服务的干劲，我们再不怕打击报复了，要起来干，我们死了也合得着。"后来开会比以前积极了，也敢提问题了。他说罗光金在(19)62 年做房子时，放了柯宗胜的五棵树，罗光川的 20 棵，队上的 15 棵，我的十棵，当时这些树能值五元一棵，罗每棵只给一元钱。

贫农妇女赵久英学习了焦裕禄后说，学了焦裕禄想起我们干部眼泪就要出来，我队干部比焦裕禄连一分分也比不上，他们对社员恨不得锤死你，出长差就是我们的，干部是不去的，挑少了还不给饭吃，并哭诉着说我们大人做了一天，罗光金给点饭吃，我们的娃子他就不给饭吃，上坡去晚了一点，惩五个工，干部在家待三天也不惩。我也向焦裕禄学习，要提意见，不怕报复，这一回死了也要说，他们今后要报复，讨饭也要到毛主席那儿告他们。

队长的母亲柯常兰学习焦裕禄后说：焦裕禄一心为革命，为人民，为贫下中农，打算对照自己的娃子，没有一点为群众打算，光为个人利益打算，以后坚决向焦裕禄学习，把坏思想弄掉，换上新思想，不但自己的娃子向焦裕禄学习，还叫孙子向焦裕禄学习。

2. 发动钉字[子]户，知情人分化干部。1 队会计高甲和进村后谈过 6、7 次一直不讲，后学习了毛主席敢于斗争，敢于胜利的教导和 23 条，并据二队群众提出，一队生活好在线索进行点睛(原文如此——编者注)，后他交待了贪污现金近 400 元，集体私分红薯 4 050 斤，红薯干 1 500 斤，稻谷 2 060 斤，小麦 2 150斤，豌豆 300 斤，黄豆 500 斤，并揭发了队长罗相成利用我们工作上公社开会的机会和王光发召开了一个社员会，罗说这次运动不小，真叫我们瞒产的事弄出来以后再说，瞒的产都吃了，不是我一个人吃了，叫我一个人挨头子(原文如此——编者注)，社教走了，你们猜猜看。最后叫大家讨论。到会社员说保证不说。最后罗嘱咐社员回去教育娃子保证不说。

一队于新山开始找他谈话时，他就借故牛吃庄稼走开了，后进行个别发动后他揭发王光发经常对社员说，我们队上私分瞒产的事，谁走漏了消息，谁负责任，你好些，我好些，大家吃了，不是队长会计一个人吃了，人闲了拉二类话，狗闲了舔鸡巴，有事无事不接近工作队，工作队说私分事情你们不说！我保险不说，老王问了我几次，我几个不知道就把他蹬跑了，再不找我了。

3. 利用四不清干部间矛盾揭四不清干部的问题。刘庆华、柯玉仁揭二队保管王成培信迷信的问题。(19)63 年王成培和爱人在月子里，王叫马子刘尚学在家撒豌豆，钉桃椿子，后又到王庄去卜卦，那个姓张的马子说这个人谁要看好了，我送他四包礼吃，王听信马子的话，回来就放树做棺材，王的父亲见了郭正仁抱头大哭，郭叫他快请医生看后吃了三剂药才好了。

争取分化 5 队会计袁吉斌。5 队贫农只有 3 户(，)其中 2 户是干部，二户下中农，一户是队长丈人，另一户是会计，一户上中农 5 户地主，所以群众力量薄弱，为了弄清队长罗光跃的问题，从争取群众来讲或是从争取知情人讲都需要把袁吉斌争取过来，后社教同志经常找他参加会议，造成他与队长疑心，因对袁讲党的政策，并指出袁的问题与罗光跃的问题不一样，后袁慢慢转变了态度还是向工作队靠拢并表示不交待问题，真是对不起党与工作队，并初步揭发了罗光跃的问题，如工作队进村前他和罗光跃还私分了 116 斤小麦等问题。

4. 召开了地富子弟会议。组织他们学习了重在表现的阶级政策，给他们指明了前途，要求他们向贫下中农靠拢。在讨论中 6 队富农子弟罗原华说，今后要好好的劳动向贫下中农靠拢好好的改造自己并与老辈子思想分开，就有前途，否则就没有前途，党的政策这样英明伟大，我们要不好好的学习，好好的改造就曲了党的政策，并揭发了罗光仁在(19)65 年把他们家的好悟久[乌桕]树给队上做犁底而把队上柿子树摸回家做床，同时上次规定不叫砍树他放了白杨树和悟久[乌桕]树。另他和柯长华在(19)65 年春到安阳口挑谷种，从会计罗光银那里拿了七元钱，后罗硬说拿了十元硬扒了柯长华三元钱。

地主子女刘文兰揭发刘庆华今年要给刘邦泽下成分的问题。那天刘文兰去开介绍信与赵家结婚碰到刘庆华并问到开介绍信事，刘庆华说罗光跃叫你给刘邦泽去不去，刘文兰说刘邦泽成分好，刘庆华说四清工作队来了，把刘的成分下了。

二、盘点和清查账目

1. 各队都在相继盘点，从盘点情况看粮食长短不一。二队已盘完，共多粮食 2 445 斤，六队还没查完也还长短不一，如柯玉仁家的黄豆多 174 斤，稻谷多 110 斤，柯宗胜家放的稻谷少 8 斤等。

2. 清账情况

三队账目清了四天，六五年与六六年已清完。

发现的问题：

① 有物无账：如稻谷 50 斤，小麦 398 斤没上账。

② 盘点粮食长短不一，如黄豆多 59.9 斤，小豆多 196.5 斤，稻谷短 356.1 斤，等。

③ 现金开支无条，社员欠队上款无账，凭会计想，凭社员认。如钟光仁欠队上口粮款 27.47 元也没条没账，后把(19)65 年现金账挤到最后时现金少不符合，会计就凭想，才想起他哥哥钟光仁口粮钱没给，社员赵文普欠队上 39.83 元没上账而且到底欠多少钱，会计当时也不知道。凭赵文普自己报，后来七拼八揍[凑]，还差 6.73 元承认是自己用了。

④ 公私不分。

⑤ 收不不上账，(19)65 年交的付[副]业款 41.9 元决算[结算]时没上账，后才上账转到(19)66 年了。

⑥ 开支不合理，给钟光武担猪去卖，买了两双草鞋由队上报销了，65.3.8[1965 年 3 月 8 日]社员买两担筐子(4.4 元)由队上报销了，今年元月钟光正也买了一担筐子也由队上报销了(2.5 元)。

经验教训：

1. 没有把社员来往账和对外来往账与库存物资卡死，给他留有活动的地方，这就给他造成条件现金不够时就七拼八凑。

2. 死账与活账和组织群众有目的的揭发，结合不紧。

3. 没有经验心中没数，不知从何下手。

为什么包庇他们翟光荣、刘庆云等。

打人骂人知情人：为什么打阶级本性确定了和向上爬，受克扣很光荣。

到公社代表：

一队：王元安，王德贤

二队：贫农刘邦彦

三队：钟奎武，贫农，钟光明、李初学，下中农，王德发，苦主

四队：王玉英，下中农，夏明启，下中农，胡云志

五队：刘邦富

六队：刘建达，贫农

七队：田英兰

八队：王安林，贫农，潘红庆，下中农，刘庆华，贫农

工作队：马[redacted]

刘进云，[redacted]

钟光武是国民党员

一队：王庆英，钟光远，郭学秀，罗水才，[redacted]，王元安

二队：王元英，潘秀莲，王咔付，刘邦全，艾王莲

三队：钟光达，毛义昌，李邦学，李邦秀，王德发，钟光武，钟光明

四队：刘[redacted]春，柯大江，[redacted]，李排山，尹文彦，柯玉均，胡银志

五队：刘邦富，赵久莲，袁新[redacted]，郭海昌

六队：柯昌华，柯玉仁，柯大进，龚一荣

七队：田英兰，刘荣学，刘邦德

八队：王金荣，袁明川，袁明道，张用瑞

主席团：王庆英，艾玉莲，钟光达，柯玉均，刘邦富，柯长华，刘邦德

干部：

一队：高甲和，二队：王成培，王德仁

三队：龚万秀，钟光正，赵文普

四队：翟光荣，郭大启

五队：罗光跃，袁志斌

六队：罗光金，罗光银，罗光仁

七队：刘建明，刘邦荣

八队：赵元富。大队干部都来。

解放干部：王焕香，小队干部王金杰，王子彦

解放了的干部典型发言：潘红庆，没有解放干部王金杰发言

对柯玉仁大搞私有，忆及集体[redacted]进行严肃斗争，用新旧社会对比，单干与集体对比，找这方面的典型李排山翻了身，越爱集体，进行教育。遇着天灾，国家救济，找天灾人祸的典型，孤儿，五保户，6 队水库，过去 1—20 尺，种不上做专家地卡码子，水打磨，改田，你有这种思想带领我们走什么道路与大宅[寨]陈永贵比与焦裕禄比

英雄人物与当地先进典型进行教育

遇到天灾人祸破产，与解放后同样遇到天灾人祸依靠集体。

用柯玉仁本身对比进行教育他。

6 号斗罗光金，7 号准备，8 号斗争批判柯玉仁

工作队分工：

顾以文，王庆英，与赵文普搞罗光跃的问题

李安新，徐庆壁搞罗光银的问题，

[redacted]无优越性

李排山例子

1. [redacted]两极分化。
2. 不能解放生产力，不能搞专政大搞建设。
3. 孤寡幼孙无依靠。
4. 劳动力不能合理使用地不能同地。
5. 文化无法办，文化性大生产。

· 中 国 当 代 民 间 史 料 集 刊 （八） ·

生产科长的“四清”材料

出版说明

《中国当代民间史料集刊》是一套记录1949年以来中国历史的资料丛书，由本中心组织编辑。这套丛书收录的是流散于社会的各种民间文献，包括日记、笔记、记录、信函、小报、表格、账册、课本等等。与已经出版的许多中国当代史资料不同，这套丛书以反映社会底层的政治、经济、文化状况和日常生活、人际交往、家庭关系、个人境遇等为内容，为读者提供记录底层历史变迁的原始资料。

相对于中国古代和近代各种民间史料，中国当代民间史料数量更大，种类更多，抢救、发掘的难度理当比前者要小得多。但实际的情况却颇不乐观。由于在相当一段时间里政治运动频发，特别是经历过“文化大革命”以后，许多私人记录性史料大量抄没、毁坏或遗失。而各种运动过后，尤其是改革开放初期“拨乱反正”，也曾将大量个人材料交还个人处理，或由组织代为销毁。再加上单位变动频繁，过去曾经保存在单位里的各种油印资料或个人记录材料，也不断地被处理或销毁。所有这些都使得原本应该浩如烟海、取之不尽的当代民间史料，如今竟成急需抢救的“国宝”。

近十几年来，意识到并重视当代史料搜集和抢救工作的民间人士和专业研究者，已不在少数。但十分遗憾的是，这方面的工作迄今为止仍处于一种分散游击、割据自守的状况。由于收藏者多将自己搜集到的史料藏诸深山、秘不示人，从而使得原本就显得十分稀少的民间史料愈现其缺。

历史研究,关键在史料。当代史料通常有几类,一是官方档案文献;二是口述或回忆;三是影像或录音;四就是民间记录的各种文字材料了。在所有这些史料当中,官方档案的形成、留存和开放,都难免会受到时政的极大影响,因而具有很大的片面性;口述回忆史料因时过境迁,加之当事人的主观意向和记忆误差,也极易造成对历史的误读。至于影像录音之类的史料价值,自然局限更为明显。因此,当代史料当中最大量的,也是最能够真切反映社会当时各种情况的,恰恰是这些民间史料。如今,当代中国历史的研究正方兴未艾,已有越来越多的学者和学生开始关心和研究当代历史的问题了,但因为民间史料查找不易,除极少数近水楼台者外,真正能够利用民间史料来做研究的学者和学生,还寥寥无几。

本中心成立不久,但深信应该在这方面有所建树。因而不惜大家动手,不取分文,费时费力并以极为有限的财力资源,编辑出版这样一套丛书,以利推动民间史料的整理与出版,进而逐渐打破现在史料收藏过于分散、难以利用的情况。

必须说明的是,本中心在民间史料搜集上着手较晚,故我们所推出的史料无论从面上,还是从点上,都不成系统。同时,由于整个当代史料的整理和出版工作在全国范围也都还只是处于起步阶段,无论编辑还是出版工作都还有一个摸索适应和逐渐规范的过程,因此,在许多方面都难免存在着缺失甚或不当之处。凡此种种,还有望各方读者包括原文作者及时提醒和指正。

本丛书的编辑,遵循反映历史原貌的原则,各种文献一律按照原文体例、格式、文字录入编辑。文献中的错别字以[　]符号订正,漏字以(　)符号填补,衍字以〈　〉符号注明,辨认不清的字以■符号加注标明,明显语句不通处用括号说明,当加标点而未标点处仍依原文。出于维护原始资料所有者名誉的考虑,书名隐去了单位或个人所在地名称,请读者谅解。

这套丛书由韩钢、杨奎松主编。《生产科长的"四清"材料》由肖安淼初校并整理。

华东师范大学中国当代史研究中心

2010 年 7 月

目　录

杨根清同志的自我检查

近几年来考虑个人得失较高(原文如此——编者注),等,这不是一般的错误,任其下去会滑到泥坑中去。

(一)多吃多占:

利用我科室的有利条件拿公家的船和油到处在外采购付[副]食品这是损公利私闹小集体科室特殊化,有一次到外地去买糠喂猪用了一磅汽油并且机器也有磨损,其个人也乘机搞付[副]食品,不顾大家搞个人享受,在大搞鼓风机时就有我厂的鼓风机的地方都去过在那里一吃就几天,不付钱和粮票,吃了就走。

绿州等地在过年过节送给我鱼肉等物近十次,其中有的付钱有的就没有付,其付钱也是假的,自己与骆厂长也合养过猪,吃的糠均以科中的名义附带买来的,这也是剥削集体的劳动力,另外以检查工作为名到公社中去吃吃喝喝,利用出差机会到外面到处跑,自己没有与大家同甘共苦渡过困难。

(二)工作作风:

几年来工作上均未改进,很乱,作为一个科室领导应负主要责任,工作上按计划照套,不管其计划是否能实现,认为这样不会犯错误。

① 计划不实际使计划失去严肃性,使计划变成一个形式,故就头重就重头,脚重就重脚,有时压得车间加班加点。

② 实行计划时抓前方,不管后方,也不抓准备,使生产不能协调,自己应负责任,使抓准备的人失去信心。工作不安心,对他们也不支持,认为这是厂部的事情。

③ 对军品质量第一的思想没有树立,只偏重进度,对质量马马虎虎,检查科提出意见时,自己还不虚心。如果不重视军品质量,实际上就等于帮助了敌人。说明国防观念是不强的,有时还要厂里出面去解决进度与质量的矛盾,对检查科进行批评。

④ 支持奖励制度引导工人走上只要钱不要政治的道路。想出了许多坏点子,没有树立政治挂帅。

⑤ 召开各种生产会议时对重要产品压力较大,有时不了解情况就向厂长

汇报结果。对车间主任科室科长等压力很大,自己也不让步,以致造成相互之间的矛盾,想法要车间加班加点,这因为旧社会的影响较深,[运]用以前资本家压工人的手段一样,尤其对计算能力较差的车间主任等关系非常不好。1962 年来一直未改,以致使厂长和各车间领导的关系也随之紧张起来。

⑥ 对业务上对口的专业从计划、配套……等,没有看(原文如此——编者注)和贯彻部里精神致使各业务单位意见很大,工作不协调,这也该怪自己不虚心,工作乱使科里同志下去以后车间同志对他们都有意见,因为自(19)60 年以来自己没有管好生产管理工作,认为自己能解决问题好表现自己,对科里同志们的意见带睬不采[睬]。

⑦ 没有发挥各单位的力量,原别的单位例[如]动力科等干的工作范围内自己也干(原文如此——编者注)甚至连财务科对我们也有意见,科里同志对自己很怕,没有发挥大家的积极性,造成很大的损失,这都由于没有计划所至[致]。

⑧ 交船的收尾工作不积极,拖拖拉拉,对军工产品不够重视。由于自己对部里的方针政策没有很好的贯彻认为自己文化低,文件看不懂故也就不好好学习,没有全面周到的考虑到计划,使自己厂生产管理落后于兄弟厂。

(三) 民主作风缺乏走群众路线(原文如此——编者注):

① 不管什么会议都不收[听]群众意见,只与几个人商量商量,布置工作时带命令式讲话,不讲场合,对别人批评多了。

② 缺乏要大家来汇报情况共同研究,认为自己掌握较全面,这实际上(是)对工作不负责的态度(,)使工作能[难]以开展,随口答应车间的要求,使科里搞具体工作的同志不知详情,使他们工作不好开展,造成矛盾。

③ 用一周到十天的时间搞出的配套表,不适用于我厂,这就是瞎指挥,工作干了没有效果,工作上指手画脚,这是不应该的,也不考虑到大家的劳逸结合。

召开科委会时没有听取大家的意见,以应付的形式对待大家意见,而没有从思想上把工作做好,使各组组员对组长有意见,随意打断别人的讲话,发表自己的意见。

工作简单:自己讲话算数,有许多工作随[虽]订下来了后同志只好照干,但思想上都不高兴的,工作上扯皮现象较多。

总的来说我看不起大家,不信任大家,不敢把工作放手给大家干,只怕把工作搞疆[僵],讲话很生硬,搞得设计部门思想也不通。

科内科长间的关系,凡大家有意见的,例(如)评工资等事自己不愿出头去干,自己也怕别人提意见故相互间互相推,科长间的关系自己也不慎重,对魏科长管计划互不通气,互相脱节,意见很大。

水科长能干点较难的活,有时他干错了,我也批评他,所以他思想上是有顾虑的,有许多的工作不放心给他干,所以对科长一是不放心二是不尊重,不放心放手让他们干。没有与群众结合起来,这主要对政策学习和毛著学习不重视,有时还不学,有时还影响别人学习。

(三) 重业务、轻政治:

① 没有研究科里同志的思想情况,谈就谈到工作上,每天都在事务圈子里,成天在外边忙于自己的工作,甚至连科委会也开不起来,有时开一次科委会要打电话到处找。

② 对毛著学习没有抓,形式上虽有学习小组,但其效果不好,这主要(是)自己没有以身作则,自己也不买毛选,自己不学能影响别人,学习成果不显著,所以工作就搞不好。

③ 由于成天忙工作,对科里的好人好事就不管,黑板报有时几个月不换,这是学习不认真工作不全面。

对知识分子没有抓思想工作,只管用不管培养。有的同志不愿当干部和爱人工作问题等使工作不安心,但自己没有与他们谈谈,因为自己也是从外地来的,工作也不太安心,有得过且过的思想,所以对同志们的不安心工作是原谅的,自己就忘记了党的教导。

关于评奖问题也偏重于业务,不考虑其政治,只要计划完成好,就能评到"甲"。这是与自己重业务轻政治思想分不开的。

有的同志与工人吵嘴、骂人,别(的)单位反映到科里来自己也没去(做)思想工作。干部参加劳动问题,没有提[把]党委精神很好贯彻,没有讲清意义,只简单的布置一下就算(了),认为我科同志参加劳动还不错,故没有从思想上去对大家进行教育,对上面的指示没有很好的贯彻,使我科政治空气较薄弱,民兵工作也不抓,忘记了阶级和阶级斗争,甚至自己还不知道谁是排长,谁是班长。

(四) 组织观念不强,自己[由]主义、个人主义、骄傲自满情绪发展:

对厂领导不尊重,对两个张厂长不够尊重,总觉得他们不能解决问题,现在想起来这是很不应该的。开会时看到这两个厂长不讲话,有时讲话也出几个难题扯扯皮,没有当好生产上的参谋。

有时对厂长讲话也不礼貌,例(如)对 4♯车间的一级管理,我认(为)4♯车间一级管理要垮了,实际上自己是对一级管理有拆台的思想,对二张厂长主持的会议我是不愿参加的,但对他们布置的工作还是干的,但心里不愉快,自己有问题也没向厂长及时汇报,这是看人做事情,有时开会开了一半就走掉,这是极不应该的。

对骆厂长的关系好,他与我接触时间长,他是搞生产的副厂长,故(对)他较尊重,对他布置的工作就积极带头去做,认为做错了事厂长会负责,认为他能解决问题,对他汇报会也很及时,但自己还是有成见和排挤人家的思想,在此有凭感情用事的思想,别人也提出自己闹小圈子,看到周走了,自己也就想走,认为到处都是工作,上海来的人讲得上话,而对二张厂长布置的工作把[就是]应付的态度,这实际上是个人主义的根子没有挖掉。

(五) 阶级观点思想模糊:

自己文化水平低,写文件较困难,政治上学习不好,所以阶级和阶级斗争模糊。

困难期间科里有部分同志走资本主义道路,但没有及时教育,而使这些人犯了很大的错误。

有的人偷铜,车间中向我们反映,但也没引起重视。

发现钱被偷,写反动条子等,都未及时加以处理。

这些人犯错误自己是要负主要责任的,有的事至今还未查出。

车间中黄寿华等人,知道他们有错误,没有进行帮助,认为他们是车间里的,与我无关,许谋犯错误以后,我还同叶主任等人去他家吃过一次话[饭],在南京出事以后我没有保他们。

自己(认为)许谋工作上还不错,技术上能解决一些问题,以后他在 3♯车间中团结不好,我也没管。到科里来以后,也就点头笑笑,自己也没去支持他搞地下工厂,他不会把真情告诉党员干部的,有一次买牛,我是带他到张厂长那里去买的,但事后我就没有参与,因为他同我说是他们小队里买的,他出问题以后,我问他买牛了没有,他说没有。

黄寿华这人脑子较灵，工作上能解决问题，所以思想上对他影[印]响[象]较深，工作上重用他，政治上对他不考虑，虽知他思想作风不好，政治上落后，对他教育不够。虽对他也做了一点工作，但要求不严格。小纲在溜冰场把[打]黄寿华的舞友两耳光的主意是我出的，因我认为小纲较好，去说服黄，但黄不听，所以我就叫小纲在公开场合公开出黄的洋相，后来也时常叫他去出差，以便改变他跳舞的习惯，后来认为他留在科里不好，就把他调到车间里去了。至于公安局要逮(捕)他，我替他通风报信的情况是不存在的。但有一晚上近八、九点钟赌钱被公安局逮住，他知道这次逮住以后知情(况)不妙，故把工作证交给公安局，其工作证托李某来找我，我去了以后狠狠批评了一顿。我又把情况反映给骆厂长，骆厂长也就把保卫科找来，以保卫科出面，把黄保出，黄出来以后我批评了他，且问他还有哪几个人参加，但他不说。至于自向骆厂长处出来以后，就不知详情。

自己没有从政治上教育和帮助他们，缺乏阶级和斗争性：

根源：

(一) 旧社会影响较深。自日本鬼子占领时就当学徒，故染上严重的个人主义，怕得罪人，还有……观点，这是资产阶级思想存在，乘机有计划地搞个人享受，忘记阶级和阶级斗争，党性不强，党对自己关怀和培养是很多的，忘记了以前在资本家手里是怎样工作的，忘记自己父亲是怎样死的，缺乏阶级立场，阶级警惕性不高，生产中也使用了资本家的生产方式来领导生产。

(二) 突出政治不够，没有认真学习毛著，没有以政治带业务，甚至连“四个第一”也不知道，有不求进步的思想，而自己思想不安心，对领导也不满，认为厂长对自己不重视不支持，所以不愿学习，还想(根)据这个厂的情况，自己的能力还是够用的。

(三) 对中央及党委文件学习不够，有时甚至还没学，有时一件一件往桌子上一放，对安全生产也不考虑，只考虑到任务。

(四) 有严重的骄傲自满情绪，工作不安心。

认识：

① 自己有和平演变和做资产阶级代理人的道路上走了一段(原文如此——编者注)，也变了质，对厂做了许多不利的事情，任其下去就不可挽回，以后要通过总结提高认识；

② 党性不强，以后怎样以老老实实、勤勤恳恳的对人民负自己应负的责任；

③ 阶级斗争性不强，缺乏政治头脑，这是很危险的，以后定要参加政治学习和毛著学习，带头学，活学活用；

④ 缺乏组织纪律性，组织性和纪律性这是一个党员最起码的，对领导不尊重，要通过检查，对厂长一视同仁，作好厂长的助手。

群 众 意 见

俞永生：杨说只重生产不重政治，但生产搞得怎样呢？配套上一点没抓，其他也没搞好。所以政治一点不谈，学习也不参加，生产搞不好。对黄寿华，说他聪明，说他思想落后，你是怎样帮助的呢？身为共产党员，怎好叫别人去打人呢。

竺阿良：杨检查态度不太端正，想下楼但又怕下楼，检查中现象讲得多，解释多，否定多，具体事情提得少，具体问题分析少，思想根源挖得少，例（如）重业务轻政治表现讲得少，仅只有一帽子，但业务上却没搞好，其原因也未说出；又如与骆厂长、黄等的关系解释多，只有业务上的关系而包庇黄等均否定掉。

自骆震青提拔厂长不久，就把杨从 3＃车间调到生产科，并为主要负责人，工作上不尊重别人，认为自己有一套，别人说了不算，认为魏科长、张科长等不行，故三科（长）间相互争吵。魏、张二科长去到骆处汇报情况，骆对他俩不信任，结果张、魏二人要求调出生产科。而杨与钟宝庆也合不起来，两人各搞一套，在群众中造成极不好的影响。钟认为杨是独断独行，科长间商量不够，作风不够民主，不人[能]听取别人的意见，只听少数人的意见，看人论事。钟也认为蹲在生产科没有意思，要求调动工作，去搞思想工作，杨却到骆处说“把你计划组思想工作就算好了”。杨把水科长捧得较高，他说“把水从 16＃调出而水的工作没有人能顶替”。杨根清没有征求其他科长的意见，就把水森永调到上海去学习，大家也对此做法提了意见，但杨根清却不理睬；把原 4＃车间施以康调来搞计划，4＃车间有意见，但杨与骆厂长一说，骆就把施从 4＃车间调来了，结果二人有口角，就把施从一个地方调到另一地方，调来调去，调了几次。但杨去反映施还不服从分配。车间里有许多事情原不需要通过总调度室的，车间〈向〉说一下可解决，但杨不了解情况，就要总调度，不管西瓜、芝麻一把抓，骆经常刮我的胡子。

〈等〉黄寿华等人的关系：黄在基建科老搞男女关系，原来团内要开会批判他，但杨却把黄调出出差，以致会就未开成。黄寿华就服杨根清一人，能在政治上帮助他，是能使他变好的，后来黄寿华不在生产科，但杨却把他派出去出差。例(如)有一零件原在上海就好买到,但把他派到哈尔滨去买,弄得供应科对我们也有很大的意见。什么东西都一把抓,弄得别个单位不好受。杨身为共产党员科长,又是支书,对政治是不过问的,认为生产搞好了就说明政治思想好,对国家大事不关心,一上班就跑掉,有人想找他谈谈思想问题找不到他的人。由(于)计划不落实,所以计划在车间里已失去它的作用,不能指导生产,也不能兼顾前后方工作。

胜球:杨自来科以后对生产业务上抓得较多,有许多东西不是生产科管的也管起来,结果生产科负担加重,工作也没搞好,别人也有意见。例(如)动力科的工具,脱腊机等物,有的人反映脱腊机搞来却没有用处,显得生产科独揽大权。又如去年 804 交货时,任务较紧,那里需要技术,结果杨却把我调到交船工段当工段长。自己又无能力又无经验,自己思想上是很不愉快的,结果交船队对我们也有意见,他们说我们可以完成任务为什么要派人来。

黄寿华本人骄气十足,喜显自己能力,喜欢赌钱,贪玩,不求上进,专与女同志去跳舞、溜冰等。他后来搞柴油机尾巴挠[翘]得更高,杨科长对他很重用,什么关键问题不能解决,就把黄提去,但对他政治上没有进行帮助。

干部参加劳动是包括领导干部的,但杨对劳动参加很少,这不是成天忙得没有时间。

生产科是生产厂长的参谋,作为一个领导,怎样抓好计划、搞好协作等问题是抓得不够的,计划不落实,车间有的完不成计划。

资本主义经营方式:当生产任务完不成的时候,就用奖金等去刺激,而没有从加强政治思想教育方面去提高工人同志的生产积极性,结果加强了工人的钞票观念、奖金第一的思想。北京渔轮要拆开修理,桑锦家刚从学校毕业,经验不足,而柴油机工段长这方面经验很足,但还是按照桑的工艺去搞,结果机器有毛病,把责任全推到桑工艺员身上,不能从全面的去考虑,使桑受到一定的处份[分]。

协作问题考虑不够,给国家造成浪费。沪光客轮上的附加件因本厂设备关系那[拿]到上海去加工,且派人去做了。结果上海做好了,自己家里也在做,给国家浪费了 3 000 多元。

沪光客轮上的冷疑[凝]器和其他零件附件自己没有搞过,而没有派人去学习,或互相讨论,结果收货单位不通过,杨却说这是工艺上的问题,使工艺人员心里不高兴，杨还说此地工业水平不行。

陈阿昌：杨的检查不彻底。

多吃多占方面有特殊化，接收别人多少东西，用掉国家多少汽油，应该算一下账。用公家的船到处跑，跑到什么地方等都交待得不够清楚，表现为自己高人一等，自以为了不起，在这方面检查不深刻。他对杨书记、骆厂长汇报情况等较重视，对党的纪律等却没有深刻的认识和分析。为什么听到别人说自己有一派人以后就想离开本厂？自己是怎样想的？

搞副业问题，杨借用职权在收割庄稼时把厂中的船去收割，造成别的单位对我们生产科意见很大，对国家也造成很大的浪费。另外以科里派人去买山芋和其他东西(用90艇拖二条小船)，买好山芋只怕小船翻了，故未拖回来，后来又用一条船把山芋等物拖回来，影响极坏。杨科长等人与某公社方村关系较好，就用90艇把该村的支部书记等人运到芜湖，而开一趟90艇花掉的人力物力是很多的。因为杨与骆关系较好，所以每出去一次，杨都给骆带点东西，杨与骆等人之间是有一点派别的。

生产检查谈得少，许多材料工具等问题原不是生产科管的，为什么生产科要管？有许多车间什么东西都跑到生产科来要，四清运动是为把生产搞得更好，所以生产要谈得更多一些。计划排好以后未经群众讨论，造成计划不落实。

关于黄寿华问题上对自己的缺点是谈得不够的，黄寿华生活腐化堕落是大家所共知的。

对下面具体工作的同志态度不太好，下面同志对杨都很害怕，见到他就避他，对同志态度生硬。

对科里分配工作时，对每一同志工作情况了解不清楚。

对每个同志的生活不够关心，不能解决同志们的生活。例(如)高家生做投机生意是与领导有关系的，对张胜球也一样。

杨检查中说只管生产，但生产管得怎样？仓库配套没有管好，计划调度二者结合不起来，计划不落实，仅仅对监造抓得较紧，用打歼灭战的方式较多，完不成其他产品，另外还只抓大的，不抓小的，只抓新的，不抓老的。如老这样下去，工作是会搞不好的。

调整工资时，仲和曹二人原都是一级技术员，但二人工资就不一样，别人是有意见的。

劳动，杨前段时期看起来是参加劳动，有许多东西搬来搬去，其实在重复劳动，浪费了劳动力。另外在搬运过程中，有许多可用的东西也作废品处理掉了。杨后一阶段就很少参加劳动。

王济民：检查中表面现象多，接触思想较多[少]，说听到有骆派杨听到以后就要调走害怕（原文如此——编者注）。人们都说骆派是少壮派、实力派，其中骆之最得力助手要算是杨根清，困难时生产科没有骆撑腰是不敢用公家船去搞协作的，另外如生产科非杨根清也是不敢的。工艺科三个科长一个没来而设计科汪文林来了，这是为什么？因工艺科三科长均与杨吵过嘴，人家都怕他，不敢来。

杨身为生产科长，讲话不注意，造成上海来的工人与本地工人造成隔阂（原文如此——编者注），对工作不利。例（如）说黄寿华能解决问题，别人听了都不服气。

有资本主义经营思想，例（如）订货时价钱很费，自己情愿窝工而不替别人干，忙时又加班加点。

对国家财产不关心。

张治权：杨自觉革命精神还不足。

例（如）他说党性不强，多吃多占，宗派，有许多地方解释过多，例（如）与黄寿华和许某的关系很好合得来，黄波捕，为什么找到杨？许买牛为什么要找到杨？这问题应用阶级分析来检查。

他说没有排挤别人的思想，但对于平级干部在厂长面前讲他们，结果厂长刮他们，这种现象又如何解释？

他说只重业务不重政治，其实两方面都做得不好。最重视的监造师也没把生产做好，对生产没作好，没有很好检查。对计划不严格，不重视，自己很主观，把人作为一部机器，只管使用而不进行擦油保养。

不遵守制度，有许多东西做好付给别人而收不回钱，结果财务科对我们有意见。

不抓工作，不问生活，生产计划很乱。

与他谈得来的就谈，有许多事情根本与黄寿华无关的都叫他去出差，而与谈不来的人就不谈。

做事非常主观，只顾前不顾后。

范庙祈：杨的检查非常不深不透，态度不端正。

计划不落实他自己也知道，但原因未检查。不能推给国家计划。不走群众路线，自己说了算，不采纳群众意见，就把自己搞的计划给监造师订进度，也不征求监造师的意见，不相信车间，不相信群众。有资本主义经营思想，对车间施加压力，明知三个月完成的计划就要车间二月内完成。没有开工条例，有时条件没成熟就开工，结果战线拉得太长，工时订额不正确，例（如）计划上排得很忙，实际上工人无事干。通知单多，故影响生产计划的完成。科长自己到车间去打乱计划，使搞具体工作的人员在车间中碰鼻子。

骄傲自满情绪，支委之间、科长之间都是自己说了算，不尊重其他科长和支委，很少开展批评与自我批评，但杨在检查中未曾提到。

对科里干部民主作风不够，自己情况不清楚，还不让别人把话讲完。对张厂长不尊重，他认为他们对业务不熟悉。作为一个共产党员，应该坚持原则，不应张宏厂长多批评自己就对他不尊重，业务不熟悉。自己作为一个生产上的参谋，应该帮助厂长把工作做好，正如主席所说的，有许多同志取得一点成绩就骄傲起来……如不把它根子挖掉，否则会犯错误，我们要向杨科长大喊一声：放下这一边就轻装上阵。

清：检查时没有用高标准来要求自己。

要作为一个真正的马列主义者，就首先应加强马列主义著作学习，而杨对政治学习不重视，往往在学习时做其他事情，不但自己不学，而且有时还妨碍别人。作为一个支书，不学习是不行的。对科里的政治学习也不抓，政治思想工作做得很少，极少与大家谈心。对党委的决定也不能很好的贯彻。例（如）一帮一、一对红运动只开了一次会，事后就未抓，五好规划订得轰轰烈烈，但事后也就无人管，只走走形式，责任岗位制也没抓。总的来说没有突出政治，对落后的同志帮助不够，有许多帮法甚至还是错误的。他〈们〉说：晚上给他任务不给他出去，叫老婆到溜冰场去打他……这都不能解决问题。两条道路，阶级斗争是长期的，不是随年龄和地点所能改变的，因[应]从他的立场观点本质上加以改变，作为一个支书，连这一点都不明确，工作是不会做好的。

对骆厂长布置的工作就积极主动的去干，对张厂长布置的工作就不愿去干。

对厂长的态度和其他同志的态度，认为二张厂长不能解决问题，为难他们，也看不起其他科长，不管你主观上是否有这种宗派思想，但客观上却产生了这种效果，大家互相原谅不加批评，任其发展下去一定会犯大错误。对骆厂长袒护而对其他科长却进行施加压力，对上海来的同志较合得来，这样发展下去会形成地方派，大家都为了建设，不应该这样各种室之间时常闹矛盾，且时常吵到厂长处。

杨做事还是有凭感情用事的，与黄寿华无关的东西也叫他去到上海去买去，作风不民主，处理问题武断，有时还不按规定办事，有时先开工后排工艺，使计划不落实，使搞工艺的人有时加班加点，且盲目，应该按规定办事。工作布置多，而检查少，总结工作少，前方工作抓得多而后方工作抓得少。如这一工作不抓，会使今后的工作更加被动。

杨缺乏谦虚，骄傲自大，故步自封表现比较突出。

霍金钰：杨工作上独断独行，骄傲自满，目中无人，在检查时犯着骄傲的情绪，生产上很乱，自己应■什么负责？为什么不相信其他科长？其根源未挖，至于重业务轻政治提法不对。业务不重视，政治不学习，他说自己文化水平低，大谈四三五厂如何如何好，不进行政治学习。

二张召开的会议不参加，即使参加，也给他们小鞋穿；而对骆厂长的指示积极的干，但在检查中只提〈高〉只凭感情用事。

他说阶级观点模糊，他与黄寿华及许某的关系，根本不是模糊的问题，而是划不清界线。检查中根本谈不到检查，而是在宣扬黄寿华的能耐。黄寿华的骄傲是与杨直接有关的，他说“杨书记到大队当支书，而张厂长到大队去当大队长”。他挖思想根源中只戴了几顶帽子，在检查中宣扬自己的汗马功劳。

重业务轻政治从字面上看只是轻重的问题，还说张厂长不能解决问题，而骆厂长完成任务爽快，黄寿华有本领……看来都是从完成任务的观点去着手的，但实际上干部与干部间……的关系都非常紧张，对政治思想根本没抓，检查中没有接触到自己的思想。

黄世菊：意见未彻底检查。

利用集体利益搞个人利益，叫我们搞汽油近一桶拿到订货组，从而买到了糠，自己也买了不少。

1962 年做好两条拖轮，已经收货了，但杨却要把它开到三山去，别人不让开，杨却说：“开坏我们生产科负责”。后来把主机内摩擦片烧坏了，后来换了一块。开到三山去搞什么东西不知道？

科长与科员关系紧张，有矛盾，这与科长的主观分不开的。

生产管理上认为自己有一套，生产上一部抓，但搞具体工作的人却在车间受到别人的责问“你们生产科能解决什么问题？”骆厂长说的话杨是很听的，认为二张厂长不懂技术，骆厂长主持会议时会就开得好，张厂长主持会议时会就开不好。

乔国钧：检查得不深不透，只谈现象，根源未挖。

生活上只谈到用船用车，但用了以后对生产上的影响、与别人搞协作等问题就没有谈。

生产计划头重重头脚重重脚，计划不落实，要车间加班加点，施加压力，没有抓政治而用奖金来刺激工人的积极性，助长工人的资本主义思想，结果任务完成了，奖金也没有拿到，造成工人对厂长有很多的意见。

与骆厂长的关系，大家认为都要[有]派别的感觉，对骆厂长的讲话有求必应，而对二张厂长说了的话都不算数。

其思想根源未挖。

自己不要[专]心于在本厂工作，认为这个厂小，这是很不应该。作为一个厂的参谋，有这种思想存在生产怎么能搞好，上梁不正下梁弯，自己都存有这种思想，下面的同志那都照着你的方向走。

重业务方面，其实我们的业务没有抓，甚至连调度室的业务范围还不明确。政治学习根本就没有重视，身为科长书记，不问政治是不行的。利用打歼灭战的方法来完成任务，造成工人对我们意见很大，而不是从政治上出生产。

翟宗俊：杨的检查解释性较多，使人听不出要点。他与骆厂长间的关系，骆也重才不重德，重生产不重政治。骆总是趁政治学习时抽人去开会，搞副业，不参加劳动等方面均未(原文如此——编者注)。杨有同样感觉，杨之所以这样骄傲自满，是与骆的支持分不开的。

魏科长等人说：“杨科长一人说了算，而我们吃不开。”所以干部间形成隔阂。

科室之间也有矛盾。例(如)工艺科与生产科间所存在的问题，一直得不到解决，直到二者合并以后才得到解决。这是一种本位主义，杨是有宗派主义的,对骆有个人崇拜的思想。

对企业管理、安全质量是不重视的,企业一级管理没有搞好,这与杨不重视是有关的。

我们去协助别人去工作,不应当组长只起协助作用而不能取而代之,所以这种做法是比较轻率的。

袁永生:杨之检查是不能令人满意的。

他思想上个人主义第一,计划他一个起草,也不与其他科长讨论,就召开科委会讨论,以至大家都没有思想准备。其他科长也认为即使提出意见,杨也不会同意的,所以杨根清自己独断独行,对下面同志有命令主义。他在检查中表扬大家说他布置的工作大家都干,但实际上大家是不得不干,但干得不痛快,不得不服从。

杨与骆间的关系,他俩各方面都相处得很好。有次科长到上海开会,骆要派汽车去接,但科长未接回来,却把家属接回来了。

乱指挥,随口答应别人的要求,使做具体工人[作]的人不好做工作。

乱批评人,批评时不弄清楚情况就狠狠刮别人。对计划组不抓计划而抓监造,乱批评人,对下面同志有打击。

阶级立场不稳,政治嗅觉不灵。与黄寿华相处很好,说话很随便。不闻政治,身为科长和支书对这样明显的问题要注意的。

杨具有"技术第一"的思想,而把诚心诚意搞工作的人排挤在外。

郭正伦:杨检查得不深不透,解释得多,没有以高标准来要求自己。

杨自高自大,骄傲自满,不愿听别人的反面意见,认为别人都不行,只有自己行。但骄傲自满是与骆厂长的支持有关的,因他有八路所的工人要解决问题都来找杨根清(原文如此——编者注),造成工人与车间主任间造成隔阂。生产科表面上完成很好,但其实大家都怕杨根清;另外杨对大家施加压力,不是从思想上把工作搞好,但是工作上的果断还是应该的。这与自己学习政治不够是有很大关系的。工作只看表面不看其实质,自己政治没挂帅,还认为工业上搞得不错。

工作面管得太宽不好,计划乱,出了问题谁也不肯负责任。

继续对杨根清同志检举揭发

1965 年 11 月 9 日下午

沈端才：杨检查不够深刻。

① 脱离政治，林彪同志提出“四个第一”，领会不清，把政治位置放在什么地位，政治学习不参加，很少做职工群众思想工作，很少作家庭走访，未发挥支部集体领导作用。个人独断独行。

② 对厂长对科长的关系不是同志式的，不是革命的，对同志间的关系是感情用事，骄傲自大。

③ 工作上主观，乱下结论，平时处理一些问题，编计划进度都是主观，造成下面计划混乱。另外不懂工艺，乱下结论：125 问题，内属舷板折断，按工艺要求可以用加强方法，但杨听从军方意见，轻意决定要拆，使外[redacted]舷板多拆 10 多块，造成人(和)物损失，应该和具体工作同志商量。

田锦洪：杨检查避重就轻，问题未涉及到思想深处。

① 黄寿华问题，杨未很好检查，杨认为黄聪敏，对黄犯错误，杨出些点子叫黄出差，晚上加班，叫黄爱人打黄的女朋友，这些方法是在胡闹。杨不参加政治学习，很少懂得党的政策。

② 独裁，老子天下第一，处理问题片面，与其他科长间关系很不好，使其他人想离开生产科。对具体工作同志经常发态度，如 103 产品的协作件，杨叫我搞一份清单，由于(前)两天劳动，第三天送去，杨就说“你怎么现在才送来，人都走了，你叫我怎么办。”使我心理[里]很不舒服。对老邵的态度也是这样，对老桑也是，似国民党作风，对同志施加压力。

吕倩萍：杨存在严重骄傲自满、固步自封。

① 政治学习〈不〉很少参加，认为自己工人出身、党员科长，骆厂长很信任他，不需再学习了。

② 认为自己在生产上有一套，因外出学习过，从大厂调来，认为在我厂英雄无用(武)之地。看不起其他科长和张厂长。

③ 脱离群众，布置工作不讲目的、方法，如提意见就不高兴，大多数人

怕他。

④ 在科务会上,不管别人同意不同意还是按杨的意见。

⑤ 拒绝党组织的劝导,如杨带水到上海学习,水当时计划调度根本不熟悉,在搞 02 修船,别人意见提不通,连党小组的劝导都不听,怕有失尊严。

⑥ 抓商品,开始不抓,到交船时就打歼灭战,“一切为了签字”,签字后扫尾就不管了。对计划调度、配套,因为看不出成绩,很少抓。

⑦ 劳动,杨参加有名利劳动积极参加(原文如此——编者注),为家属宿舍填房土等,动员劳动时就讲,我们去劳动就完了。

对骆厂长关系,如把原来的副科长给挤走了,如魏、蒋等,下面无群众基础,上面只有(下面缺原稿——编者注)

④ 对黄的关系是重业务、轻政治,对两个纲认识不清。

杨慰祖:杨检查现象多,事例少,主要两个方面:① 脱离政治;② 个人第一。这是革命不革命的首要问题,由于严重错误张国焘作了叛变,像我厂季锡珊就是一例。

杨这两个问题上应该引起警惕。

① 重业务,轻政治,用人不问政治,缺乏阶级观念。革命事业接班人第一个条件(为)真正马列主义者,政治挂帅,是毛泽东思想挂帅,只有政治挂帅,才能真正领导革命。

杨政治学习很差,从未自始至终学习过,开一些生产会议,或处理生产问题,平时也未很好学习,连报纸重要时事都不知。我科政治气氛不浓。

② 不能抓两纲来处理问题,对黄德道品质恶劣,接近黄由于工作关系,能接近黄是一件好事,接近黄未突出政治,未认真帮助他认识错误,只是欣赏他聪敏,无意中助长黄的坏的习气,是一种和平共处作法。假如黄更进一步犯错误,杨再避[庇]护那就是包庇坏人坏事。危害性很大。原因什么?a 旧社会出身;b 文化水平低,政治学习少;c 未严格要求自己,因此在大是大非问题上未处理妥当,党性不强。杨应看到这种情况的严重性,以后应该积极学习毛选。

张治权:① 张宏、张云璋厂长看不起,有一次杨对 3#李春宝讲,余茂志、周财兴怎么……(原文如此——编者注)对电#老叶推荐。对其他科长有高人一等自举〈居〉。对水淼泳又是一套，水这个人很滑，有手腕，他看人行事，所以杨对水很信任。对魏经常在下级面前抵[诋]毁他说“俺们，俺们……”，带有嘲笑。对脑子里一般形影[印象]不好的交待方法两样，不交待方法目的。容易乱[redacted]子。另外对意见不同的不愿意听，听不进去。

对骆，互相体贴，如杨从上海回来骆派汽车去接，杨出差就跟骆带东西。

对工作凭个人兴趣爱好出发，生产很乱，原因未检查。

骄傲自满的根子应重新挖。如过去在3#当副主任，在柴油机工段，而现在当科长，现在余主任对杨亲热。这说明什么？由于党的培养，提拔为科长，应该看到这是培养，而不能作为骄傲资本。

陈阿昌：计划不落实问题，如条件未具备的就开工，如浮船台，原叫1#，1#不搞，一直放了两个月，我科一直无人问讯，我们工艺未做，而已排计划叫车间干。浮船台为什么未交，油漆问题是外包，这样车间就把103.50吨要外包，是否是这么[个]车间油漆工无空，应把情况摸清，否则浮船台到年底就交不掉。

碳化设备，6月份就知道，要干当时开会很急，9月份要交货，而生产科无人过问，一直到10月份杨才对我讲要我负责，才叫我到合肥去了解工具，因此计划排下去，造成材料、焊条没有，使计划落空。

② 关于搬木箱，9月5日下午搬木箱，从涡轮工段搬到涡轮仓库，下雨还在干，而到9月6日上午人家搬运公司就运到火车站去了，这说明杨未和人家联系，盲目搬。

③ 102搬板也是盲目劳动，开始由2#搬到中仓，后由中仓搬到涡库，板子又从这角到那角，大家意见很大。

④ 对科里调人有特权，把人一下调到这里，调到那里，未考虑全面。

⑤ 水、杨、骆一鼻孔出气，水、杨出差带东西，总有骆一份，水到上海学习，大家有意见，但杨未采纳。后来杨叫我搞计划，我有具体困难，杨很不开心。学求新来后，看不到新的东西。

⑥ 对陆州公社杨应深检查。

（车间有人找，出去了一下。）

竺阿良：② 有一次打长途电话，“杨叫我在上海买了M/M气沫子”，这是动力科的事，但杨一定要叫我买，要报销时财务科讲要供应科签字，结果供（应科)不签字,因未看到东西,(东西给柴油机工段用完),后来财务科说这次报销下次不行。说明杨不管是我科的事都拿来做,造成科与科的关系不好,使工作同志心里不愉快。

② 党章规定"应很好学习马列主义,应很少[好]向人民群众学习",工作应忙但不乱,不能乱弹琴,使工作指挥乱,说明学习、突出政治重要。对科长要求更严。

③ 骄傲自大、目中无人很严重,有一定根源,每次运动中都检查过。但近几年来反而更加严重。

④ 技术上有一套,旧社会的凭技术吃饭,政治放在脑后,完成任务就是政治突出。

⑤ 杨从苏联学习回来,由工段长到副主任,到科长,并由骆厂长支持。

⑥ 对同志压的作风。

形成杨脱离政治、群众的官僚主义作风,忘记党的培养,和同志们的信任。

在旧社会是否有这种地位,如果旧社会没有一套政治背景,是不能干这样地位的。杨有忘本的思想,辜负党和同志们的期望。对干部应该本着23条,采取严肃、热情积极态度。

希杨很好的洗把澡,把肮脏东西抛掉,树立坚强领导班子。更好为党工作。

黄处长:大家提的意见很诚恳,对杨根清同志补充检查很有帮助。

希望面广一些,老师傅也可发言,另外车间代表也可帮助杨洗好澡。

高家生:对毛坯库没有多大抓,材料未及时抓,5#毛坯送不知往那[哪]里送,领导问我们还有那[哪]几样东西未送来,我们心里无底。毛坯库有些东西放了几年未处理,要的地方要不到,送的单位送不掉。对工人关心不够,如我家做生意,他未关心我家生活,如关心不会有这种事情。

汪科长:对各种科室各种人,科长处事,不是从工作出发而是感情用事,带有个人利益出发,办法较多,使有的关系搞得很〈好〉坏,拍桌子,瞪眼睛,但有些团结而是凭感情(原文如此——编者注)。

电气车间,生产科放弃管理,电#、工艺、工时、计划都〈都〉是他们自己搞,他们计划完成得很好,这与杨与叶关系好分不开。这次科室合并,电气、工艺也下放,美其名,但造成工资、供应各科都有意见。与工艺科关系不好互相有意见，生产科只是布置生产，不考虑后方，工艺是否搞得出来，思想上有个思想，就是工艺跟不上生产，图纸设计跟不上生产，一切事情都是我杨（根清）搞得好，其他科室不行。杨工作不踏实，不要建造师汇报，到下面去转一趟，就到上面去汇报，所以有些问题就汇报不准。关于两种付机问题，杨情况未搞清就向骆汇报，骆偏听杨，向供（销）科长一顿刮，使同志不舒服。和吴清劭科长吵，杨自己情况未弄清也和人家吵，有一次 02 主机与军方扯皮，我们意见厂方妥协一下，既然把质量搞好，计划要拖一下，但未找出妥善方法。杨未了解情况就向张云璋厂长汇报，张把我刮了一顿，事实是主机质量搞好了，同时按计划完成了。所以我思想上来生产科很不愉快。生产科排计划靠杨一人拍脑袋，因此计划不落实。如 50 吨，计划科排 6 月份投料，但生产科未排，后来人家来催货，没办法就下达车间计划，使车间加班加点。

杨身为正科长、支部书记，不抓思想工作，是失职，只是强迫命令，“三自”思想严重，骄傲自满、自高自大、夜郎自大，为什么？

① 台柱子过劲，即骆厂长，是党委委员，在厂里讲，书记对骆较信任，杨是骆得[的]意的“??”（原文如此——编者注）实质上骆、杨私人关系占主要成分，加上工作上的关系，更竖起了一个得力的柱子，对下拉有一些人，如黄寿华等上海同志，总的讲有了实力。这样无形中有一部分人，形成了杨对少数科长看得起，对大多数科长看不起，对张厂长看不起，自认为是厂里骆的“红人”“红科长”。

② 自己是工人阶级出身、党员、科长，大上海、江南厂来的，技术有一套，自认为“又红又专”。

③ 对毛选、政治、党的方针政策学习，有的是形式上学。我在生产科参加了三、四次政治学习，但杨人在组学，而实际上未学，谈生产问题，看生产建造总结。对报纸看得很少。

作为科长应该带头学毛选，所以只有学好毛选才能把工作搞好。

对党的方针、政策领会不够，如劳逸结合，表现在计划上打突出，加班加点。

设计革命化，杨未革命，杨讲这是设计科的事，生产科不要革命，生产科怎样对待设计革命化，没有的。

发扬民主，走群众路线，杨主观命令，搞得大家怕杨。

阶级观念立场：对坏人坏事，站在什么立场，作为党员应站在无产阶级立场，人家犯法准备逮走，杨想法不让带，使事情消掉了。对待成绩认为是杨一个人的，而不归功与[于]党的领导正确和集体。

电＃周天福：① 杨阶级立场不稳，如我车间徐元里走资本主义道路，但杨和叶包庇徐，徐在春节请客吃饭，杨和叶都去吃。

② 杨与叶关系很密切，叶要搞些什么东西很快搞，如602电磁离合器比较紧急，影响商品，我们向叶反映，但叶无动于衷，杨打电话给叶，叶马上就动起来。

原因：生产科对电＃、工艺、计划放弃管，生产科对电＃804生产那[哪]条船不清楚，助长叶独立性。目前科室在合并，叶在叫电＃人不够，结果骆把人调给他了，使电＃闹独立王国。

周尚达：重业务、轻政治，根源在那里，应很好挖。杨对科里人思想工作很少做，对人不能近[平]易亲[近]人。过去对杨当书记，认为不能担任的。对业务学习很少过问，对新来的同志业务学习不关心。重业务也未搞好，只是片面利用很少〈人〉工作能力强的人，而不是把全科人工作积极性调动起来。调度室力量很差，目前只有2人，科内职责不明，有问题，科长、调度室、计划员都去找车间，使车间工作无头绪。杨工作主观、武断，如提计划是凭一个人，对车间提的意见不采纳，明明知道车间完不成计划，但科长一定要排，使车间对我们意见很大。有些车间对计划完不成了，找科长，科长随意修改，也不和具体工作同志联系。杨对下面意见不采纳。如3＃提出804付机配套要排，8条船但4＃当时工作量很大，付机配套排不进去，向杨反映，杨说“那个车间主要4＃应该为3＃服务，804，8条周期长不要紧，慢慢做”，这样造成我们和车间意见有隔阂，工作困难。

■荣辉：杨检查不深不透，不痛不痒，现象多，事例少。

① 工作问题，未到生产科在7＃任副主任负责柴油机工段，车间找他开会，杨不来的。当时李书记讲“杨主任，支部决定的东西，他不执行的”。当时他任副主任，车间里一些决议，调不动他。柴油机2段一些人要听杨的，当时3＃成两个摊子，杨一摊，车间一摊，使车间影响不好，调度员几头跑，工作布置不下去。a. 这是分散主义的表现。b. 认为自己柴油机有一套，技术高，骄傲自大表现，使工人中有一种极坏影响。在科里面，自己认为工作搞得不错，事

实不是这样，如计划问题，没有考虑车间工种负荷，劳动力负荷。

3＃从(19)65年1—10月未完成计划，例如毛坯没有，3＃排考核项目，一周进度也是这样，杨从未对计划审查过。

在生产管理上很乱，头痛医头，脚痛医脚。经常向厂长汇报，使车间老是被动打突出，加班加点，对一些先进经验不闻不问，对完成任务，采取加班加点。

对3＃计划抓得紧，对电＃计划根本就不管，奖金老评甲等，而其他车间干死都评不上。第三季度评上甲等，生产科是否知道，任务完成得这么样。

② 和车间关系。杨作为科长，杨和余关系很不好，杨指挥不动余，就汇报骆，骆向党委汇报，刮余，余讲：“我不行了，搞不过生产科”。因此形成应付态度，但实际问题未解决。过去余指挥杨，现在杨在工作上、思想上来压服余，造成极坏影响。

杨和叶好是私人感情用事，叶向杨提意见一提就通，余再提也提不通。如有一次评奖叶一谈就通，调度会议上也是这样。对电抓得很松，对其他车间抓得紧，如3＃周主任讲“杨不了解情况就向骆汇报，刮周主任胡子，使周心里很不舒服”，表示下回不去开调度会。

骆和〈杨、〉杨、田品章、黄寿华、徐元星，表面上看有小集团，表面上是谈工作，实际上是拉拢私人关系，对工作不利。

③ 阶级立场不明确。黄流氓作风在芜湖市有名。杨和黄关系密切，是立场不明，用人不当。黄赌博给公安局逮捕，而杨通过骆把黄保出来了，这是阶级立场不明确，群众意见很大，应该把黄逮起来。近来四清时期，黄还和杨在一起，好几次到杨家。

杨和徐关系，徐搞资本主义道路，杨是知道的，但杨未揭发。徐事揭发出来后，徐〈曾〉曾到杨、骆家里说“给什么处分都行，就是不能逮捕”。另外杨还到徐家里吃饭，这是为什么？徐逮捕后，杨和骆把徐搞回来，后来搞到电＃去。

④ 派别问题，杨和上海来的人很搭得够，和骆、徐讲一句话就算数。有些工人反映，杨与骆是上海派，如对3＃车间有些问题没完成，杨向骆汇报后，骆就到车间(刮)胡子。杨讲和骆只是在生产上谈得拢，是否还有其他关系在内，叫杨自己检查。

王德兴：① 作为科长、支部书记，只抓生产，不抓政治，使厂里形成风气。

杨在开调度会，布置任务，从未讲政治，讲形势的。装配车间在电焊、风割配合上很有问题，杨由于不讲政治，因此协作风格很差，所以造成我车间602、605等是客陪的(原文如此——编者注)，如602电焊、风割，一下是1♯，一下是4♯，造成很大混乱。

杨抓生产手段是加班加点，明显在我车间。过去一段时间，杨到星期六来问，明天是否有加班加点。

02主机安排，管子安装周期，10天、8天，最后是6天，所以不得不加班加点，“劳逸结合”以后还是老样子。

② 生在[产]安排计划不落实，每月计划只能60%—70%完成，对车间意见不采纳。对16♯同对4♯不一样，如4♯管子安装现在排12天，过去16♯是6天。02修主机[redacted]音器安装，杨一定要从4♯划到16♯，不听从车间意见。杨和16♯徐文海主任吵，杨讲话就要算。结果找厂长，骆讲“关于这件事你们和杨商量商量算了”，使车间无办法，只得执行。电♯车间2季度奖金评甲等，说电计划完成好，协作风格好，因为杨和叶关系好。所以工艺、工时由电♯自己搞，使电♯闹独立王国。由于人多事少，那当然协作风格就好了。

③ 生排[产]计划不落实有规律，对第一批如803、804、602等产品新的安装，一般要拖3—4个月，才能安装。

④ 配套库挂了牌子，不起作用。装配车间要装了，有的还在做，有的还未下工艺，是要一样，催一样。工作上讲了算，不考虑上下衔接，要开工了，开工条件差。对车间计划有压的思想，如804、90艇上个月就是压，船下水是在周五、六，周日要码头加班，对安装周期排得短、紧。

对计划、调度业务学习生从来不关心。未组织起来。

[redacted]元铭：重视技术、不问政治。对黄、徐搞得关系很好，徐搞资本主义全厂很有名，杨也知道，1964年春节徐请叶、杨到家吃饭，徐当时是公开揭发的四不清分子，为什么还去吃饭？徐在南京被捕，杨曾到黄克科长家里活动，以生产为名把徐搞到厂里来。杨和叶关系不正常，叶心目中是骆和杨，张宏厂长召集调度会，叶从未参加，骆、杨开会叶就到，叶工作雷厉风行。有一次熊、刘曾打电话，柴油机工段有电机检修，水科长拿来了工作令，我马上派人搞(当时工人等工)。后来向叶汇报了，叶大发脾气，讲这是动力科的事，拆下来后也要把它装起来。后来我向杨科长汇报，杨和叶一讲，叶马上掉转话头，答应修了。

电＃：(19)64 年下半年一直干到(19)66 年下半年(804 产品的通用件)，这叶和杨一鼻孔出气。事实是过去有些做了东西，将来不能用，(要改)另外时间一长，容易丢失，所以这种作法是很不对的。由于计划混乱，项目很大，有的干(19)66 年活，但有的零件目前还未做出来，(是急件)，02 出航指定是叶祥荣，这是为什么？

雷家琪：① 阶级立场不明显。杨包庇黄，黄曾讲“芜湖厂其他人不听，就听杨”。杨在柴油机工段曾提议 5＃车间做柴油机一套零件，木模花了几万元钱，后来当柴油烧。

② 对计划不落实。计划仅供参考，没有计划性。按草案计划，负荷 32%，后来把工人调出去，但正式计划来了，一大堆，使车间被动。后来又把工人调回来，造成工人对车间意见很大。

张胜球：杨独创独干，不管干什么事都是凭脑子想像，和大家研究很少，工作命令式。

① 有一次 90 艇要装火车，部队要我厂代运，军方出发点是想揩油，军找我，我未同意，后找杨，杨就答应了，这样收不到钱，造成市搬运公司对我厂有意见。是否给钱应查明。

② 对灵[零]散事情，杨拉着谁，谁就要干，不积极行动，杨就不高兴。

③ 对工作不是发动大家一起干，而是凭个人想像，也未找有关人员、组长一起来研究，党教导革命工作要靠广大群众，一个人本事再大也不能把工作搞好。一个人独干，是干不好的。

集体领导很差，不发动大家就什么事都搞不好。

④ “百事”都要管，如船上用的收音机，应由 6＃管，船上人不找 6＃领导，而找杨，认为杨能解决，结果是解决了，造成 6＃领导有意见。3 轮卡做蓬[篷]帐，6＃又找到杨，杨就又解决了，801—P 部拖轮张老大找杨要卖船上高音喇叭，由于我讲了，未买。

⑤ 对本科本身工作未当好，每船交备品包括碗、瓢、痰盂都要交，建造师就干这种事，科里一直未解决。总调度室的职责范围至今未明确过，大小事情都扯到调度室，并且人少只有 2 个人，名义上是调度室，实际上是跑电用丝等车间，对关键问题未抓住。

对科里一些关键问题杨从未考虑过，到上海学先进，但在我厂未实行。

业务学习只有学一二次以后一直未学过，这样就提不高工作水平。

杨听少数人讲，不相信大多数人的意见，如仲跻群、陈和正。仲点子多，瞎出，造成车间意见；陈和正也是这样，对一些埋头苦干的人的意见反如[而]不听。

政治上不进步，党的方针政策不领会，政治学习不参加，搞工作、开会，作为一个党员首先应该学习毛主席著作。个人英雄主义的表现，杨认为自己柴油机、蒸汽机里外都懂，产生骄傲自满思想，有了技术，应传给大家。政治嗅觉不灵，对黄、徐二人就是。黄和杨关系很不正常。黄过去在江南厂有个坏朋友，在芜湖也是这样，公安局早就注意他了。对黄的关系很不正常，应严格帮助他，不应该捧他，使他更加骄傲自大。过去看到杨和黄的关系，我看到也不敢提，但现在运动来了，敢提了。

对领导看法不一样，使人有骆派的看法，对领导应该有一致的对待，都是革命工作，为革命应该相互尊重。对领导看法不一样，造成科与科、厂长与厂长关系紧张。当听到有骆派消息后，想离开，这种思想不对。

杨世坤：杨的检查不够深刻，骄傲自大，目中无人，不尊重二位张厂长。骆、杨二人关系挺好，有小集团。其他上任科长不愿在生产科，主要是杨的独裁，有排挤思想，对他们压力很大，使别人做得不愉快，使群众不敢言。他与上海人说得来，与他[当]地人说不合。口头上抓业务，但实际上生产计划不落实，政治学习不抓，民兵工作不抓。作为一个科长去叫别人去打人，这是违法的。

张自发：配套工作至今不落实，配套的房子不好住，却至今还未解决。对落后同志没有进行说服教育，不去找落后的思想根源，今后要做工作，使落后赶上先进。人员不能做到计划安排，工作上乱拉人，工作上骄傲自满，工作上主观，自搞一套，不听取群众意见。杨自己经常出去出差，这是不合适的。杨根本不做政治思想工作，动不动就批评，处理人与人之间的界线要有阶级界线，平等。

毛银美：人说杨能解决问题，有事就去(找)杨科长，只听杨的话，不听二张厂长或其他的领导的话。工作上不接受群众意见，黄寿华说只有杨能管得了我，杨要真正的帮助他，应从思想上进行帮助。

邹荷生：杨对政治运动没有很好贯彻，有头无尾，不参加政治学习，或者学一会就跑掉。没有与非无产阶级思想作斗争，反而在某些方面还起支持作用。与黄寿华的关系就是一例，对黄，杨没起到一个共产党员的作用，经常利用职权叫黄去出差，包庇他。有些方面杨与黄有些共鸣的地方。杨自高自大，目中无人，工作上独断独行，认为自己出身好，又是党员，又出过国，业务上过得硬，厂中又有骆振青的支持，故时常出领导的洋相；对平级干部也是同样，不尊重他们，不听取其他科长的意见，造成科长间的不团结。对下面同志也是同样说了算数，分配任务是命令式的，不管其干得了与否就硬要布置。

余扬旗：杨自高自大。例(如)我在北京改装发机，硬要我回来，但我数据未抄，经请示领导抄了数据再回来，但回来以后杨就说“我叫你回来你就得回来”，没有考虑到别人具体工作的困难。领导上要求调人，他就不愿放。杨是骆的得力助手。他在工作上打游击战，不全面，抓到(什么)东西就搞什么，有许多东西就没法总结，认为只要把商品搞出算数，而对生产上的混乱局面不闻不问。杨基本上不到小组来政治学习，又不进行学时事，不关心国家大事。作为一个支部书记，工作简单。造成自高自大原因是认为自己工人出身，又是党员，自来红思想严重，只要完成生产任务就好。由于对政治不关心，所以政治嗅觉是不灵的，例(如)对黄的关系就是这样。黄在生产上出问题，也是与杨有点关系的。杨对黄政治上不关怀，使黄也有一种自高自大目中无人的作风。杨吹嘘黄聪明、灵活。杨以后应加强学习改变作风。

王五兴：杨在政治上不重视，很少参加政治学习，故在科中形成一种思想，“即政治学习是为了工作，故在政治学习时碰到与工作上的矛盾，就去搞工作”。工作中不从思想上去解决，而是硬压，有许多工作别人虽然是做了，但是思想上是不高兴的。杨对敌人及资本主义思想认识不清，例(如)科里有一同志在门口摆豆腐卖，作为一个领导不制止不教育，以致任之发展。杨对黄寿华的态度也是一样，“黄叫杨叫爸爸”，还有人说：“黄寿华没有杨已经完蛋了”，从而使黄形成这种思想，即是杨救了我，而不认为这是党对他的宽待，从而不好好改造自己，看不清一个人的好坏。杨在工作中独断独行，例(如)10月份螺旋桨的生产，我们也同5＃车间说好，他们也说加班，都把他们加出来。但杨科长不具体研究和不了解情况，就叫5＃车间不要做了。

摆季度、月计划都是杨自己写框框的，业务上认为自己水平较高，故对业务学习较少，经常在业务学习时间里安排开会。他对其他科长和厂长看不起，经常刮他们的胡子，专门以教训的口气来同他们说话。〈应〉在四清运动中如果有一种自来红的思想,那么一定要改。

苏庭华:杨没有做政治思想工作,科长工作也没做好,认为自己高人一等,闹小团体。认为自己有技术,但技术上不可能是精了,提高自己是不对的,不懂的东西很多,根本没有理由好自高自大。不应只看到上海人,要看到别的地方人的特长。毛主席是革命导师,但他不是上海人。与外面搞协作时,只从老同志情面出发,而不从经济观点出发,不与芜湖协作而与安庆协作。

去年补助他二次,但其中一次补助以后,却打了家俱[具]运到上海去,〈形〉影响不好,且听说打了家俱[具]的工资还没有付。

熊维俭:杨主观武断,不听别人,自己个人第一,不走群众路线,不听群众意见,生产进度均按自己意图办事,造成车间意见很大,使车间不得不加班加点,作为一个领导应负主要责任。只抓商品不抓配套,造成车间加班,使工人见到生产科的人就骂:"你们都是吃干饭的,比资本家还厉害",使科里各组间也是意见纷纷。乱拉产品的零张附件,只管商品交货,但不管是否能用。

严重的三自思想,看成绩,多谈缺点少,谈过去多,谈现在少,满足现状,不求上进。文化程度不高,但不愿学习,政治学习也是同样。学习的敌人就是自己的满足,生产好不等于政治思想好。瞧不起某些领导,认为他们水平不高,有时为显示自己而刁难别人,对其他科长也是同样,对有些车间领导不够礼貌,时常刮他们的胡子。

阶级观点模糊。许元兴(是)走资本主义道路的四不清分子,是众所周知的,但杨却到他家去吃饭。对许的买牛没有生产队的证明,杨就介绍他到厂部去买牛。对黄寿华采取消极的办法帮助他,没有从政治上去帮助他,杨却认为造船厂缺他一人就没法生产,杨对他的袒护反助长了他的自大。科里有人走资本主义道路,作为一个科长也没有对他们进行帮助。总的说来,杨在政治上和平共处,没有以阶级观点的方法来分析问题。

组织观念极差。对上级没有礼貌,骄傲自满情绪严重,有意刁难二张厂长,身为支部书记,这完全是一种党性不强的表现。

俞永生:杨自高自大,骄傲自满,自以为自己有本事,目中无人,认为二张厂长没有技术,看不起他们。请问你的技术是那[哪]里来的呢?这完全是党的培养啊,而杨却忘本了,忘了党的培养。应多关心政治,多学主席著作,提高自己的水平。

黄世菊：杨骄傲自满，我科曹金荣技术是高的，工作是肯干的，据具体情况排计划的，但杨却认为曹不好，不征求他的意见，常常看法不一致，时常吵架，使曹有一段时期就没干工作，没有发挥他的工作积极性。

正由于杨的自大而曹就不服气，以致不好好工作。

杨根清同志的补充检查

（一）大家的揭发使自己大吃一惊，任其发展下去非常危险。

骄傲自满发展下去，一定会脱离群众，而现在已经脱离了，不走群众路线，不讲民主，用压的办法。对同志的批评多，认为自己工人出身，与知识分子在一起不太好搞。批评是有意识的，伤害了同志间的感情。不但对自己科里同志是这样，对其他科长主任同样是这样不礼貌，形成科长与主任间的争吵。另外，缺乏组织观念，随便推翻党小组的决定。不听群众的意见，例（如）叫水森永去上海搞得损失及群众影响极坏（原文如此——编者注）。

工作独断独行，自己说话随便，工作不相信大家，这是不对的。俗话说“做到老学到老”，自己只懂得一点皮毛，没有什么东西可值得骄傲的。计划都是自己决定的，上级会议精神没有好好的传达，计划没有征求其他同志的意见，工作方法简单。工作一把抓，把其他科室和车间里的工作都抓来了，其自己的出发点是帮别人做点工作。其实这种做法是不好的，没有发挥车间和其他科室的力量，靠一个人的力量是搞不好工作的。

工作上忙乱是一直存在的问题，认为厂中规章制度不全，工作乱是可以原谅的，工作忙乱我是要负责任的。车间计划不落实，有时明明知道不落实，也硬着排，以（致）失去计划的严肃性。对车间施加压力，而对生产的准备工作没抓，形成排计划的同志工作困难。工作中人力安排很乱，见到人就拖。什么困难的工作，只要依靠群众，仍可做得做的[好]，但自己自高自大，不信群众，以致工作很被动。自己思想中认为，工作就靠压，没有考虑工作有多大、是否能干。另外，还迷信自己，认为搞的是小船，自己说了就算，不听别人的意见。与兄弟厂相比，我厂是落后的，这种损失是无法估计的。

工作中凭感情用事，认为有的厂长主任不好，开会不去，有意刁难，使领导工作被动，这也是骄傲自满的表现。

其根源认为自己工人出身，旧社会受到资本家压迫，又是党员，从小又在江南厂造大船，到芜湖来造小船认为问题不大。不求上进，解放以后党为培养自己花了不少力量，送自己出国去学习，在外地也跑了不少，好的东西见得多，认为自己不低于别人。自来厂以后，对本厂均跑过，对技术和设备基本上掌握，故也产生骄傲，平时工作又较顺利，又没出过大毛病，工作上、团结上、劳动上均好。但盖子拆开一看，自己吃了一惊。但自己以前认为能完成国家计划，从而又骄傲起来，把功劳均归功于自己。

自来厂以后运动也不少，每次运动均有骄傲自满这一条，但自己未曾警惕。这次挺好，能面对面的批评。这还是自己生平第一次，自己也高兴。

通过以上几个缺点说明，毛主席所说的脱离群众就失去了灵魂很对的。自己也的确脱离了群众，所以工作也就搞不好。这次运动群众敲的警钟，对我振[震]动较大，今后一定要改掉这骄傲自满的情绪，是否能做到，看今后的表现。

（二）组织观念不强，对领导不礼貌。

骆厂长走了以后，生产就完成得不太好。以不礼貌的态度来对待领导，怎能把工作搞好？也失去了一个共产党员起码的职责。领导批评是为了改进工作。

有时厂长主持的会议也就没有效果，否认厂长的成绩，有时弄得张厂长不好下台。厂长能力是不同的，但要把工作搞好这一出发点是相同的，但张厂长布置的工作虽干了，但积极性是不高的，任其发展下去是很危险的。对厂长的意见也没积极支持，没有起一个厂长参谋的义务。由于自己的骄傲自满，忘记了领导对我的教导；另外对杨书记也很少接触，他对我批评，心里非常不高兴。

骆厂长是生产副厂长，接触较多，汇报较多，生产上他对我们较支持，也崇拜他处理和解决问题的能力。当然，向他汇报的情况与实际情况有所出入（这因为自己情况不明），俩[两]人有时也同时下去看看，他所召集的会议较落实，谈问题能解决一些问题，所以自己是积极参加的，而且在一起较说得来，说话也较随便，该批评的也没批评，科里的情况是向他汇报的。有段时间与3#车间关系搞得僵，因为他们动作慢，厂长也时常批评他们，自己也盯得较紧，自己也时常向厂长进行汇报。在困难时期搞副业也有骆厂长一份，其原因我同他住在一道，是邻居，我有他没有，这样不好；另外，厂中私人感情也好，故有他一份。而他对我也很照顾，我生病他一天来看好几次，生活上也时常接济。

上海回来派汽车来接没有这回事，自己也不太愿意去上海出差。因为我向骆学习，所以一举一动都是一样的。但“骆”派，在前一年自己就听到过，自己就有点担心，怕这样下去会犯错误，认为我是到这儿来建设的，但群众却这样看,自己就应该很好的检查。但自己为什么要怕,说明自己不坚定,俗话说“真金不怕火来炼”。

我科科长为什么都调走?这因为是自己骄傲自满,不尊重他们,他们是有意见的。但厂长为什么不要他们汇报呢?因为钟科长他们船上不熟悉,有时厂长一追就答不出来。另外我同魏科长一个抓计划,一个抓进展,所以时时吵吵闹闹意见很大;水科水调走我是不愿意的,是他自己提出的;钟科长是不是我要把他调走的?我因对他不尊重,实际上是有排挤思想。

(三)阶级立场、政治立场不稳。

同徐元兴好是不分敌友,知道他是四不清,还与他一道吃吃喝喝,这是极不应该。但只谈谈他是怎样搞投机倒把的之类,未谈其他之事。对他没有进行严肃的批评,我自己实际上也帮助他做了些坏事,说明自己政治觉悟不高,易被坏人坏事所利用,被他以[们]拖下水。对他们的批评只是轻描淡写,并且重用他们,自己没有尽到一个共产党员的责任,对他们要求不严格,对他们要警惕。

重业务轻政治,实际上的确什么东西都没有搞好。自己政治学习不认真,政治嗅觉不灵,没有很好的学习毛主席著作,对时事、国家大事不关心。一个科长一个书记,不做政治思想工作是很危险的,心中没有集体生活的原则,做事不认真,得过且过,今后要关(心)群众似关心自己一样。

自己今后要克服自由主义骄傲自大,学习主席著作,学习改进工作方法,以阶级斗争为纲。

敢于与坏人坏事作斗争,以批评与自我批评加强组织观念。

对人热心,关心群众,以主席思想武装自己,积极参加劳动,不劳动就会忘本,克服自己的缺点,改进工作,凡事与群众商量。

会议总结

王处长：共41人次发言，占85%，达到预期的效果。会议充分的发扬了民主，群众已经发动起来。发言中做到摆事实摆道理，并能从理论上进行分析、批评。提意见的同志其态度还是严肃积极热情的，从团结愿望出发，抱着治病救人的态度的。

群众意见归纳：

（一）政治不挂帅，工作中政治不突出。贯彻中央政[策]“军品第一质量第一”做得不够，组织工作中没有突出政治。生产上有脱节或者压，同志们有意见，没有发动更多的同志；工作后未从事务上进行总结，以提高其产品质量，并组织工作人员从工作中提高技术和思想上的经验。运用人才方面重才轻德；政治学习不关心，不但自己没有且对别人也没抓；阶级观点比较薄弱，生产科政治空气是不够浓厚的，科里出现一些不正常现象，自己没有提高警惕，与徐、黄在一起，没有对他们进行教育，表现界线不清。

（二）骄傲自大独断专行：

对某些厂长态度不尊重，对平级干部不尊重，不能平等相处和相互团结，做好工作；对底下同志不仅是骄傲自满问题，还牵涉到平等对人问题，不相信群众，只有自己说了算数，底下同志意见较大。工作主观，使计划不落实。对同志是命令式的，使工作受到严重的影响。这种作风是一种剥削阶级的行为。形势是发展的，如不认真学习，则不管其政治上技术上都会落后于他人的。

组织观念不强：

对一些同志间的关系，是属于旧社会的封建意识。我们只有一个目标，即干革命，因为作为一个领导同志，首先在工作中同等看待。

杨根清同志检查记录

1965 年 11 月 8 日

近几年来思想有了些变化，特别是生活困难时期，多吃多占，不能与群众同甘苦：

一、多吃多占在那时我厂比较突出，我科比较突出，到各个公社挂钩，到处搞，厂里船到处开，汽油浪费好多，损公肥私，码头上的汽油随意灌。科里养猪到公社去运糠，用二辆汽车、厂里油，摊到产品里去了。前一阶段是蒋科长搞生活，后一阶段是我经手搞。从个人主义出发，搞鼓风机，凡是我厂出去的，我都去过。由于质量不高，一去就是几天，吃喝不交粮票不给钱。

万春、易太公社每逢节日都送礼物，送了三、四次，有的交钱了，有的不知那[哪]里送来的就没给钱。

自己养猪，与骆厂长伙养：他出钱多，我少，猪糠是以科里名誉[义]去搞的。这也剥削了大家的劳动，破坏了集体利益。

到万春、陆州以检查工作为名，主要是为吃吃喝喝。

二、工作作风方面：

工作作风近年来总是打乱仗，使企业管理没有改进。计(划)、生(产)在一起时以我为主导意见，分开后，我就按■计照套，不会犯错误，计划、计划，生产、生产，不结合实际，布置计划时有问题。

管理方面，抓前方不抓后方，特别是生产管理、生产准备工作没抓，使搞生产准备的人不安心，有问题往上推，厂部、工程师的事情。

在产品质量方针执行方面，偏重于进度，不重视质量，特别是我厂产品是前方第一线直接保卫国防的，不重视质量就帮助了敌人。因此自己检查，国防观念不强，军品质量第一的思想不够重视。还有拉厂长找检查科批评。厂长支持我们。

(19)62 年在实行奖励制度方面出了一些点子，现在检查起来不对头。有时给车间压力满大，在会上给车间施加压力，叫主任回去叫工人加班加点，不加班不加点就完不了。对计划调度人员更不够尊重，不行向你领导汇报。对车间主任、科长业务能力差的也不尊重。旧社会的思想意识严重,靠压。

在业务(上)归几方面:

没有按照部里指示办事,学习求新回来对业务贯彻不够,自己思想上不想搞。没有听取各有关业务部门的意见。提高业务水平,搞好企业管理。

(19)62年以来,在工作上好表现自己。布置有关同志去搞,大家有意见就有意见,反正完成了工作就算。这样一来,闹的[得]大家对我都有意见,甚至于动力、供应、财务科对我有意见,科里同志见我就怕,怕给拉着跑。

对产品交货后的收尾工程不重视,交货就算了,任务观点,对军品任务不够重视。

就没坐下来学习文件,按党的方针政策办事,认为每年完成产品任务,我就算工作完成。

缺乏民主作风,不虚心,自行决定,同志们行动慢还要批评。布置工作是命令式的,不管场合,使同志们不能接受;同志们提了意见,还不虚心接受。认为自己考虑问题较全面,自己决定了算,不需要找别人研究决定。

在下面决定事项后,不通知有关业务组及有关同志,给他们制造矛盾,给工作带来损害。

搞配套一事,要求几个同志白天晚上干,干了十多天不能用,全部报废,浪费了好多纸。不考虑劳逸结合,反正我是指手画脚,自己不动手,不为别人着想。

开科务会准备不充分,别人提了意见也不愿接受,使各职能组长执行工作有困难。同志们对组长有意见,布置工作简单化。

总的来讲,看不起大家,恐怕大家把工作搞坏,不敢放手发动群众、发挥各职能组的积极作用。

科长之间关系,对大家有意见的事情我不大出面,叫有关分工科长去搞。如调资时叫钟科长去搞,回来后汇报我也是哼哈,有问题你就去解决好了,自己没拿出主导意见,对个别人决定时我拿出了主导意见。与魏科长在一起时,他抓后方,我抓前方,偏重于商品,因此计划、进度对不起来。互相闹意见。

对许科长也是如此,对工作不放心,对她也不够尊重,有时嘀嘀咕咕,使她工作很〈最〉难。

对政治学习没抓紧,自己不学,还拉别人不学。

突出政治方面，有问题大家找到我，也不从政治这方面进行说服教育，谈来谈去还是谈工作，不能使同志们从思想上解决问题。

学习毛著，水科长抓的，我就不管了，自己没有以身作则，起带头作用。文件也不买，自己不学，还扯别人不能学，头一点就拉走一个。因此使学习效果不好。

好人好事宣传不够，我知道就算了。

对知识分子交谈不够，他们的问题始（终）不能解决。工作不安心，有的不愿当干部，爱人工作问题，没有及时找他们开座谈会，了解思想问题，给他们解决问题，使他们不能安心。大字报给我贴的很对，我自己家在外地也不安心，自己就有得过且过的思想，所以对别人也就不大关心。

对评奖问题，只要完成工作好就行了，政治学习不学习没关系。使同志们吵嘴现象也有，对大家教育不够。

对干部参加劳动问题，也不把劳动意义进行解释，就要劳动，简单化。我科同志劳动态度好，比其他科室好，有自满情绪。

对民兵工作也重视不够，民兵枪杆掌握在自己手里的重要性认识不够，忘掉了阶级斗争，有时找自己干那[哪]些工作也不知道。

三、组织观念不强：

对厂领导不尊重。厂长之间，以前在想对两个张厂长不尊重，认为他们两个厂长不能解决问题。开会时要是这两个厂长主持会，我就不大讲话，尽量不讲话。由于厂长每次开会批评生产科，因此就尽量少讲话，尽量让车间讲，检查车间，不要检查〈科〉我，不是我讲的。对厂长态度不够好，如 4＃一级管理，我问[向]张厂长讲要垮台了，张厂长批评我。没有起到厂长助手、参谋作用。布置工作不干时还没有，不大高兴干。厂长决定还是干。总的来讲对这两个厂长不够尊重，对厂长你不找我我不找你。

对骆厂长，他是生产副厂长，对他比较尊重。他布置工作较顺利，不但执行，还要亲自去干，干错了厂长会支持的。关系较好，我与骆厂长住在一起，也不大到他家去，有事情就在外面讲一下算了。感情用事。因此在前些时候就听到消息，讲与骆、雷、叶、水、周关系密切。自己没有这个想法，周跑后自己也想跑，不要在这里犯错误。对地方同志不大讲话，从上海来的讲话合得来，就显密切。

解放前读书不多，小学三年级，现在有些文件，叫水科长看后与我讲一下文件精神。自己不愿上进，文化没有提高，因此对阶级斗争认识不清。如我科有的做生意，由小到大，偷铜，发工资错了拿着就走，到现在没查清。对这些事情没有及时处理，没有抓紧时间进行教育，使其任意发展下去，如邵三大，在科里时已发现，没进行教育。

对黄寿华知道他有些错误，也不管，对他们和平共处。如徐元兴犯错误后，还到他家吃了一次饭，有谢宏云、叶主任，有我，他自己讲了过程，我也没去追。搞柴油机时与徐在一起过，认为他能解决问题，车、钳、铣、刨都行。对黄寿华也是如此，他在工段室与同志关系不好，也不去管他。

徐元兴要买牛，厂里要卖，找到我问是否要卖，谁管，我告诉他在那住，后来我带他去的，后因价格高，没买成。

对黄寿华，政治没有帮助，思想落后，作风不好，到处找女同志跳舞，大家提意见讲他这样下去没好处，发展下去不得了。因此我知道他也不好，没办法晚上不给他出去，在家画图什么的。有一次他到滑冰场去溜冰，没有办法，我就出点子，叫他老婆和小刚到滑冰场去打了一个纺织场女同志。后来我来科后，他在车间关系不好，就把他调到科里来，叫他搞订货外协作，经常出差。因后来科里好多同志提意见，我也害怕，就把他调离科去车间了。平常对他没有从政治方面帮助他。

他在赌钱时，第一次在车间被派出所抓着，关了一个星期，放了，第二次又被抓着。他比（较）跳[调]皮，公安机关要长期拘留他，他把工作证交给公安机关，回来给他母亲讲一下，因此找李波，李又找到我叫我想法保他，我当时不愿保他，随他去。后来找到骆厂长，他又找到保卫科把他们带回来了，讲开会进行教育，开没开不知道。

一、根源：怕得罪人，如黄及徐就是这样，没有严格批评他们。对厂长不尊重，这是资产阶级思想，忘记党的培养教育，忘（记）阶级斗争，忘记自己父亲是怎么死的。旧社会思想严重，如表现在企业管理方面，资本家出钱叫工人赶任务，我也用这种方法管理企业，任务奖如此。

二、政治不突出，还不愿学，文化不高，还不想学。因为厂长对我不够重视，我的文化够了，可以了，在江南厂搞大船，在本厂搞小船，船上有多少零件我都背的出来，满足现状。忘记了国防观念，乱指挥，连财务科都有意见。

三、有严重的骄傲自满,懂得多,大家都要听我的,工作不安心。自己检查起来认为自己搞和平演变,给资产阶级代理人已经走了一段。给党带来极大损失。要求党组织给予处分。

今后工作中要不断总结,多学习毛主席著作。

缺乏政治头脑,党性不强,组织纪律性不强。上次厂长召开会议我不去,叫竺告诉他,他不解决问题,我不参加,后向厂长作了检查。

一、把杨科长要摆在同志的位置上,不应摆在科长的位置上,否则就影响了提意见揭发的效果。

二、发言举手为好,并做好(发)言提纲。

三、称呼问题如何称呼,称呼杨根清同志及杨科长都好,称呼杨根清同志较好。

举手好些,作好充分准备。

竺阿良、吕倩萍、方德和、张治权。

检查不深刻,皮毛解释多,挖根少。与骆厂长的关系,科长之间的关系,有否排挤现象?不单纯是业务观点,没重视政治,对政治看法如何?偏重业务,轻政治,后果如何?杨检查宣扬了黄、徐的才能,不管政治呢?只抓前方,不抓后方,不顾虑后果。骄傲自大,不虚心抓前方。采取轰的办法,不能坐下来考虑全面抓的问题。

闲言娴[闲]语讲我有宗派活动,不想在本厂蹲下去想调走。有意见不当(面)讲,到厂里那里去捅,叫厂长刮别人,这不是排挤打击别人吗?

自己决定了算,不听取别人意见。

两个张厂长召开会不去参加,去了出几个难题给厂长作,或者不讲话,这是为什么?支持黄寿华老婆打人,这是为什么?为什么叫人去打人?为什么不去正面去帮助黄,使他改正错误?看不起别人,打击别人,这是什么思想?把别人挤走,你一个人在厂就搞好生产了?你能力强不去帮助别人,使别人提高能力,搞好工作。

重业务,在我科重了那些业务?轻政治到什么程度?还是根本没考虑?交船就算了,就算完成任务了,产品交出去就行了,重视业务那个产品作了总结?接受了教训?交船就马马虎虎交船就算了。

阶级观点不清，有些事情为自己开托[脱]责任，如对黄、徐的问题。

黄在车间与同志们关系搞不好，这是为什么？他为什么评七级，车间对他印象也不好，你是怎样对待他的？别人帮助不够，你对他又起了什么帮助作用呢？

徐犯错误后在(19)63年春节请他到他家去吃饭，没讲什么问题，也没追他，自己推托[脱]责任，回避问题。对黄今年还是这个态度。

对杨根清同志(的评议)

1965 年 11 月 8 日下午

俞永生：杨根清同志的检查不深入，都是皮毛的。重业务，我科配套工作是否搞好了？调度工作搞的怎么样？计划工作搞的怎样？

对黄寿华你是怎样支持他的？你为什么支持他老婆去打人？你是党员为什么这样做？

竺阿良：杨清根同志检查是三多三少，现象多，解释多，否定多；事实少，具体问题分析少，思想根挖的少。

重业务轻政治表现在那[哪]些方面，带[戴]了一些帽子，没有具体事实。对骆厂长的关系解释多，没有端正态度，还不够认真。

骆震青提拔厂长不久，就把杨根清从三号车间提上来任生产科科长。来科后，与蒋、魏科长共同负责生产，骆厂长就叫杨根清为主。在共同工作过程中不够尊重党外科长及其他科长，因此与其他科有意见。汇报工作骆厂长也要杨科长去，别人去总是不大相信。因此蒋、魏科长不安心生产科工作，认为在生产科多余，调离生产科。

钟宝庆还没有提拔科长前，对杨根清有意(见)。总是批评钟搞的计划不落实，不分析原因，只是批评。

作风上不民主，不能听取别人的意见，只听取少数人的意见。如仲跻郡，他点子多，就听他的。广大职工的意见听不进去。在此时钟宝庆不愿在生产科，要求调动工作，杨根清向骆厂长汇报后，骆厂长说你把你们计划组几个人的思想工作做好了就不错了，钟宝庆讲这像什么话。

对水淼永捧的较高。水在修办室，负责修船，对军代表提出的修理项目不管在不在修理范围内就答应，因此组里意见很多。发现这个情况后，想把他调到总调度室来，但是没有像水这样的人来接他的工作，就这样向骆厂长汇报了。骆厂长就这样提出了意见，就把他调到调度室来了。来了不久，组织各职能人员到上海去学习，要求是组长去，但是水来后不久不是组长，认为水能干就私自决定派他去了，后来别人提出了意见，也不改了，还是要他去了。

对施义康，从 4# 车间调来搞计划，车间刘主任不同意，杨根清向骆厂汇报后，就决定调来了。杨根清一句话，骆厂长很支持。搞计划不久，认为不行又调到调度室，后来又调到仓库。施义康向我讲，科里要我不要我，不要就放走，为什么几个月的时间就调了几个地方，杨根清认为他不服从分配。

对许钟谨同志关系。许爱人是右派，她当时负责调度室工作，车间扯皮现象多，许就说车间之间联系不就解决了，为什么找调度室？因此车间有些反应[映]，杨根清就批评她，我们凡是没有人管的工作都要管。许就说我就是三个人，搞不过来。结果，许就打报告要求调走。

黄寿华原在基建科，因乱搞男女关系，道德不好，团小组批评了他。后来把他调到车间，与杨根清接近，黄就是听杨根清的话。你为什么不借机会来帮助他，帮助他改进作风？车间不想要他，他把他拉到科里来。当黄不在科里，有一次去东北买 804 弹子盘，不是他的事，也要他去，可以通过上海华办解决的。一只 80 多元，路费干了一百多元，财务科对我们有意见。

现在杨根清是科长又是支部书记，对政治不过问，这与党的政策不相容的。上班后人跑了，同志们找他有事，也找不到，不能做思想工作。

排计划不管落实否照安排，使车间主任、管理人员、工人意见一大堆。抓前方不抓后方。

张胜球：杨科长自从来科后抓工作多，包揽一大堆，什么事情都管，应该管的管了，不应该管的也管了。如买拖拉机，这本应(是)动力科搞的事情，厂长布置了一下我们就去搞了。去前没有向有关部门争[征]求意见，买来能用不能用，为什么不叫动力科去呢？我科独揽大权，什么事都管。

去年 804 年底交船时，任务大，时间紧，决定成立交船工段。领导上一抓，科里提了这个意见，成立交船工段，叫我去任段长，叫我去时自己考虑科里不要我了，还是去了。我认为五段是不好的，我没技术，没能力，搞不好，去后下面工人有很多反应[映]。

对黄寿华帮助是不够的。黄是骄的很，在上海时竟赌钱，与老婆吵闹，离婚，不要求进度[步]，来芜后仍是如此。特别是在柴油机工段时，杨科长对他捧的[得]更高，他的尾巴翘的更高，没有从政治这方面帮助他，使他进度[步]，改正缺点和错误。

对干部参加劳动也不够重视，整天跑事务，很少参加劳动。上班时来一下布置一下工作就跑了。

生产科是厂长的参谋,计划落实否不考虑,工种平衡不平衡不管照排,因此给我厂完成计划任务起参谋作用作的不够。

完成生产任务出的点子不是好点子,不是从如何改进技术、改进操作来完成任务,是以资本主义生产方式来促使完成任务。采用奖金制度,这是苏联的修正主义的方式。

桑锦家原在柴油机工段任工艺员,何段长是海军专搞轮机的,对柴油机较熟悉的,桑是不熟悉的。把北京涡轮主机搞坏了,认为是桑工艺开错了。责任扣到桑的头上。

其实客轮上面的蜗轮、蜗杆部件较大,需外协,派科协作同志去上海协作。上海有条件给加工好,结果家里制造一套加工工具。上海加工,厂里也制造,上海加工回来了,厂里铣刀也好了,结果造成三千多元的浪费。又如蒸汽机上面用的黄铜管,技术要求高,高级师傅不去装,叫小师傅去装,结果把管子装坏了。杨科长上去看时说这是工艺问题,不经调查研究就下结论,使工艺人员不高兴,没有把安装技术交给他们。

陈阿昌:杨科长的检查不彻底。

在生活困难时,生活特殊化,多吃多占,平时拿公家船到处开,都到什么地方没讲,交代不清。

与骆厂长的关系感情用事,为什么与别人就不这样?

自高自大觉得自己了不起,有一套,对别的科长、主任看不起。没有谈具体,没有深刻分析原因,为什么?

自己与骆厂长的关系是什么关系?为什么听别人讲你们是一派,你想调走?

搞副业时到三山劳动,分组去,收割时自己派船去,别的单位就不行。我科就是权利[力]大,汽油浪费很多,给国家造成很大损失。

有一次去买山芋,90艇带两个小船去的,回来怕翻船,没拖回来,空船回来了。16#车间去了几个人,去拖时因水浅不能过去,水淼永去了,到方村找到书记吃了晚饭,住了一宿,第二天把书记他们一起带来芜湖。

对骆厂长很关心,每次买什么东西,总要给骆厂长带一点。

生产科管的范围太宽,是不是生产科搞的照搞,不管是材料、设备等问题,为了完成任务，不管什么问题都要管。

安排计划时，自己搞出产品进度要求，通过科务会讨论一下就交建造师排具体进度，计划也就按此进度排下去，不管车间如何，只管排，使车间不按计划执行。

对黄关系检查不深。黄是很落后的，没有帮助他。

对下面工作同志态度不够好，常听到张胜球讲怕与杨根清见面，躲着他走。有一次[redacted]拖轮下午2点出去试航，因当时仓内在烧电焊，油不能灌入，否则有失火的危险。当时就向杨科长汇报了，当时就生硬的说倒进去怕什么。回后向仲讲了我的意见，杨科长向我讲了一下态度不好。

对分配任务方面，杂事分配给我，但是不给解决问题，使我很伤脑筋，不愿搞这些工作。

对同志们生活关心不够，如对待家里做生意问题，就是对他关心不够所造成。张胜球生活也很困难，也不够关心，给同志们没解决思想问题。

分工负责方面杨根清只抓造建，其他组里工作就不抓了，计划、配套工作没管。对许科长、水科长压力大，不给予支持。计划不结合实际，调度进度方面较结合实际，计划上不好做的列上去了，好干的没列，因此使车间不能按计划执行，因此抓生产打歼灭战，抓了商品放了一般，抓了大产品放松了小产品，使计划不能全面完成，业主来提货拿不到。工作同志们互相有意见。

对仲跻郡较信任，点子多，解决问题不行，怕负责任，厂长、科长怎样讲，仲就怎样执行。

对调资问题，邵与仲都是一级技术员，按理均一样，但是邵没给动。经大家提出意见后，给邵才提上去，到90元，为什么提了意见后才提上去呢？

对劳动问题，前些时候也参加一些劳动，对我身体不好没照顾，腰疼不管，每次劳动总是摊到我。在劳动过程中多半是重复劳动，把毛坯库铁件运到涡轮工段，又从涡库送到三当村库，浪费了很多劳动力。

黄济民：杨根清同志的检查，表面现象多，不深入。到生产科前大家反应[映]骆厂长对杨根清同志过于信任，大家反应[映]杨根清是骆震青派，技术科是王建勤、电气车间叶祥荣是骆厂长得力助手，特别是杨根清。杨根清怎样讲，怎样办，骆厂长是都给予支持；相反骆厂长的决定，杨是百依百顺，生活困难时，杨根清你开船到处跑，骆厂长不支持你，你敢不敢？换了别人敢不敢？

技术科与生产科合并,技术科科长一个没来,相反把设计科汪科长搞来,这是为什么?看不起他们为什么?

资本主义经营方式。厂里忙时,忙不过来,不忙时,工人抱肘玩,有时宁肯家里当工窝了也拿出外协,光安涡轮、杆,加工铣刀,浪费了很多钱。

张治权:杨根清检查不深入,自觉革命精神不够。如对黄、徐犯错误来找你,为什么不找别人?是不是只是因为是上海人说得而接近他们?

对其他(人)看不起,没不排挤现象。我认为你讲的事情联系不通,到厂长那儿去告状,叫厂长去刮别人批评别人,这是(为)什么呢?

轻政治重业务,你抓建造而建造工作又抓的怎样呢?一直是打突击战,轰的作法来完成生产任务。

常常布置任务没头没脑的,还批评别人,使我见到杨科长就害怕。

谈得来的人搞的很热火,其他人就不理采[睬]。

对黄的问题,车间不要他,你把(他)拉到科里来,他听你的话,你为什么不帮助?

杨科长非常主观。

范庙琪:杨科长的检查态度不够端正,检查不深不透。

① 计划不落实的原因没有检查,没有进行分析。我科计划是依国家计划当依据的,而国家计划安排时征求了我科的意见,按照我科主导意见安排的。而月度计划则是杨科长自己提出进度要求,跟个别组碰碰头就给建造师安排具体进度。不管材料、设备、人力等问题,不听取群众意见。

② 资本主义经营思想,压的办法,804、14—15#艇、船台没有要求车间完成,103产品工夹具没有要求车间下料制造。计划排下去,负荷大而车间没事情干,这个情况很多。我科修船工艺通知单多,影响计划执行。科领导没有很好研究。

③ 科长自己打乱计划,如近来23产品车叶要求车间完成,后来叫车间不要干,完成其他产品。

④ 杨科长骄傲自满情绪严重,与其他科长关系不好,为什么?为什么不能听取别人的意见,别人的劝告?如派水去上海学习,党小组长提出来还不听,还是让他去,党的话不听。

对张宏厂长不尊重,认为厂长业务不熟悉,因此对厂长就不尊重。作为一个党员来讲是不应该的，科长、厂长都是干革命工作，不应有其他看法。只看到自己的成绩，看不到缺点，这样下去是不得了的。

[redacted]子清：从检查情况看，还不够深入，没有从阶级斗争，社会主义与资本主义两条道路斗争这个纲进行分析批判。

生产科工作搞的好坏直接关系到全厂好坏，因此提些意见。社会主义革命接班人第一条是真正的马列主义者，必须学好马列主义，而杨科长是正科长，又是支部书记，自己不好好学习马列主义，还有时拉别人不要学。今年以水平长抓政治学习，而杨科长也就不管了。

科里政治思想工作抓的少，上级指示不能很好贯彻执行。如这次一帮一、一对红，开了一次会以后就没有声音了。去年每个同志订五好规划，小组五好规划，只限于形势[式]，没有抓起来。组与组间职责范围不清，常发生矛盾，这个矛盾始终没解决。

一个先进同志应帮助落后同志，特别是对黄没有积极帮助，采取了消极办法来帮助他。他还年青，待他年纪大了，没跳舞的了就好了。不给他出去，这不是从根本上解决问题，不是从根本上从政治上来帮助他加以改正。

考虑了个人得失较多，对两个张厂长的布置工作不大高兴执行。

团结大多数人进行革命工作，团结和自己意见不同的人，更要团结反对自己的同志一道进行工作。对其他科长主任，就不是这样。骆厂长布置的就百依百顺，错了你也错了，这样发展下去很危险。思想上不是排挤别人，客观就起到这个作用。

过去二部门工艺、检查、生产、设计是一个支部，而不大团结，往往有问题解决不了，可到厂长那里去，支部里解决不了。特别是几个科长都是支委。

工作方法需改。如需要 804 部拖轮修理，没黄的事，缺零件叫他去上海去买，车间提出很多意见，这样会影响工作。

处理问题较武断。如本厂 804 部拖轮修理，采取不要计划的办法，黑夜白天干，加班加点，要计拿什么没有按正常手续办事，进行生产，而来完成计划的（原文如此——编者注）。还往往先开工后搞工艺、施工明细书，计划不落实，造成具体同志忙闲不均。同时造成交船时收尾不清。如公安 804 部至今不能交船，不能离厂。

科里工作布置多，检查总结少，每次科务会就只有布置，没有检查。

抓前方多,后方少,这样下去矛盾就要集中到我科里来,我们后方工作没办法坐下来考虑,整天在车间里跑。

霍金钰:杨科长的检查不深入。

① 检查从头到尾贯穿了骄傲自满。

② 轻政治重业务,业务没重视起来,政治不过问。

③ 组织观点不强,对张宏厂长与对骆厂长的态度两者截然不同。有次开调度会,张宏厂长与余主任争论,给厂长小鞋穿。到上海派水去学习,这说明根本没组织观念。

④ 阶级观点不清、模糊。对犯错误的人还与他们称兄道弟,特别是对黄、徐二人,宣扬了他们两人的能力,没有阶级观点去对待他们两人。如黄曾说杨书记杨吉平最好到公社当书记,张宏厂长眼泪哒哒最好到生产队当队长,他这样侮辱厂领导,还这样拉拢他们。

黄世菊:① 杨科长利用公家名义搞私人事情。有一次叫我到老码上搞了汽油弄到订货组去。还有一次有两条渔轮已试航完要交船了,杨科长要用,开到三山去,五段不给去,杨科长(说)我科用坏我科负责修理,第二天我去码头时船已开走,回来后离合器[摩]擦片烧坏了,不能开动了,要修,五段不肯干,后来给换了磨[摩]擦片才交掉。

② 杨科长与其他科长及其他同志的关系,我在调度室有一次要交商品,叫我到码头上去,未与竺阿良商议,回后竺批评我:搞条条怎么搞起块块来了?

③ 杨科长对骆厂长的关系,骆厂长懂技术,又能解决问题,所以对骆厂长怎样讲怎样执行,对张厂长就不是如此。

乔国钧:杨科长的检查不深透。

① 用船用车搞副业,给计划带来什么损害,给军品带来什么损害,根没挖出来。

② 国家计划按[安]排时争取[征求]了我科意见,那么讲国家计划不落实呢?抓生产只抓前方不抓后方,抓生产用钞票来刺激生产,这是不应该的。

③ 对厂长的态度,全厂都有这种看法,骆厂长一派都是江苏人,安徽人没有,为什么对别的科长有看不起的思想?这是为什么?今天大家都来自五湖四海,为了革命工作,为什么不能团结他们,看不到他们的优点呢?个[各]人

有个[各]人的特长，为什么不团结他们，看不起他们？这怎么能搞好工作呢？自己不安心芜湖工作，怎么能搞好工作？难怪我们工作乱。如我们调度工作，他的范围是什么？究竟那[哪]些工作是我们工作的，是我们管的？每天跟着车间屁股后头跑。把全厂工作都抓起来了。

对政治根本没重视，自己不学还不让别人学，政治是灵魂，是统帅，把它放在一边。

翟宗俊：杨科长对骆厂长的态度关系值得研究。骆厂长与杨科长作风一样，抓生产抓前方多，抓后方少，喜欢打歼灭战。重进度不重质量，不考虑劳逸结合。

人与人之间的关系，平时听吴科长、魏科长说，我们在骆厂长面前吃不开，杨科长说了算，与余主任也有矛盾。这与五个接班人的条件不相符的。

工艺与计划的矛盾总也解决不了，现在合并到生产科来了，矛盾解决了。

一级管理把我们放在四号车间不管了，计划始终没动，下面提不少意见。一级管理不是下面几个同志就能搞好了[的]，张厂长一个人也搞不起来了。

搞一级管理开始时把桑锦家放下去任组长，这样就把[使]下面具体工作同志增加了困难，使徐汉清思想不快活，桑的工作不好推动。调上调下太轻便了。

俞永生：杨根清同志有严重的唯我主义思想，我的意见为第一。如每月安排的产品进度，不能与其他科长取得协商一致的意见，有时进度不清。我问钟科长，而钟科长就说这是杨科长搞的，问杨科长。对下面同志是命令式的，干也得干，不干也要干，有意见干完工作在[再]提，不去干就不行。

骆厂长对杨科长的关系，有时骆厂长到科里来找杨科长，见了就是老相[乡]怎么样。我决定你去执行。有些问题是否需要杨根清同志亲自出差，上海、北京、南京、合肥，当地说一句话，骆厂长就同意去。

有次骆厂长派汽车到码头上去接人，结果没接到科长，把家属接来了。这是互相照顾，不应该的。

对下面同志工作不给予支持，布置工作乱，一会这样一会那样。

抓工作不全面，抓建造多，计划抓的少。对同志批评多。

阶级观点不清。如与黄寿华道德不好，为什么还要联系他？政治不挂帅，感情投合，没有从政治上去帮助他，这也是立场不稳。技术第一的思想，不要政治，只限于少数人当中活动，不能听取大多数人的意见。

郭正伦：杨科长符合了张组长的讲话，一不管钱，二不管物，没有什么检查的，所以自己检查不深不透。据大家揭发的意见，主要是骄傲自大，对别人看不起。如生活困难时用船不找6#车间主任、书记，找杨科长。对工人来说，杨科长能解决问题，对6#主任又产生什么影响呢？自高自大，目中无人，独断独行，这样发展下去怎么行呢？

表面上看来生产科的工作搞的不错，据大家揭发，问题很大，压、刮，使同志们怕，这怎么带好班，当好班长，搞好工作呢？要很好挖根。

合合[口]味就谈得来，否则就甩在一边。与骆厂长的关系，也助长了你这种思想的发展。只看表面，不看实质。政治不挂帅，怎么能做好支部书记的工作？

如这次铸件拿到安庆去协作，拿时就提出了意见，东西不多，还要我们加工木模，如遇质量问题，又不好解决，家里没什么事，工人抱肘当工，这些问题不能不考虑，拿出去，车间不同意。

动力科刀排问题。2 000把刀排拿去外协，动力科提出杨科长要求我们拿去外协。合同底稿写好后交动力科签字，动力科不签，刀排加工来了，财务科不付钱，讲没这计划。动力科具体办事人不晓得，杨科长想到那[哪]里干到那[哪]里，头脑发势[热]，使下面同志不好干。

1965年11月9日下午

沈端才：① 脱离政治。不问政治是很危险的，从来也看不到走访职工，个人独断独行。

② 对骆厂长与对张厂长及各车间主任态度不一样，这是不革命的。对厂长决定不很好执行。

③ 工作主观。每月产品进度要求是凭主观想像、脱离实际的。不懂技术乱下结论，如125#艇修理，舷板内层有2块开裂情况，不需换。杨科长决定换，外层舷材多换十几块，这样造成很大浪费。

田锦洪：① 杨科长检查不深刻，没接触思想深处。如对黄轻政治重技术，重才轻德；对黄乱搞男女关系，晚上不给出去，给他工作做，支持他爱人去打人，这是胡闹。

② 独断独行，使其他科长不愿在生产科工作，给下面同志难看。如103产品外协件，当时问了他是否外协，杨科长同意，后来把图纸交给他，马上态度生

硬的说去去，人家早走了，现在拿来干什么？邵津熊也跟我这样讲。有一次叫老邵去汇报，当时老邵在写东西没去，杨根清马上脸色板着来喊老邵，施加压力。

吕倩萍：① 骄傲自大、独断独行。

1）认为自己是党员科长，骆厂长又支持并且是红人，所以无需[须]要学习政治。

2）懂技术又是从大厂来的，懂的多，别的厂长不行，所以骆厂长支持他，公开不参加张厂长开会。

3）布置任务命令式的，脱离群众，开科务会是形式。

4）拒绝党组的劝告，如水才调到调度室来，没搞计划，而到上海去学习。派水去，不叫搞计划的去，这是为什么？党组提出来，不行还是让他去。

5）商品交掉以签字为准，只要签字，缺少备品就不管了。劳动方面也是如此，如厂里布置的就去干，而(且)干在头里，表现生产科干的好。

与其他科长不团结，如对蒋、魏、钟、许科长不听取他们的意见，把他们放在什么位置？

单纯的技术观点，阶级观点不清，表现在与骆厂长的关系上。骆、杨二人都是工人出身，懂技术，因此气味相投，你们两人互为依靠，感情用事，看不出缺点和错误，不但不批评，而且还庇护和支持。

② 对黄、徐的支持，认为他们还年轻，年岁大了就好了。为什么请客送礼？替徐买牛，替黄找骆厂长，保卫科保黄寿华。

吴惠君：常听到魏科长讲，我们在骆厂长面前吃不开，杨科长讲话算话，我来科后一个多月，也有这个感觉，有话不敢向你讲。

对骆厂长的关系，只是工作关系，没有其他关系，为什么不坚持原则？对两个张厂长召开会议你不去，这是什么态度？你是厂长的参谋长，你又起了什么作用？你负了什么责任？与其他科长关系紧张，这是为什么？就是因为你独断独行，不听取他们的意见，这样发展下去是很危险。

两条道路斗争认识不清。对黄采取的态度，重才轻德，叫黄爱人去打人，这是犯法的，你不知道吗？为什么这样搞呢？

突出政治不够，毛主席著作不学习，党培养你这许多年白培养了。

张志仲：杨科长的检查还没接触到思想深处，对其他几个科长关系不好，对两个张厂长不尊重，这都表现了他的骄傲自满情绪，个人主义。应当走群众路线，抛开个人主义思想。党培养你多年，重视你，叫你到苏联去学习，提拔你当科长，希望你领导生产科，搞好社会主义建设事业。

现在身为四支部书记，但对下面同志思想问题如何处理呢？很少与同志们谈谈了解思想问题，解决思想问题，就只看同志们工作好不好，好就没思想问题，不好又怎样解决呢？

对黄寿华的态度，认为他年青，老了就好了。年青不改正错误，老了就晚了。

杨根清：现象多，分析少。

① 重业务轻政治，缺乏阶级观点。

② 严重的骄傲自满情绪。

张国涛[焘]起初是革命的，后因个人野心犯了严重错误。我厂季锡珊出身很好，而他是反党。

杨科长对这两个问题不注重起来，将来要犯大错误。

无产阶级革命事业的接班人第一条所讲，他们必须是真正的马列主义者。这就是政治，突出政治的重要性。学习毛主席著作是提高我们的阶级觉悟、政治水平的有力武器，而杨科长在学习时不学习，坐不下来，又不看报纸。自己政治水平不提高，我们科的政治工作如何开展，如何搞好工作？

对黄的关系，黄品质恶劣，你接近他是好事，但是没有突出政治，从政治上来帮助他。黄在技术上好，就接近他，重视他，你阶级立场到那[哪]里去了？如黄作了违犯[反]人民利益的事情，你还接近他吗？杨科长有自然红的思想，缺乏政治头脑来处理这些问题。希望杨科长要加强政治学习。

张治权：对杨科长检查我在[再]补充一点，有一次我到科长办公室来，杨科长正在与李春宝在谈论余主任，我知道他们有矛盾。对叶主任态度好，对水科长态度也好，对魏、蒋、钟、许科长就不好，这是为什么呢？在对下面同志们布置工作时也不一样，谈得来的、信得过的态度就好些，反之就生硬，只布置工作，不讲方法，不平等对待同志。

对骆厂长是什么态度呢？有一次在上海学习，打回电话来，讲某日回来，骆厂长就派汽车去接。生活互相照顾，这是不应该的。

骄傲自大是有根源的。对厂里的成绩如何看待？成绩的取得不是你一个人办到的，是全厂同志们的努力才取得了的，不能认为是你自己工作所取得的。这是很危险的。

陈阿昌：计划安排不落实问题，再提点如吊杆船修理，上坡后勘验完还没准备材料工艺就排了，车间折完就等工了。

50 吨货驳油漆外包，把浮船台留下来厂里干，现在又外包，看来现在完不成了。

碳化设备制造时，在厂部开个会叫我去了。当时工艺讲没人搞，讲好工艺科自己搞。我科没决定要谁搞，到 10 月底才确定叫我搞。准备工作没干，叫我到合肥去看所需工具，去了五天，材料设[没]备齐，计划排了两个月没动工，120 部航标艇又是如此。

给外厂做的箱子在 9 月 5 日从涡轮工段外面运入库，二十人左右搬了半天，第二天市搬公司来运了，大家白费了力气。毛坯铸件搬家搬了几次，人工浪费了，没有效果。人员调来调去，黄世菊调度、建造，及乔国钧这里那里多次调动。

对骆厂长、水森永关系好，生活上互相信赖，买什么东西都少不了骆厂长，对其他人就不是如此。

水提拔科长前派他到上海去学习，不应派他去，偏叫他去。叫我搞计划，我因文化低不能搞，我不去，钟科长找我谈了几次，我不去。

去陆州排灌站修涡轮机时买了十几袋藕，怎么运回来的我不清楚。

外协问题，103 零件连接器，拿到合肥去协作，如我厂内能干的，不要去外协。

派别活动，分上海派、芜湖派，工人现在也有此现象。如淬火安装上就是如此。

施才根不上去装，我问了一下为什么，他说他来了就是芜湖、上海派。

竺阿良：错误的性质是很严重的，我也有责任，党小组长没尽到责任。党中央很早(就)提出政治是统帅，是灵魂，那么你是党员科长，不问政治，这是相当危险的。政治学习很少参加，并拉别人开会，不要学习，失去了坚定正确的政治方向，这样下去是不可想像的。现在是党员科长又是支部书记，不能像老百姓那样去工作，要学会从群众中来到群众中去的工作方法，才能搞好工作。

工作作风是粗暴的，使下面同志害怕，这怎么能搞好工作呢？工作乱抓一气，科里如此，生产科以外的也如此。如我上船时看到船上有一只半导体收音机，我讲不错，船上同志就说全靠杨科长，否则那[哪]里搞到呢？你们书记、主任搞得，我们书记、主任管吊劲。由此看出你给下面造成什么影响。

有次在上海时叫我买垫片，我讲是供应科的事情，为什么我们去搞呢？你去吧。结果买回来财务科对我们有意见。又叫我去搞调拨油压机的事，我是木工，我搞不了，没搞。工作凭主观想像，凭经验，没科学头脑。没有政治头脑是干不好工作的。作为一个支部书记的身份，更应该加强政治学习。

骄傲自大，有历史根源的。每次运动都检查了，但是至今不但没改，反而发展严重了。

骄傲自大：① 技术有一套，认为工作搞好了也就是政治好了。有这种错误思想。② 有上层领导的撑腰，促使他骄傲自大的错误发展。

忘记过去，忘记党对你的培养，同志们给你的信任都扔在脑后，忘本思想。党一贯教导我（们）要从团结愿望出发，在新的斗争的基础上达到新的团结。大家给杨根清同志提了不少意见，希望杨根清同志珍视这些意见。

黄处长：今天第二天下午给杨根清同志提意见了，平时在背后议论了，今天当面大家都讲了，还有几个老师傅也要讲讲，看到什么讲什么。

车间来的也要谈谈。

高家生：对毛坯库的工作没有抓，有些东西没资料，只有收，没地方送。有些东西送来一两年了，没地方送，往往造成积压。

对工人生活也没有抓，不知工作忙还是没有重视。对工人做生意事没管，抓紧也不会干。

汪文林：杨根清同志对其他科室科长之间关系，不是一律待人，有时感情用事，带有个人关系，有些事情不是从工作出发。

如生产科对电气车间放弃管理，电气车间往往计划完成很好，各单位均有意见。大家认为因为与叶主任感情用事，不管了。

与科室关系，与工艺科最接近而关系最坏，工艺不能满足生产需要，生产科没去了解。为什么？了解后想办法帮助解决，来满足生产需要。

工作不踏实，自己跑到现场看一看就完全掌握了，不需要建造师汇报。有一次什么主机情况不了解，跑到骆厂长那里汇报，当时把供应科张科长刮了一顿，张科长很恼火，态度也不好。这是杨根清同志不了解实际情况，乱汇报。

又如 02 主机出了毛病，影响进度，杨根清没了解清楚，又向骆厂长汇报，找我，又有一次刮了我，我还莫名其妙，叫骆厂长把情况摸清再讲。后来经过了解，是杨根清汇报的，而后了解后解决了问题，保证了进度。

计划按[安]排不是杨根清你一个人拍拍脑袋就能搞好。脱离实际的，50 吨货驳计划科按[安]排 6 月份交，而生产科计划没排，这说明不落实表现。

布置工作只是强迫命令，不是从政治着手，解决问题。

① 三自思想严重，自高自大，故步自封，夜郎自大，其根源主要是台柱子硬，特别是骆厂长。〈骆厂长〉不管过去书记还是现在书记对骆厂长都很重视。因此杨根清也是骆厂长的得力助手，杨根清同志与骆厂长的关系主要是私人关系，另有领导与被领导的关系，再加上生产厂长与生产科长的关系更密切了。对上有台柱子，对下有一批人是杨根清的得力助手，这是造成杨科长的三自的主要部分。

② 自己是工人出身，又是党员科长，又是从大上海来的，又懂技术，认为自来红，又红又专，无形中产生三自思想。

③ 毛主席著作的学习，党的方针政策的学习很少，特别是毛著的学习。我来科后，第一次是后来的，第二次在这里学习，看产品建造总结，虽人在学习，实际没学习。这怎样能学习好呢？作为一个科长，不带头学习，怎么能搞好生产？

对劳逸结合问题，报纸很早就提出这个问题，而杨根清没考虑，从计划安排上来看，要车间加班加点。

对设计革命化问题的看法，在他看来是设计科的事，生产科不要革命，虽没讲出来，实际也就表现出来了。

主观武断，不民主，工作命令式，不管下面能否接受。

④ 阶级立场观点问题，一个党员科长对犯法的人给予解围，立场在那[哪]一方的？站在什么立场这样做的呢？

田天福：对杨科长有两点。

① 对徐元兴的问题，生活艰苦时徐逃走，是与叶主任、杨科长保驾有关系的，回来至今连检讨书都没写，还到徐家去吃饭。

② 对叶主任的关系，相互逢迎密切，相互支持。如我科布置的 602 线卷生

产问题,布置时我们向主任汇报,叶主任无动于衷;当杨科长打电话去时,叶主任就亲自拿下去干。这样对电气车间计划管理放弃了,增加了叶主任的闹独立性。

周尚达:我来科后没见到杨科长做政治思想工作,有事找我,没事从来也不找我,对其他同志也如此。特别是提拔他任支部书记,政治工作不能开展。

我来科后,没有组织业务学习,对新来的同志帮助少,没有帮助提高业务,至今没什么成绩。重业务也是片面的。

计划调度工作范围不明,计划员去车间,调度员去科长也去,使车间意见一大堆。

主观武断。如搞计划主要杨科长一个排出来就算了,开科务会也是留[流]于形式。明知不能完,我们只好照排。科室碰头会,厂务会仍没改变,车间提意见也没用。在下面决定事情,回后不通知我们,计划草案提出意见不改,问找科长一句话给改了。因此找我们没用,车间有问题不问我们反应[映],直接找科长。又如 804 副机配套,3#〈三号〉车间要 8 条一道干,我们不同意,找科长就同意,使我们的工作难于开展。向科长汇报后,科长还说辅助车间要服从主要车间,只好按科长意思干。

洪荣辉:杨科长检查不深不透:

① 工作方面问题;② 阶级观点;③ 主任之间关系;④ 派别问题。

① 在车间工作时是副主任,实际负责柴油机工段工作。工作在工段,从不到车间里来,支部请他都不来,调不动。车间对工人也指挥不动,工人说要通过杨主任,主任同意就干。调度布置工作布置不动,不接受,使调度来回跑。认为自己搞柴油机有一套,不服从领导,抓着一批人能解决问题,至今给工人印象很深,影响很大。

来科后仍是如此,从计划按[安]排上看,没考虑车间负荷,车间负荷大,工种不平衡,计划排下去,不管车间能否完成,不管了,使车间月月完不成计划。

另外到外地去学习多次,在我厂又如何改进了呢?认为生产科工作还不错,只看到成绩,看不到缺点。车间完成计划是加班加点压出来的。三季度评奖电气评甲等,大家不服气。

② 与主任之间的关系:以前余主任认为你在领导下,现在在我在你领导下你要听我的(原文如此——编者注)。两者有矛盾,有问题不能很好解决。

压不下就找骆厂长汇报，把八[余]主任刮了一顿。余主任不服。两个人观点都不正确，不是从完成工作出发。

凭私人感情用事，如对电气车间三季评奖问题，叶主任与杨根清一讲就行了，郭书记再讲也不行。回来说这里面有文章，凭私人关系办事给工作带来很大损失。

下面反应[映]以骆厂长为首，下面〈存〉有杨根清、叶祥荣、周品章、雷家琪，还有黄寿华、徐元兴等人一小集团。

③ 阶级观点不清：对黄、徐的关系，黄在芜湖有名，流氓习气严重。市公安局多次想捕他，机会没找到，他在赌钱时被捕，过了一夜就放出来了，据说是杨找骆厂长而保出来了。杨根清你为什么保他？你看他有技术、聪明，不看他坏的一面，这不是阶级观点不清吗？另外对徐元兴的问题，徐干投机生意已有两年了，你不是不知道，你为什么不制止他？还勾勾搭搭不管，徐母到骆厂长家去，到你家去求情，不能捕他。

④ 派别问题：对骆厂长、叶祥荣，说是上海来的，合得来，不是派别活动。张厂长讲一句或你讲一句话，车间就倒霉。

王德兴：抓生产不管政治，从计划安排上看，只排任务不管形势，如 804、90 艇、602 等产品需电焊、风割配合，配合不及时，任务不能按时完成。这个问题 1＃、4＃两车间推来推去，也不给解决，后来搞到厂长那里去才解决。

安排计划就压车间，使车间加班加点，不管劳逸结合政策。并且计划很不落实，对我车间计划和对 4＃、电气车间看法不一样，两种看法。原 02 管子安装从 12 天压到 7—8 天，划给 4＃又考虑 12 天了。又如 02 消音器原 4＃装，后来硬要划给 16＃安装，叫桑锦家下通知单。划给 16＃，徐主任不接受，与杨根清吵起来了，结果找到厂长，叫找杨科长商议解决，结果还是我们干。

另对电气车间二季度评为一类，讲他们任务完成得好，协作好，大家很多意见。

计划不落实，摸到一个规律，如 804 下水试航第一个月是空的，其他产品也一样，下水总要二、三个月才能完。

配套抓得不够，我们车间排了计划，零部件还不齐，还在其他车间加工，库里没东西，这样计划当然不落实。

杨科长讲了算数，不考虑车间意见，对产品周期压的紧。如 804、605 安装周期压的很紧，对车间采取压的办法。船下水总是星期末下水，一定要加班，否则完不了。

对计划调度业务学习从来不关心，没有组织学习，抓生产总是头疼医头，脚疼医脚。

武元铭：徐元兴请杨根清吃饭，这说明阶级观点不清。第二点徐在南京被拘留，杨科长就到保卫科黄科长那里去讲是不是把徐搞到厂里来处理。结果搞到厂里来，至今未处理。

对叶主任的关系是特殊的，在叶祥荣的眼里，只有骆厂长和杨科长。

有一次修一台发电机，刘振深打了电话，过了一会儿水科长到车间里去，并代[带]了编号，马上送去修了。叶主任知道后不干，这台电机是基建科的，不好修，装起来。杨科长打了电话去，叶主任就接受了，前后不到一小时。这也说明他们的关系(是)特殊的。

计划安排问题，生产科没抓，叶主任想到那[哪]儿干到那[哪]儿。把804从1—77干到1—104，把明年的东西现在都干了，不考虑浪费。现在车间小仓库里有许多东西成品浪费了，不能用。从感情用事，不坚持原则，给厂里造成很大浪费。

每次出航都是指定叶主任去，否则把问题不能带回来。工人提意见，叶还批评工人是为了一元贰角钱。叶主任对骆厂长、杨科长找他或电话就很快去，别人不行。

雷家琪：对黄的包庇，这说明阶级观点不清。

有一批木模造好没用，造成浪费，当柴火烧掉了(柴油机零件木模)。

计划不落实，草案计划没事情，而正式计划任务多，使车间很被动，人员调出又调进。

张胜球：杨科长干工作凭主观想像，想到那[哪]里干到那[哪]里，不考虑全面。往往布置工作都是命令式的，拉你干你就得干。有一次宣城来拖90艇，他们汽车在这里，不拖，一定要我们厂给他送到火车站。我不答应，你不办手续，我不好布置车间，一定要拖，去找杨科长。胡满堂找到杨科长，杨科长同意，给他拖吧。没办手续，就给他拖了，不花钱。我们为什么把汽油白浪费了呢？不收钱。叫你干，你不干不行，命令你干，干的有好多事情不是我们范围之内的工作。

在科室布置工作，不找〈有〉大家商量，主观行事。忘记党的教导，干革命工作不能脱离群众，干任何工作都要依靠群众，没群众你一个人是干不好工作的。集体领导共同搞好工作的思想是没有的，科里有几个科长，没有发挥其他科长的作用。

不是我们管的事情都管，管了，引起单位与单位间，领导与领导之间互相闹矛盾，不团结，形成隔阂。如本厂 80 部拖轮上买收音机，工人不找车间主任，而找到杨科长，就给他买了，下面反应[映]杨科长就是解决问题快。这样做你把车间主任放在什么位置上？这样产生不团结的现象。又有一次张老大找杨科长买高音喇叭，叫我给回掉了。

对本科的工作没管好，如产品交船所有备品，锅碗盆勺都要建造师自己去搞。

对调度室的工作范围不清，大的交一条船，小的车间没一只小罗[螺]丝也找到调度室，真正关键性的问题没抓。

作为一个正科长，应坐下来考虑考虑研究研究我们科的全面工作如何搞，避免脚疼医脚、头疼医头的现象。

另外只听少数人意见，不听大多数人的意见。特别是对仲跻郡的信任，仲总是出点子，叫他负责他就不干了。又如陈和正搞 803 时，有问题就找科长，自己不去解决，信任过高。

另外不重视政治，政治学习不参加，不是开会就搞什么工作去了。不学习就不能把党的方针政策正确的贯彻。

另外还有个人英雄主义的表现，认为自己对柴油机懂得多，比别(人)来似(原文如此——编者注)，高别人一头。看不起别人，没有把所掌握的技术传给别人，交大家都掌握了。

政治嗅觉不灵，对徐、黄的关系，不是正常的。黄在上海时就滑头了一些，来芜湖后还是那样，并比(以)前还发展了，流氓习气严重，市公安机关早想捕他。作为一个党员科长不应以和平态度来对待他，应以[从]政治上严格的帮助他。到那[哪]个单位那[哪]儿都不要，而他尾巴还抬的老高的。

对领导的看法不一样，下面大家看起来都讲是骆派。骆厂长怎(样)讲就怎样服从，而张厂长讲就不同了，可干可不干。厂长都是党派来的，为人民服务的，为什么有两种看法？这样干没好处，只会给党的事业带来损害。

当你听到有人讲你是骆派，想调走，不想在本厂干了。你对此问题是怎样看的？又怎样对待这个问题？没有很好处理。

1965年11月10日下午

杨士坤：骄傲自满目中无人非常严重，对两个张厂长不懂生产就不尊重，对科长之间也不团结，压制他们，不给他们提意见，我看有排挤现象。

对下面同志采取压、刮的办法，发脾气，来搞工作。

计划不落实，上旬是仙女散花，下去不管；中旬是孙瑜[萧何]追韩信，追零件；下旬加班加点。

对黄寿华采取拉的态度，使他不学好，指使他爱人打人，是犯法的。

对民兵工作不抓不管。

张自发：对配套工作不重视，所以使配套工作搞不好。

涡轮工段房子漏，提了多次意见不管。

对落后同志说服教育不够，看落后同志没办法，使落后同志更落后。但是对落后同志也有两种态度，对黄这样落后分子还团结他。

用人不当，配套组长调了几个，使我们工作不好进行，车间对我们有意见。

工作主观，不采纳群众意见，如搞清仓物资接头，我们不上，要我们一定要上，结果车间领时全部扯下来(原文如此——编者注)，白费工。

政治思想工作不作，同志有错误就是批评，发脾气，刮胡子。

毛银美：杨科长由于技术较高，骄傲自大有本钱，在下面决定事情威信较高，而别人工作就不好干。如02车叶我们抓车间，车间就讲你们杨科长早说给下了。又有02消音器安装划16#车间也是如此。

对黄的问题，没有从思想上解决问题。听黄说厂内只有杨科长能管我，别人谁也不行。

[redacted]荷生：杨科长不重视政治，布置工作有头无尾，参加政治学习坐不下来，坐一会儿就跑了。

黄在厂里是最落后的，而杨科长还把他看成亲信，利用职权让黄出差。

工作上自高自大，目中无人，工作上独断独行，认为自己工人出身，技术又高，上面又有骆厂长撑腰，所以骄傲有了本钱。

工作中不尊重其他科长，造成科长之间互相有意见。对下面同志布置工作命令式的，不管有什么问题，反正要完成。

余杨圻：我在生产科不大高兴，名义上搞建造，实际上是搞调度。所以我不高兴在生产科，我愿到设计研究室去，他们也需要人，杨科长不同意放我。我到政治部问后，也告诉我，只要杨科长同意就行，找杨科长也不同意，所以我也不敢提了。搞芜安客轮，工艺科没人，我去不同意。芜安不干了，叫我搞608，图纸工艺文件什么也没有，要我搞。后来又搞602。杨科长想到哪里就搞到哪里。现在叫我搞608总结，根本没办法搞。

杨科长在政治上不要求上进，很少参加政治学习，支部书记是教育人的，自己不参加政治学习，不关心国家大事，这怎么能搞政治思想工作？只要完成生产任务，其他一切都不管了。

对黄寿华较信任，技术高，而806部涡轮主机螺丝是他装的，开到上海连杆螺丝弯了。有技术不能对工作负责，而杨科长对黄较器重的，对他的生活方式没去帮助。

王五兴：我感到杨科长对政治非常不重视，一般政治学习不参加，参加一会儿又跑了，影响我科在政治学习方面较差，全科政治空气较差，影响全科同志对政治学习不好。

工作主观。如02试航，消音器漏水，应是4＃拆，而一定要16＃拆，不拆搞到厂长那里去，还要16＃干，第二天工人不睬我，影响团结。

阶级观点不清。对黄这样一个人很器重，黄对杨科长也很尊重，他说除(阿爸)或者是老杨我服帖(原文如此——编者注)，别人谁也不行。徐元兴工作中开空车与别人谈天，乱搞男女关系，做投机生意，对他还很器重。这主要是阶级观点不清。

工作主观。如23车叶我们与5＃车间已讲好给干，而找到雷家琪说杨科长早通知停下来的，不干了，不通知我们，使3＃计划也落空。

排计划杨科长自己拍一下脑袋就排下去了，不管车间吃下吃不下。4＃车间负荷超过很多还完成了计划，这个情况杨科长要了解一下真实情况。

业务不重视，从不组织我们学习业务。

对各科长的关系，应态度好些，不应以教训的口气来对人家，搞好团结。

希望今后把骄傲情绪改掉。

苏庭华：杨科长觉得自有一手，高人一头，他抬高自己、打击别人有一手，听自己的有一手，违法乱纪有一手。你只懂一门最多两门，到现在电气你不懂，你有什么骄傲的？革命胜利了，是否都是上海人搞的？不见的[得]。

工作方法乱搞，50吨货驳，外协，5＃开工用什么编号，问你你就说用老编号，黄济民讲已结账，不能用，又问你，你说让他们自己去搞吧。

我搞补助工作时，你找我说这个同志借了几百元，生活这样困难，能否跟工会讲给予还掉，要是在上海早给还掉了。你在下面不作思想工作。要上面补助。

你补助两次，听说你打了家俱[具]。

熊惟俭：严重的三自思想，主观武断：

不走群众路线，布置工作主观，造成车间与我们有意见。排计划不够实际，造成车间加班加点。

抓工作只抓商品，不抓后方配套。装配车间等工窝工，造成工人很多意见，说我们生产科都是吃干饭的，另一方面我们科组与组之间也互相埋怨。

乱拉产品零件，如02舵、托架、车叶，都给拉用了，产权是军代表的，也不通知他们，自己私自拉用。

抓商品只抓签字，收尾工作不管，备品往往一拖几个月，不给人家。

检查中只看成绩不讲缺点，工作打乱仗，现在仍是打乱仗。

满足现状不求上进，文化学习在上海能学，在芜湖就不能学吗？学习的敌人是自己的满足，搞好生产不一定是政治学习好。

看不起其他领导同志的工作能力，对骆厂长尊重外，对两个张厂长不尊重，有意刁难。对中层干部，对叶主任、水科长较好，其他科长就不行了，特别是对魏科长、2＃王主任，常常在会上刮胡子，批评。

阶级观点不清，徐元兴是四不清分子，你怎么到他家去吃饭？你的党员科长政治觉悟呢？为什么不跟他划清界限？徐买牛问题你帮助他搞。

你给黄寿华帮助又是什么呢？你是从政治上帮助他，还是从业务上帮助他呢？把他关起来管他呢？给全厂职工同志什么影响呢？完全是流氓习气，你为什么要重用他？

我科也有走资本主义道路的人，你作为科长为什么不管？说生活解决不了怎么办呢？对走资本主义道路的和平共处。

组织性不强，对两个张厂长看不起，出难题给厂长作，有意刁难。这完全是党性不强。

俞永隽：对骄傲自大提些意见。

认为自己技术高，看不起厂长，目中无人。党培养你现在当科长，希望给党的事业作出贡献，你呢，不想在芜湖工作，这完全是忘本。

政治学习不参加，怎么能提高你水平？

黄世菊：杨科长对我科邵津熊关系不好，邵在我（科）工作还是肯干的，而杨科长对他就看不好，政治有问题，不相信；对仲跻郡就很相信。给邵布置工作生硬，邵不干，杨科长没办法，杨科长就对他更没有好的看法。

杨根清作补充检查

第一次检查很不彻底，经大家揭发，自己大吃一惊，才感觉几年的工作存在很多错误和缺点。工作命令式的，不干不行，致使同志们都怕我，如杨士坤同志讲的，十多吨货要一天搬完，不体贴下面的同志。不批评就是刮，态度生硬。影响同志间感情。

对其他科长主任也是如此。

对党小组的决定我随便推翻，如派水去上海求新学习，当时看他脑子灵活，能写，反应快，所以叫他去，造成不好的影响。

工作独断独行，对培养接班人重视不够，不敢放手发动群众。排计划看看国家计划脑袋一拍，就给同志排进度排计划。有时给钟科长看也是交代任务的性质。没有争取[征求]别人意见，抱着完不成计划不是我不排，只考虑排，不考虑实际。完不成不是我的责任。

工作忙乱，想到哪儿干到哪儿，上班几个电话一打就跑掉了。排计划不落实不考虑，给车间摸底，因我不清楚下面具体情况。准备工作没抓，到车间仓库转个卷[圈]，大致情况看了一下，回来就排计划。使排计划的同志工作很被动。工作没很好(考)虑，工作完没总结，提高改进工作。

工作只靠压，压就能完成任务。另外迷信自己，不相信大家。自己检查起来给工作上造成混乱，生产管理没有提高。

工作上感情用事，对车间主任、厂长不懂业务，看不起，不去开会或开会不完就跑了。这是旧的思想意识，很坏的作风。自己是工人出身，过去也受过资本家剥削，现在忘记了。在芜厂是看不起，觉得在芜厂是小了一点。党培养我花了不少力量，到国外去学习，回来在江南厂工作，工资并不低。解放后在江南厂工作，经党培养使我提高了觉悟，入了党，来芜湖后，在装配车间，到动力科，到装配又到动力，后又到 3＃，现在又到科里来。来科后认为科里工作搞的不错，同志们很团结，劳动也好，每月、年商品任(务)都完成了。因此就看不到缺点，经过大家揭发，提意见，才认识到我科里问题很大，这些都是我个人造成的。

对船台建造问题，我想我生产科不抓，你明年 5 月份也交不出来，我生产科一抓两个月可完。对25产品准备不好，我也想生产科不管，你上不了马。这是自高自大的表现。

大家提的意见，在这次面对面使我很震惊，没想到存在这些错误和缺点，今后在实际工作中看。

组织观念不强，如对两个张厂长态度不好，有问题也不去汇报，23工艺没下，张厂长批评我，我是不高兴的，当时就讲不是我搞的，不要问我，去问新产品办公室。厂长布置工作，还没有打回票不干，在这方面是还注意的。我厂主任、科长也有因对领导处分的(原文如此——编者注)。余主任、黄铭贤。自己还是注意的。

当好厂长助手方面作的[做得]不够，来科前，组织上一再讲到生产科一定要搞好生产，当好厂长助手，事实上是没有作到这一点，骄傲自大，一来就都忘掉了。

对骆厂长的关系，我来科后因是归口厂长，接触较多，每天5、6次，生产上的问题解决较及时。当生产上有问题时，他就把我科建造师调度员找去刮刮，解决问题的方法还是值得我学习的，因此较接近。所以自己在开会时不但参加，而且还积极参加，要向他学习吗[嘛]。汇报情况不真实，因情(况)不清楚。对钟科长不安心工作，要搞政治工作，我向骆厂长汇报，讲要给他考虑考虑，没有从政治上这方面去帮助他解决思想问题，没考虑到他是针对我有意见。对3#周主任开会不敢去，情况是事实，因布置工作不及时干，工人干劲不大，不愿[怨]他，而我当时没考虑这个，就向厂长汇报，骆厂长就刮他。

生活上我是很照顾他，生活困难时，我们经常出去买点山芋，就也给他点。因住在一起，他也很照顾我。我生病在家，他叫冯医生到家里来给我看病。等情况。(原文如此——编者注)

关于坐汽车问题，是骆厂长打的电话，不是我打电话要的，在这方面是很注意的。

到上海出差是不想去的，因到上海跟人家比起来觉得自己很落后的，不愿去的，经济上也很困难。所以不愿去。

参加劳动问题，骆厂长不参加，我也不参加，他有什么我也有什么，主要向他学习吗[嘛]。

周品章调走，我作了不少工作，找了部长，讲了把这些人扣住不放没用，后来把周放走。我也有活动，前两年听说我们什么骆派……等等，所以不想在这里干了。骆厂长走,我也到上海出差活动,江南厂找有关人员活动,想回上海,不愿去四川与路[骆]在一起。

对科长不尊重,使他们要求调走。魏科长搞计划,我抓进度,常发生矛盾,所以他要求调走,组织同意。对许科长也不够尊重,但她工作能力是有的,我不肯放,因她爱人关系,她自己打报告部里批准调走的。对钟科长不尊重是有的,经党小组会交换了意见,还是很团结的。对蒋科长是由我这样一来,他工作感到吃力,所以调走。

阶级观点不清,对徐元兴工作上没什么,对他没从政治观点去看待他。他请我吃饭,也不过问他的事。他讲怎样搞投机生意,听了大家笑笑就算了。

对黄的确作了一些坏事,要求不严,没尽到党员的责任。经过大家揭发批判,我才感到很危险,如不提高警惕,早晚会被拉下水。拉下水,自己还不知道是怎么回事。

不问政治也是很危险,今后要加强政治学习。今后在哪组学习,如不到组长就提出严格批评。前面检查起来,以毛主席写的《反对自由主义》我符合了几条。今后加强毛主席著作的学习,改进工作方法,加强群众观点,经常关心群众生活,积极参加劳动,克服缺点,改进工作。

黄处长:总结发言:

开了三个下午的会,帮助杨根清同志下楼洗澡,共有 40 多人次发言。这说明群众是发动起来(了)。这个风气是第一次。大家从各方面进行帮助,都是本着治病救人的精神来帮助的,会议由始至终精神都很饱满。

一、政治不突出方面:

工作不落实,政治不突出,表现军品第一、勤俭节约、勤俭办企业等党的方针政策贯彻不够,注意不够。今后应注意。

① 今后布置工作要交代工作任务、目的要求方法。

② 组织工作方面,今后应充分发动大家,各副科长及车间有关业务人员都要把他们发动起来,并在工作中搞好工作后,多作总结,提高业务能力,特别要抓活的因素。

③ 用人方面还有些缺点,关于黄寿华问题,重才轻德,这是违犯[反]党中央的要求的。

④ 加强学习方面,今后要向毛著学习积极分子学习,提高政治水平。并

带头在科里学习，要保证学习好。

阶级观点不清，今后应提高警惕划清界限。会后要搞好本科的团结，加强政治空气，使全科团结的[得]更好。对科里一些个别问题处理不当，对他们进行阶级教育不够，今后应注意。

二、骄傲自大方面：今后应特别注意改正，提高警惕，对厂领导及同级干部要尊重他们，搞好团结，从搞好工作出发，不要搞独断独行，伤害下面同志们的工作积极性及同志之间的感情，要平等待人。消除旧的思想意识形态。

个人的技术虽然有些，但现在科学在发展，比较起来还是不足的，不值得骄傲的。更要好好学习。

对领导的态度特别领导薄弱的地方，更应该想办法帮助提高，弄清情况。提高领导水平。

杨根清的主要错误

（一）政治不挂帅，做任何工作均没有突出政治：

① 重才不重德：我厂黄寿华道德品质一贯不好，成天在外与女同志滑冰跳舞，生活腐化，而且屡次赌钱。这是厂中众所周知的，杨根清本人也知道这些情况，但是杨根清认为黄寿华脑子聪明，技术上有一套，因而对他加以重用，把黄寿华当作解决技术关键的闯将，二人情投意合，说话也非常投机。所以他对黄寿华各方面都很袒护，例如宣扬黄的技术，不在黄寿华业务范围内的事情却叫黄寿华去出差。黄寿华一次赌钱被公安局拘留，听说是由杨根清出点子借生产需要为名将他保出来的。

另外在评定奖金或者提升级别时也是同样，单从业务观点即任务完成好者则为优秀或甲等，而从不考虑政治条件。

② 以消极态度对待政治学习：对于毛著学习不重视，科里虽有学习小组，但只是走走形式而已。杨根清本人身为科长兼支部书记，不喜欢买毛主席著作，并且时常利用政治学习时间开会，即使不开会也是东跑跑西跑(跑)，不但自己不学习，而且还影响大家。对宣传工作也没抓，没有把上级的指示及时全面的贯彻，对好人好事没有及时表扬和总结，黑板报甚至几个月不换一次。

③ 不做政治思想工作，仅以奖金来刺激工人的生产积极性，并且(用)消极的方法来对许多犯错误的人进行所谓的帮助：

对技术人员从不做政治思想工作，对他们只管使用，不管培养。科里存在着许多问题，例如有的同志想去当工人，不愿作干部，有的同志在下面与工人吵架，有的工作不安心……所有这些杨根清自己均清楚。但身为一个支部书记，没有去找他们谈谈心，去引导他们，启发他们，整天在自己的业务圈子里忙得团团转，甚至连科委会也开不起来。

利用物质刺激来激发工人同志的生产积极性，例如积极支持厂里的奖励制度，并且还为厂里出了许多点子，引导工人同志走上“只要钞票，不要政治”的歧路上去，有时车间任务完成了而奖金也没有了，结果造成工人同志对厂领导的不满。

他知道黄寿华生活放任，但只用加重黄寿华的工作任务使他晚上不能出去，以改变他的跳舞习惯，而且还存在有“等他年纪大了，自然而然会改变跳舞习惯的心理”，甚至用违法乱纪的手段去教训黄寿华，以达到“教育”他的目的，如叫小纲到舞场中公开的打黄寿华所约的女舞友几个耳光，当面出了黄寿华的洋相，以达到教育黄的目的，而小纲当场被派出所拘留。

④ 阶级观点模糊：

困难期间，科里有部分同志走资本主义道路，而杨根清没有对这些同志加以制止和教育，任之发展，以致使这些同志犯了很大的错误。

有的人偷铜，车间同志也向杨根清反映了这一情况，但未引起他的重视，并且发现有人写反动条子也未引起重视。

杨根清明知徐元兴是贪污分子，但还同电气车间的叶主任去徐家吃吃喝喝。

杨根清的妹夫是反革命分子，但(19)58年时杨却把妹妹介绍进厂做工，后来他的妹妹被清除出厂以后，其妹夫还来厂住了几天。

对民兵工作不抓，至今还不知道谁是排长，谁是班长。

（二）骄傲自大，自以为是，目中无人：

① 对待厂长的态度：

杨根清认为骆震青厂长能解决问题，所以对他布置的工作就能积极的去完成；而认为张宏厂长、张云璋厂长没有技术，不能解决问题，所以很少向二张厂长进行工作汇报，对二厂长布置的工作也不积极，对二张厂长所召集的会议也不参加，有时即使去参加也不发言，或者出几个难题故意为难为难二张厂长。

② 对待科长的态度：

杨根清同样看不起其他科长。例如认为前任张、魏二科长不行，什么东西都自己说了算，所以三个科长间时常闹矛盾。

对水科长他们一不尊重二不信任，使他们在工作时顾虑重重。

③ 对于其他同志：

召开科委会时不虚心听取别人的意见，对于别人提的意见只采取应付的态度，会议间经常打断别人的讲话，而发表自己的意见。

自以为是，看不起大家，不信任大家，不敢放手把工作给别人去干，只怕别人把工作搞僵，向其他同志交待工作不耐烦，认为还不如自己去做一下好。

作风不民主,凡事都自己说了算数,硬要别人遵照他的计划行事。自己有事不了解情况,还不让别人提意见,不让别人把话说完。

所有计划都是自己一人起稿,没有预先与下面同志或其他科长商量,就召开支委员[会]通过计划,使到会的人毫无准备。

杨根清还认为自己的水平已经够高了,不需要再学习了。他说:"我以前在江南厂造大船,现在到芜湖来造小船,其本领已经够用了。"

正由于杨根清独断独行,强迫命令,所以下面的同志都害怕他,甚至连走路时都躲着他。

(三)其他:

由于骄傲自满、独断独行,所以生产计划不落实,没有基础,从而使计划失去了严肃性,不能起指导生产的作用,并且使车间生产混乱,工人意见很大。

用自己的职权曾在新码头拿过一桶汽油交给订货组,另外在三年自然灾害期间利用公家的船和汽油外出买副食品。

揭发材料转递单

被揭发人姓名	杨根清	工作部门	生产科	职　务	科长	问题类别	

主要问题和意见：

① 在有一次非党干部会议上，大家都说徐元兴有问题，而杨根清却说：“徐元兴他有什么问题呀！”后来苏继根说：“徐在(19)60—(19)61年在外面乱跑，回来时送了不少东西给〈了〉杨根清，当然杨就不讲徐了。”

② 市公安局逮捕黄寿华，而杨根清就对黄寿华说：“你这几天无论如何都不能出去滑冰和跳舞，以防公安局逮捕”，结果杨根清就叫黄寿华出差去了。这样做法我们认为这是立场问题。

③ 杨曾说过：“黄寿华只有听我的。”他们关系请领导要查清。

揭发单位：设计室　**揭发人：**吴德劭、张鑫生　**填表人：**[redacted]；3月6日

揭发材料转递单

被揭发人姓名	杨科长	工作部门	生产科	职　务		问题类别	政治

揭发出的主要问题和主要意见：

6＃车间黄寿华本来要被公安局逮捕，但被杨科长藏起来了，没有逮捕。前一个时期上班还带一个狗子，这像什么样子。

揭发单位：16　**揭发人：**胡锦东　**填表人：**李如珍　　月21日

揭发材料转递单

被揭发人姓名	杨根清	工作部门	生产科	职　务	科长	问题类别	

揭发出的主要问题和主要意见：

不问政治，专讲技术，黄寿华所以能这样腐化是与你这后台有关的。

揭发单位：制氧站　**揭发人：**张[redacted]

揭发材料转递单

被揭发人姓名	杨根清	工作部门	生产科	职　务	科长	问题类别	
揭发出的主要问题和主要意见： 杨科长由于得到骆厂长的有力的支持，助长他的主观武断，行事的风气的发展，因而与其他科长蒋科长、魏科长、钟科长之间互相闹意见，不团结，至于影响到工作。蒋、魏科长多次打报告要求调出，离开生产科。另外钟科长在提升科长前，与杨科长争吵过，很长时间不讲话。提升科长后，在日常工作中经常发生分歧意见，杨科长不能虚心听取钟科长的意见。据说抽出钟科长去搞社教与此是有关系的。这里是否有排挤的思想，还需工作组进行调查分析研究。 **揭发单位：**生产科　**揭发人：**学习小组							

揭发材料转递单

被揭发人姓名	杨根清	工作部门	生产科	职　务	科长	问题类别	
揭发出的主要问题和主要意见： 杨科长早说毛坯库要搬家，到现在没有搬，没有达到适当解决，渐[近]来雨雪很多，以后道路不好修了。							
揭发单位：生产科　**揭发人：**高家生　10 月 29 日							

揭发检举登记表

<table>
<tr><td>揭发人</td><td>杨学禹等人</td><td>单位</td><td></td><td>职　务</td><td></td><td>日期</td><td></td></tr>
<tr><td>被揭发人</td><td>杨根清</td><td>单位</td><td>生产科</td><td>职　务</td><td>科长</td><td>日期</td><td>(19)65 年 11 月 1 日</td></tr>
<tr><td colspan="8">杨学禹提：
① 生产科的杨科长总觉得自己是高人一等的，其他什么人都要非听他的不可，就是连其他科里的科长也是要听他的，他心里所崇拜的只有一个厂里的骆厂长一个人。如果在开会时，骆厂长汇报工作，或者什么话，他都一一的记在笔记上，于是对于其他人发言，特别是工艺科的科长汇报工作，他不但不记笔记，反而连听也是似听非听的。一次为了产品上的交货问题，他不用商量的口气来找吴清沼科长，而是当着群众的面，用手拍着吴科长的鼻子，说“你是吃干饭的人”，等于是骂人一样。
黄铭贤提：
② 杨根清对于使用人料[才]不从政治上来考虑，只从业务上来考虑，而且他看不起本地人，只注意上海人。</td></tr>
<tr><td>备注</td><td colspan="7"></td></tr>
</table>

检举揭发登记表

1965 年 10 月 20 日

被检举人姓名：杨根清

单位：生产科科长

检举问题的提要：

经常利用工作方便，到外面采购吃的、用的东西，如山芋等。（如利用试航方便）影响极坏。其他人也跟着这样做，有的跟着去，专门采购东西，有的托人代购，如芝麻、山芋、糯米等，一带几百斤。

揭发单位：曹连川提，团委　**填表人：**吴鸿宝

杨根清（生产科科长）

经常利用工作方便，到外面采购家里吃的、用的东西，如山芋等。（即用试航便利，到外面买东西）结果，其他人也跟着这样做，有的跟着去，专门采购东西，有的托人代购，如芝麻、山芋、米等，一带几百斤。

（曹连川提）

杨科长

苏庭华提：① 在今年春节工会补助，杨说家有妹妹等二人，增加负担，工会就给他补助，结果大家反应[映]他妹妹二人早已回乡，按条件不应补助。

② 买厂内木材请木工打家俱[具]，送上海的兄弟，据说木工工资至今未给。

计划科

翟宗俊提：计划不落实，有弄虚作假，往往车间完不成计划，而厂里完成了。

生产科

[redacted]提：① 袁永生失落工资二次，需查明。

[redacted]提：② 中央仓库库存无账，许多东西失落，如“23”急救撑捍 8 只，黄裕交通艇的毯子、碗，毛坯库也是这样，如铜数量，管理人员心中无数。易造成失窃。

供应科

生产科科长杨根清：

一叫王端(寿)华用公假出差，买鸡蛋、大米回来，他们大家同分。

科四支部揭发四不清问题整理

揭发人：周锦洪

内容：杨科长听说过去是旧社会的包工头，现在工作态度不好，办事主观，不虚心听取别人意见。杨科长提升很快，这一定有关系，应查明。

生产科造船组；记录人：范庙祈

日期：(19)65 年 10 月 17 日

杨根清

范庙祈提、陈阿昌提：① 工作上抓了前方不抓后方，抓了这头丢了那头。如修船办公室，工艺问题通知单多，工时不准，车间意见反映大。又如抓了商品，丢了一般产品，如陈阿昌管电炉，杨不大管。

陈阿昌提：② 计划不落实，与杨压的思想有关，如去年 11 月份化肥设备、材料与外协条件未具备就排 1＃车间计划。

陈阿昌、张明球、杨慰祖提：③ 工作上比较主观，不倾听群众意见，并且容易板起面孔，不容易接近他。如劳动搬箱子事；804、14—15＃艇，2 只阀事；建造师排进度。

张胜球提：④ 不管这件事是你干否，提出你就要你干，如 90 艇运火车站及搬箱子事。

陈阿昌提：⑤ 参加劳动不正常。

四清运动揭发问题登记表

揭发人单位	4＃车间	姓　名	吕根桥	职　务	工人
被揭发人单位	生产科	姓　名	杨根清	职　务	科长
在困难时期，用厂内的船开到新港去买山芋，好几次，买来后，在厂里进行出卖。					
备　注					

鸣放意见登记表

被提意见人	杨科长	单　位	生产科	职　务	
主观、武断、瞎指挥。 804、16 艇，主机转速加不上去，不检查原因，不实事求是地解决问题，想糊过去，因此在没得到军代表和检查科同意的情况下，非法指挥车间开锡封。这是不负责任的非法的，为此五段许多工人意见也很大，但杨科长总以为自己了不起。					
提意见人	周忠仪	单　位	检查科	职　务	
备　注					

被揭发人单位：生产科

被揭发人姓名：杨科长

杨科长在运动中对工人施加压力。生产科有一个同志，大概有几十把锁的问题，杨科长就叫姓祝的同志和拿锁的同志谈话，并叫这个同志赔钱，这次发钱就叫退钱，人家生活困难，拿出 5 元钱，杨还嫌少。杨科长乘机整工人。

揭发单位：4＃车间

鸣放意见登记表

<table>
<tr><td>被提意见人</td><td>杨科长</td><td>单　位</td><td>生产科</td><td>职　务</td><td></td></tr>
<tr><td colspan="6">① 7.5 米小艇主机温度高,他总说没有问题,对我们的意见总反对,打击我们检查工作,并不同意我们注明意见。
② 当骆厂长调去四川,他工作就没劲了,船上也不去,生产也不抓。
③ 53 人小艇,低速和高速时主机都有些问题,没有解决,他说就是这样了,并要求交货。这是对质量不负责任的表现,后改进了船体和调整了弹簧问题就解决了。他抓生产总是不重视质量。
④ 又如 804、19 艇中间轴承,中心调整不对,他说只需用卡钳卡一下就行了。这是不负责任的。
⑤ 804、19 艇主机报验,12 只底座螺丝吃不牢,我们提出不行,车间也同意重新搞,但杨科长从中干涉,认为是我们不对,他不深入了解,这样武断是什么意图?</td></tr>
<tr><td>提意见人</td><td>周忠仪</td><td>单　位</td><td>检查科</td><td>职　务</td><td></td></tr>
<tr><td>备　注</td><td colspan="5"></td></tr>
</table>

鸣放意见登记表

<table>
<tr><td>被提意见人</td><td>杨科长</td><td>单　位</td><td>生产科</td><td>职　务</td><td>科长</td></tr>
<tr><td colspan="6">① 他所接触的人都像黄寿华一类人,并暗下给这些人通风报信。是否收到了这些人的小恩小惠?是否丧失立场?(听说的)
(检查科:周宪杰)
② 他有向上爬的思想。
(检查科:周宪杰)
③ 他妹夫劳教放出后,他逼妹妹和妹夫离婚,并在 6# 车间钟明堂爱人和张宏厂长做媒人的情况下,想把妹妹嫁给港务局一书记,从此问题上可以看到他品质恶劣,想向上爬,不顾国法,逼妹妹改嫁,结果妹妹没同意改嫁。
(检查科:邹锡昌)</td></tr>
<tr><td>提意见人</td><td></td><td>单　位</td><td>检查科</td><td>职　务</td><td></td></tr>
<tr><td>备　注</td><td colspan="5"></td></tr>
</table>

检举揭发登记表

1965 年　月　日

<table>
<tr><td>被检举人姓名</td><td></td><td>单　　位</td><td colspan="3">生产科</td></tr>
<tr><td colspan="6">检举问题摘要：
杨科长，有一次召开各车间老工人座谈会，主要是谈各车间的生产意见。我们的意见是 02 产品问题，每次船只要在水里，就提出叫我们交商品，给我们的时间只有七、八天。等船上水后，机仓[舱]还要效[矫]正，影响我们工作进行，有时压得我们没有办法，只好加班加点来完成任务，我组意见很大。我只要向他提出，如果船上水后，最多只能给其他工种矫正一天，其余时间就不准许任何人上船进行工作，否则，生产任务不能完成，我不能负责。但杨科长听后，不但不改，相反的还不高兴。如我们做另一条船，他还是这样，提也提不通，他还官僚大大的，总认为：我生产科只要把任务下达给你们车间，还怕你车间不来完成任务！有时这(样)说：你们油漆工种是次要的，我们其他工种不完成，你也交不了货。这样说法，包括两方面：一方面是我们油漆工要不要是无所谓的，那就是轻视我们这个工种，另一方面，你们油漆工完成任务，加班加点是应该的，不管时间再短，你敢不完成，否则由你负责。(赵中荣提)</td></tr>
<tr><td>检举人单位</td><td>2# 车间</td><td>姓　名</td><td></td><td>填表人</td><td>潘伯顺</td></tr>
</table>

生产科

杨根清、蒋文才科长：

① 在(19)61 年时和枞阳县易太公社和万春公社都有关系，为代枞阳县做条小拖轮和修一条船，都是拉用军用材料，易太、万春都做过两条船，这些材料都是厂里的。

② 生产科：对工人提出的正确意见不采纳，如：604 上某一块橡胶条工人要求延长 10 cm，可是生产科至今不理采[睬]，以致军代表在验收时，时常不满意，有时供给的材料也不符合规格。(蔡金文)

③ 负责搞厂大趸船下面的轨道木 100×200×6 000 的 15 根，装了又拆掉，不但浪费了木料，也浪费了很多工时。这主要是官僚主义不深入下层造成的。(吴阶南)

④ 804 船，生产很长时间，工艺路线混乱，如我们的计划提前 2 个月就下了，我们去做，有的装好了，还须拆掉，舱里工种很〈很〉多，人又多，上道工序没

有完成就不做下道工序,油漆好的,割掉,又烧上,经常反[返]工。(尹帮海)

⑤ 804 产品,我们木工以[一]上船,就问我们什么时间好,叫我们加班,结果做好了放在江中停放很长的时间,不知为什么。(唐少田、秦贤庆)

检举揭发登记表

1965 年　月　日

<table>
<tr><td colspan="2">被检举人姓名</td><td colspan="2">杨根清</td><td>单　位</td><td>生产科</td></tr>
<tr><td colspan="6">检举问题摘要:
① 搞小集体,闹派别,对 3# 余主任意见最大(他以(前)当〈作〉过 3# 副主任),现在利用生产科长职权对余主任施加压力。
② 包庇黄寿华,黄困难时候经常送吃的东西给他,故黄上次赌博被公安局抓去,杨科长以生产需要为名将他保出来。
③ 利用钢铁厂的砖做猪圈。
④ 他兄弟结婚叫人家给他搞木材,打家俱[具],并用厂里船运到上海去。</td></tr>
<tr><td>检举人单位</td><td>3# 车间</td><td>姓　名</td><td></td><td>填表人</td><td>商玉龙</td></tr>
</table>

检举揭发登记表

1965 年 10 月 29 日

<table>
<tr><td colspan="2">被检举人姓名</td><td colspan="2">杨根清</td><td>单　位</td><td>技术科</td></tr>
<tr><td colspan="6">检举问题摘要:
① 杨根清与徐元兴有关系,经常叫徐元兴修理收音机。(李柏林提)
② 在陆州修柴油机时,工人吃豆渣等东西,可杨根清却一人在那里大吃大喝。(杨列柏提)</td></tr>
<tr><td>检举人单位</td><td>电气</td><td>姓　名</td><td>李柏林
杨列柏</td><td>填表人</td><td>[redacted]</td></tr>
</table>

杨根清

① 长期以来,不问政治,只抓业务,身为支部书记,党员科(长),不但自己不太参加学习毛主席著作,还经常把别人也拉出去搞业务,还经常宣扬政治好

要落实到业务上的错误论点。平时也不看报纸，开会谈山海经，也不记笔记，开会做报告经常出洋相。有一次科里写决心书时，杨说：文化大革命就是要在文字上动脑筋。这是阶级斗争，不是什么文字上的问题。平时很少找人谈谈思想问题。

② 在生产上与骆震青结成一伙，心目中根本没有张宏厂长。

③ 杨是骆的独立王国的主要成员，是骆的犯垫（原文如此——编者注）追随者。在科内独断专行，说了算数。杨心目中的“红人”吴仲洋，只说不做，成天指手画脚；邵津熊只专不红，牢骚怪话多；张胜球不红不专，阿谀奉迎，吹吹拍拍；程明钟不问政治，道德败坏，资产阶级思想极端严重……

④ 自以为是生产上的权威，实际究竟怎样呢？头痛医头，脚痛医脚，成天火烧屁股，月底、季末、年终加班加点，突击生产，长期混乱，老是被动挨打。

⑤ 失去立场，包庇坏分子黄寿华，通风报讯[信]，使之逃避公安机关逮捕法办。特别黄这个大盗窃犯被揭发出来后，不但没有揭发黄寿华的材料，还有时和黄在路上谈谈笑笑，吃吃棒冰，群众很有意见。黄能发展到如此地步，是与你大红伞保护下分不开的。

⑥ 你有骆震青后台靠山，你听到骆调往新厂就马上情绪低落，生产处于无人管理现象。你与骆合伙一个阴谋，想把轮机交船小组变成一个既是黄色又是黑色的小组，莫非是想搞垮交船工作？他的行动是培养一些很出名的走卒，有大贪污犯、流氓成性的黄寿华，宣扬资产阶级生活方式的吹牛皮大王张胜球等……利用这些五颜六色乘机打入轮机交船小组，迫使交船工作混乱，达到他的目的。

大字报综合摘要

年　月　日

<table>
<tr><td>姓名</td><td>杨根清</td><td>性别</td><td>男</td><td>年龄</td><td>38</td><td>家庭出身</td><td>工人</td><td>本人成分</td><td>工人</td></tr>
<tr><td>文化程度</td><td>初中</td><td>是否党、团员</td><td>党员</td><td>工作单位</td><td>生产科</td><td>职务</td><td colspan="3">科长兼支部书记</td></tr>
<tr><td>大字报揭发的问题摘要</td><td colspan="9">（一）长期以来，不问政治，只抓业务，身为支部书记、党员科长，不但自己不太参加学习毛主席著作，还经常把别人拉出去搞业务。还经常宣扬政治好要落实到业务上的错误论点，平时也不看报纸，开会谈山海经，也不记笔记，开会做报告经常出洋相。有一次科里写决心书，杨说：文化大革命就是要在文字上动脑筋。这是阶级斗争，不是什么文字上的问题。平时很少找人谈谈思想问题。
（二）在生产上与骆震青结成一伙，心目中根本没有张宏。
（三）杨是骆的独立王国的主要成员，是骆的犯垫（原文如此——编者注）追随者。在科内独断专行，说了算数。杨心目中“红人”吴仲洋，只说不做，成天指手画脚；邵津熊，只专不红，牢骚怪话多；张胜球，不红不专，阿谀奉迎，吹吹拍拍；程明钟，不问政治，道德败坏，资产阶级思想极端严重……
（四）自以为是生产权上的权威，实际究竟怎样呢？头痛医头，脚痛医脚，成天火烧屁股，月底、季末、年终加班加点，突击生产，长期混乱，老是被动挨打。
（五）失去立场，包庇坏分子黄寿华，通风报讯[信]，使之逃避公安机关逮捕法办。特别黄这个大盗窃犯被揭发后，不但没有揭发黄的材料，还有时和黄在路上谈谈笑笑，吃吃棒冰，群众很有意见。黄能发展到如此地步，是与你大红伞保护下分不开的。
（六）你有骆震青后台靠山，你听到骆调往新厂就马上情绪低落，生产处于无人管理状态。你与骆合伙一个阴谋，想把轮机交船小组变成既是黄色又是黑色的小组，莫非是想搞垮交船工作？他的行动是培养一些很出名的（走卒、有）大贪污犯、流氓成性的黄寿华，宣扬资产阶级生活方式的吹牛皮大王张胜球等……人打入交船小组，迫使交船工作混乱。</td></tr>
<tr><td>处理结果</td><td colspan="9"></td></tr>
</table>

杨根清身为生产科长,不抓政治不讲原则,在调度会上敲进度,压3#,放16#车间,在会上有次竟和3#车间主任×××大吵起来,张宏厂长在旁都劝解不开。

在生产上与骆震青结成一伙,心目中根本没有张宏厂长。

凭借个人特权,向车间输送心腹,捧出一个贪污分子黄寿华来。

邵津熊

1966年6月14日

杨根清该行动起来了

杨根清你对这次〈一〉触及人们灵魂的文化大革命是抱什么态度?全厂广大职工真正在以排山倒海之势向一切牛鬼蛇神进行猛烈的开火,而你还是〈我〉无动于衷,这是什么态度?你站在什么立场呢?你是支部书记党员科长,则长期不问政治。对你忠实门徒黄寿华所作所为难道不清楚吗?展览会看过你忠实门徒犯罪事实,难到[道]一点感受没有吗?他以前言行和一些歪风邪气,你一点看法没有吗?

大字报遍布全厂,就是没有看到你的大字报。你是做无产阶级革命派还是做资产阶级保皇派?我们是无产阶级革命派,坚决横扫一切牛鬼蛇神。

乔国钧

(19)66年6月15日

杨根清——骆震青的得意门徒

杨根清是骆震青在生产系统的得力助手,言听计从,个人专横,独揽生产大权,推行修正主义管理生产的一套办法,处处以骆为榜样。

① 骆震青抓生产不问政治,搞物资刺激,杨根清主动提出办法,实行计件制,如车叶……等。

② 骆震青在生产系统为个人树立"权威",杨根清积极支持,一切听从,形成张宏厂长抓生产也指挥不灵。

③ 骆震青用人重才不重德,杨根清也是只重技术不问政治,如与搞投机倒把分子徐元兴及品质恶劣的黄寿华不但没有划清界限,而且怂恿。

④ 骆震青对某些中层干部采取压、刮的态度,杨根清也学他的一手,如对

工艺科吴科长等领导也采取瞧不起，排挤的手段。

由于杨根清在抓生产的过程中所推行骆的一套，因而在群众中造成了极坏的影响。

骆博士的追随者——杨根清

骆震青在生产上搞“独立王国”，“技术权威”垄断厂里的生产。杨根清就是这“独立王国”的主要成员之一，是骆派的犯垫[狂热]追随者。在科内独断专行，说了算数，还拉拢一些“亲信”作为台柱子。

① 作为支部书记不突出政治。自己不好好学习主席著作，还要在政治学习时拉别人去搞生产。成天抓生产，抓进度，抓商品，唯独不抓政治思想工作。

② 在四清运动中开会不记笔记或叫人代记，自己则大谈山海经，会后也不及时布置传达，马马虎虎。如五月十三日在宣传部召开支部书记和学习组长会议上，杨根清不但不记笔记，连听也未听，与吴仲祥一直■到散会。

③ 自以为是，芜湖造船厂生产上的一个“权威”，骄傲自大，有“没有我杨根清就不行”的味道。另独断独行，说了就算。然而我厂的生产情况究竟怎样呢？头痛医头，脚痛医脚，成天火烧屁股，月底、季末、年终加班加点，突击生产，长期混乱，老是被动挨打。

④ 生产第一，政治第二，抓出商品、完成任务就是好，大加赞扬，综合奖甲等，不问政治状况，因此把建造人员引上了只搞生产、不问政治的道路。

⑤ 失去立场，划不清界线，包庇坏分子黄寿华，通风报讯[信]，使之逃避公安机关逮捕法办。

⑥ 再看在杨根清心目中“红人”究竟是些什么样的人。吴仲洋只说不做，成天指手画脚；邵津熊只专不红，牢骚怪话多；张胜球不红不专，阿谀奉迎，吹吹拍拍；程明钟不问政治，道德败坏，资产阶级思想极端严重……我们大呼一声，杨根清，现在该是清醒的时候了！

丁一才、仲治权、周尚达、秦耀祖

1966 年 6 月■日

杨根清，你的党性那[哪]里去了？

黄寿华是个流氓阿飞兼盗窃分子，大量盗窃厂里柴油机零件。这个工人阶级队伍里的败类,能这样放肆盗窃,是谁给他开了方便之门?是谁成了他的大红伞?是你杨根清。

这个败类,是杨根清的得意门生,杨根清对他体贴入微,爱护备注[至]。派大用处,经常出差上海采购柴油机零件,至今,仍然界线不清。请问杨根清,你的党性到那[哪]里去了?

杨根清身为四部门书记,又是生产科科长,有许多错误论点:

(一)宣扬政治好要落实到业务上的错误论点:强调业务第一,生产第一,使许多同志重业务轻政治,忙忙碌碌,没有政治远见,思想觉悟提高得慢。

(二)对文化大革命态度不明朗,群众对骆震青副厂长的所作所为,揭发很多,而和骆震青最亲密的杨根清不表示态度,你是不是还同情骆震青的一套修正主义生产和生活方式?

(三)与大盗窃犯黄寿华没有划清界限,近日有时和黄寿华在路上谈谈笑笑,吃吃棒冰,群众很有意见,黄寿华能发展到这种地步,是与你大红伞保护分不开的。

(四)不努力学习当前文化大革命的材料,开会出洋相,例如:在开支部大会时,说:“今天是关于我们反党反社会主义文化大革命的事情,我们应该走先红后专,不能走先专后红的道路”等等。

(五)他[自]从黄寿华盗窃犯被揭发后,以后群众贴了骆震青大量大字报后,你的精神面貌突然变得萎靡不振。

(六)……。■

杨根清,你在想什么!

一场轰轰烈烈、触及人们灵魂的大革命,在我厂迅速开展,其势如暴风骤雨,迅猛异常,向一切牛鬼蛇神进行猛烈冲击。广大职工贴了许多大字报,对修正主义门徒、资产阶级的保皇派——骆震青进行大量揭发,把他的所谓“技术权威”呀、“博士”呀……等等这些资产阶级遮羞布打得片甲不留,一扫而光,而你,杨根清,作为骆的得意门徒,为什么丝毫不揭发?为什么看不到你的大字报?听不到你的发言?难道真正是一点不知道吗?不,不可能。告诉你!该是革命的时候了,你不揭发,人家要揭发,不要装聋作哑,煞无介事了,企图想蒙混过关是不行的。我们决心更高地举起毛泽东思想伟大红旗,把你们这帮家伙揪出来,斗倒,斗臭,斗烂,不获胜利,决不罢休!

杨根清身为生产科科长和四部门支部书记,可是在平时言行中,对于学习毛主席著作、突出政治却抓不起来,自己在会上讲话时往往讲错。如:有一次会上说"我们科里学好毛主席著作,人人都上北京"。难道我们科里学习毛主席著作是这样好吗?目前连一个标兵都标树不起来,怎么谈得上人人呢?而且这种提法也是不对的。

有次科里写决心书时,杨根清说"文化大革命就是要在文字上动动脑筋"。难道说这一场阶级斗争的文化大革命这是在文字上的问题吗?

平时身为书记,很少找人谈谈思想问题,单人宿舍有不团结现象,也未及时解决……

金祖云、王玉兰、范庙祈、毛银美、沈瑞才

(19)66 年 6 月 14 日

给杨根清书记敲警钟

这场触及人们灵魂深处的文化大革命运动,对我们书记杨根清同志来说,是显得无动于衷的。在昨天劳动的时候,与同志们不谈文化革命运动,反而提倡我们部门要抢先修游泳池,先抽水动工。不免使人发问,目前是抢修游泳池重要,还是搞文化大革命重要?这种提倡,只能转移群众对文化大革命运动的目标。另外,他在昨天劳动收工时,也绝口不谈文化大革命,而说:"大家回去讨论计划去,抓一抓进度排一排"。我们认为这种做法是不对头的,是一种重业务、轻政治的具体表现。这次文化大革命,是一次轰轰烈烈的群众革命运动,而我们冷冷清清,闻风不动。作为支部书记的杨根清同志,你是怎样引导大家的?

徐芬义、刘培才、王效庆

杨根清,你想把轮机交船小组引向什么方向?

毛主席教导我们:凡是错误的思想,凡是毒草,凡是牛鬼蛇神,都应该进行批判,决不能让它们自由泛滥。

① 杨根清是生产科长,他的名声很大,因为他有后台靠山骆震青。

(19)64年骆震青要调往新厂,杨根清马上情绪低落,生产不加过问,处于无人管理的状态。与此同时,杨、骆二人合伙出了一个大阴谋,想把轮机交船小组变成一个既是黄色又是黑色的小组,莫非是想搞垮我厂交船工作?那么我们来看看他是如何行动的。

② 杨根清培养了一些很出名的走卒,有大贪污流氓成性的黄寿华,宣扬资产阶级生活方式的吹牛皮大王张胜球,还有其他……等等。

③ 利用他们这些五颜六色的走卒,乘机打入轮机交船小组来进行他的阴谋活动,来达到一个人抓权,迫使交船工作混乱,以达到他的目的。

④ 阴谋当时就被我们识破,但杨根清并不死心,最后还是决定派了他的忠实门徒张胜球到五段来担任段长,名义上是十六号车间领导,而实际上是杨根清一手操纵。张胜球对车间领导采取阳奉阴违,而对杨根清个人拨[把]权的目的作到百信不移。

⑤ 张胜球到了交船工段,就大肆宣扬和传达骆震青、杨根清的直达命令,不经车间领导就自作主张,将工段人员调动,弄得大家意见纷纷,工作不安心长达四个月。这是谁给你的权力?

⑥ 利用权威,施展了压力手段,如 602 在建造时,由于汽油泵杠杆还没有过关,试航一次要坏一两根,正当正常摩[磨]合试验还没有解[结]束,杨根清在这种情况下,强迫 602 开到东西梁山去送饭。(19)65 年不经过轮机小组同意■开出去,这是什么■权?

⑦ (19)65 年底 80 部公安艇主机在轮机组进行大修,尚决[缺]部分零件,需调组员到上海去购买,而杨根清要派大贪犯黄寿华去买,说黄会说会道,事情一定会办好。但黄既不是供应科又不是我们车间人,不是我们小组人,为什么杨根清要黄去买呢?这不很明显说明你们有什么勾当吗?但是阴谋还是不能实现。

⑧ (19)64 年 804 产品 8＃船主机推力轴承弹子盘烧坏,杨根清又派了远在六号车间、根本不参加这工作的黄寿华去某地买。在回来的途中路过北京,大贪污犯黄寿华把钱花一得净[精]光,无法回来,坐等北京,叫厂电汇去,黄寿华在北京玩了近一星期,不亦乐乎,结果我厂又派人去上海买了回来,应[影]响生产进度一星期。

我们要问杨根清,你是想干什么?你的忠实走卒又是些什么货色?你想把轮机组引向那[哪]里?老实告诉你,虽然你的鬼[诡]计多端,手段也很阴险毒辣,我们决心高举毛泽东思想伟大红旗,横扫一切牛鬼蛇神,将你们不可告人的勾当揪出来,放在光天化日之下,将你斗臭、斗垮,不获全胜,决不收兵!

16#五段

1966年6月19日

张敬平同志阅,可找他们谈谈有则改之。

沈东屏

四清工作队党委:

关于生产科科长杨根清同志,四清运动以来是有些改进,想把工作搞好,但阶级立场不稳,不突出政治,而是老修办法,生产统帅一切,个人说了算,直到现在还是存在着资产阶级的经营思想。应进行帮助,加以批判。

一、不问政治,丧失立场:

① 在(19)61年到(19)63年期间科内配套库高家生投机倒把,卖豆腐,晚上在家磨豆腐,白天不上班,就是上班,(也)没精打采的。我们提出后,他讲:没有执照,不做生意,那生活困难补助解决不了,促使他走资本主义道路进行很长一段时间。

② 对全市都知道的流氓黄寿华,一次赌博被抓去后,保了出来。一次市要抓他时,杨通风报信,叫黄不要出去。更严重的是四清运动一开始,大家揭发骆厂长问题提了他时,他讲:"有次黄找我,啊,你不能找我了,我(不)敢再接近了,我不知怎好?"又在今年杨发出[现]黄寿华经济不清,盗窃国家财产事后,还常叫他出差到上海,并到包头搞主机轴承,使黄避开二清运动。问黄在16#车间工作,你又为什么叫黄出差呢?

③ 郭正伦历史有问题,一直给他搞厂外协作,上海、南京军工厂他都跑遍。

二、生产统师[帅]一切,不是政治统帅:

历来除自己不参加政治学习外,还叫其他科室车间中层干部、调度、技术员不好(好学习),学习时叫出去搞生产,使生产科和技术科部分人常不学政治。说政治是为了生产,我现在就要搞生产,有时又拿商品任务压人。

生产上瞎指挥,早年随意叫加班加点,加班加点只要生产科同志就行,把工劳科、技安科、工会放到一边,就现在1#、60#在4月份就是商品任务,不抓

4＃协作，结果，1＃任务完不成，等协作件出来，8＃、1＃天天加班加点，提了多次意见，不改。

三、对上捧对下压，乱修改厂领导决定：（目前还存在）

① 这次6月8日厂部调度会议，他讲向党委汇报过了，领导也同意我们提出三条措施，三统一。

1）调度统一，车间听科里调度指挥。

2）劳动力由生产科统一分配。

3）场地按[安]排统一。

5月份生产为这三问题很大（原文如此——编者注），意思是叫车间服从生产科的，你不能提意见，不是以突出政治，从思想入手搞生产而是硬压，因5月份场地问题车间有反映，原25＃场地在16＃南跨（此方案经过领导找大家讨论通过的，而又好），他决定在北跨，调度嘴里这样，问劳动力调配、工劳科又干什么呢？不是叫工劳科也受你领导吗？

在24＃生产时，在外宣传25＃停下来干24＃，结果25＃能干的也不干了。

② 有一次调度会，关于23＃绝缘问题，2＃提出意见，他和张总讲那是张宏厂长决定的，你不要管，而讨论了些滚滚子加工问题，是张厂长决定要加工的（何时加工出来记不得了），他讲停下来干搅拌机的，那这又为什么不听张厂长的呢？

以前骆厂长在时工作劲头大，骆厂长走后，讲我不干了。这些别人揭露很多。

这些问题是以前事，也不多提，望请工作队给予指出，平时我们一谈，他就争起来，以前我也曾今[经]提过几次，中层干部之间也应思想交锋，有好处。

王健勤

1966年6月11日

另厂宣传部、政治部对中层干部在轰轰烈烈的文化大革命中，要我们座[坐]在一起讨论社会，又讨论什么是真理……等，毫未谈到如何带头揭发厂里牛鬼蛇神，铲除毒草，而是叫讨论文章。

图书在版编目(CIP)数据

中国当代民间史料集刊. 8/ 华东师范大学中国当代史研究中心编. —上海：东方出版中心，2012.1(2025.3 重印)
ISBN 978-7-5473-0462-4

Ⅰ.①中… Ⅱ.①华… Ⅲ.①中国历史：现代史-史料 Ⅳ.①K270.6

中国版本图书馆 CIP 数据核字(2011)第 281464 号

中国当代民间史料集刊. 8

出版发行：东方出版中心
地　　址：上海市仙霞路 345 号
电　　话：021-62417400
邮政编码：200336
经　　销：全国新华书店
印　　刷：上海万卷印刷股份有限公司
开　　本：710×1020 毫米 1/16
字　　数：230 千
印　　张：14.5
插　　页：2
版　　次：2012 年 1 月第 1 版 2025 年 3 月第 2 次印刷
ISBN 978-7-5473-0462-4
定　　价：48.00 元
